四柱運命學의 精說

金讚東 著

明文堂

四柱運命學의 精說

□서 문

　눈이 어두운 사람은 앞을 볼 수가 없다. 가는 길 앞에 산이 있는지 강이 있는지 모르고 산다. 또 낭떠러지를 잘못 가다가 떨어져 큰 사고를 당하기도 한다. 앞 못보는 장님의 심정은 밝은 눈을 가진 사람의 입장에서는 이해할 수가 없다. 얼마나 답답하고 괴로운가는 본인이 아니고서는 이해할 수가 없다.

　한 걸음만 잘못 내딛게 되면 강물에 빠지기도 하고 벼랑에 떨어지기도 한다.

　이렇게 육신의 눈이 어두운 사람에게는 이처럼 불행한 일을 당할 수밖에 없는 처지인데 이보다 더 중요한 마음의 눈이 어두우면 어떻게 되겠는가?

　육신의 눈이 어두우면 공간적인 면에서 장님이지만 마음의 눈이 어두우면 시간적인 면에서 장님이 되는 것이다.

　시간적인 면에서 장님이 되면 한치 앞을 알 수가 없다.

　내일 어떤 일이 닥칠지 모른다. 또한 한 달 후에 어떠한 불행이 닥칠지도 알 수 없다. 그리고 살아가는 동안 불치의 병에 걸리지 않을까 하고 걱정하기도 한다.

　원래 인간이 타락하지 않고 영안(靈眼)이 밝았더라면 앞날에 대하여 잘 아는 사람이 되었을 것이다. 그러나 사람은 타락으로 말미암아 마음의 눈이 어두운 장님이 되고 말았다.

　내일이나 미래에 일어날 일들에 대해서는 도무지 알지 못하게 되었다. 그러므로 마음의 세계에서는 온 천지가 깜깜하고 깊은 밤이 되었다.

너무나 어두워서 앞에 누가 있는지조차 모르는 처지다. 그런데 어두운 역사가 흐르는 가운데 한 줄기 빛이 나타났다.

지금으로부터 약 오천여 년 전에 중국 황하강(黃河江)가에 빛이 나타났으니 어두운 밤에 나타난 작은 빛은 많은 중생들에게 신기함을 가져다 주기에 충분했다.

그 빛은 미래를 점(占)쳐 보는 빛이었다. 기쁨도 슬픔도 희망도 절망도 사랑도 죽음까지도 모두 알려주는 빛이었다.

꿈 많은 젊은이들이나 원대한 이상을 품고 있는 위인(偉人)이나 달사(達士)들이 자신의 미래를 맡겨 놓고 마음졸이게 하던 빛이다.

그 빛을 이름하여 곧 역(易)이라는 것이다. 이 역은 신비하게도 묘한 향기를 진하게 내뿜었다. 그 향기가 너무 진하여 누구나 한 번만 맡으면 향기에 취하여 세상사 모든 일을 잊어버리기에 충분했다.

공자도 이 역(易)의 향기에 깊이 취하다 보니 가죽끈이 세 번이나 끊어지도록 주역에 심취했던 것이다.

동양의 많은 성현들이나 덕망높은 군자(君子)나 신의(信義)가 굳건한 선비들 또한 이 향기에 취하지 않은 사람이 거의 없었다.

우리나라의 위인들 중에서도 토정(土亭) 이지함(李之菡) 선생이나 격암(格菴) 남사고(南師古) 선생도 이 역(易)의 향기에 깊이 취하다 보니 〈토정비결(土亭秘訣)〉이나 〈격암유록(格菴遺錄)〉 등의 예언서를 내놓게 된 것이다.

성현의 말씀에,

"큰 부자는 하늘이 점지하시고 작은 부자는 사람의 노력에 달려 있다."라고 했듯이 한 가지 하늘의 섭리를 발견할 수가 있다.

즉 작은 부자로 타고난 사람은 아무리 노력해도 큰 부자가 될 수 없다는 말이다. 이 말의 참뜻은 사람마다 하늘이 점지해 주신 그릇의 크기가 다르다는 뜻이다.

그러므로 우리는 하늘이 점지해 주신 능력을 깨달아 자기의 분수와 능력을 알고, 과욕을 부리지 말고 분수에 맞게 최선을 다하는 것이 중요한 것이다.

한편 운명이 절대적인 것인가 아니면 상대적인 것인가에 대해서는 앞으로 상세하게 논하기로 한다.

그리고 운명은 반드시 살아서 움직이는 생명의 기운이다.

살아서 움직이는 운명은 사람을 절대적인 면에서 지배하는 것이지만 일부분은 사람의 노력 여하에 따라 어느 정도의 변동이 가능하다.

즉 사람의 마음가짐에 따라서 사람을 지배하기도 하지만 의지가 강한 사람에게는 운명이 사람의 지배를 받기도 한다.

절대적인 신심(信心)을 가진 사람은 운명을 끌고 가지만 불신(不信)과 탐욕을 많이 가진 사람은 운명이 사람을 죽음의 땅으로 끌고 간다.

그 한 예를 들어 보기로 하겠다.

두 여자 친구가 비슷한 시기에 약혼을 했는데 얼마 후 또 비슷한 시기에 모두 파혼을 했다.

乙이라는 아가씨는 깊이 상심하여 만사를 포기하고 절망상태가 되고 말았다.

"나는 이제 틀렸어, 나는 정말 틀렸어."

이렇게 자꾸만 부정적으로 생각하고 말하고 자포자기하니 운명은 이 아가씨를 나쁜 곳으로만 끌고 다니며 더 깊은 수렁에 빠뜨렸고 결국 창녀촌으로 빠져들게 되었다.

이렇게 운명은 살아 있고 눈이 있으며 귀가 밝다. 부정적인 생각과 부정적인 말을 많이 하면 운명이 자꾸만 나쁜 곳으로 끌고 가는 것이다.

한편 甲이라는 아가씨는 乙과는 정반대였다. 물론 처음 얼마 동안은 괴로워하였지만 곧 기력을 회복했다. 그리고는 용기를 내어 인생을 보는 눈도 긍정적이고 희망적이 되었다.

"이번의 파혼은 하늘이 더 좋은 사람을 만나게 해주기 위한 시험이다……."라는 생각으로 신심을 더욱더 독실하게 가지고 정성을 드리며 마음을 바르게 가졌다. 운명은 분명히 살아 있고 눈과 귀가 밝은 모양이다.

왜냐하면 그 아가씨는 정말 전보다 더 좋은 사람을 만나 지금 행복하게 살고 있다.

우리는 이와 유사한 일들을 주위에서 수없이 많이 볼 수가 있다.

이렇게 운명이란 것이 분명히 살아 있으면서 강한 작용으로 사람의 인생노정을 이끌어 가는 것이 사실이다. 그러나 각자의 노력 여하에 따라 상당한 차이가 있을 뿐만 아니라 결정적으로 많은 변화가 생긴다는 것을 알 수 있다.

이 운명을 연구하는 사주팔자(四柱八字) 공부를 제대로 배워 보지도 않고 처음부터 겁을 먹고 물러설까봐 한 예를 들어 본 것이다.

사람에게 가장 중요한 것은 마음이다. 마음이 바르지 못한 사람은 돈이나 지식이나 권세가 많으면 그 돈과 지식과 권세가 도리어 죄를 짓게 하는 근본이 된다. 마음이 바른 뒤에야 돈이나 지식이나 권세가 다 영원한 복으로 변할 수가 있는 것이다.

이와 같이 사주팔자의 운명도 그 사람의 마음 자세에 따라 선악(善惡)에 대한 강약의 차이가 상당히 많다.

예를 들면 상충(相沖)이나 상극(相剋)살의 악운(惡運)이 들어 있어서 사주팔자의 운명대로라면 반드시 비명횡사를 당할 수밖에 없는 처지라 하더라도 그 사람이 마음을 고치고 과거의 잘못을 회개하고 미래의 선행을 다짐한다면 죽음을 면하여 작은 고통으로 액땜을 할 수가 있다.

이미 정해진 사주팔자의 운명을 바꾸지는 못하지만 그 사람의 마음 자세에 따라 길흉(吉凶)은 상당한 변동을 가져올 수가 있는 것이다.

다시 말해 마음이 바르지 못하면 팔자에 정해진 흉사(凶事)보다 더 큰일을 겪을 수 있고 마음이 바르면 본래 정해진 흉사를 많이 면할 수 있다. 이렇게 볼 때 사주팔자란 것도 하나의 가능성이라고도 할 수가 있다.

그리고 그 가능성은 사람의 마음가짐에 따라 많이 달라지는 것을 볼 수 있다.

사람이 본연의 참사람으로 거듭하기 위해서는 여러 가지 순경(順境)과 역경(逆境)을 거쳐야 한다.

이러한 순경과 역경을 당할 때에 마음의 자세가 어떻게 변하는가에 따라 운명이 길(吉)하게 변할 수도 있고 반대로 운명이 흉(凶)하게 변할 수도 있는 것이다.

누구나 사주팔자의 운명을 보면 길운과 흉운이 다 돌아온다.

수도인(修道人)은 길운을 맞이하면 진심으로 하늘에 감사하고 이것을 선한 사업에 널리 활용하여 더 많은 복을 누리게 되며, 반대로 흉운을 당하면 진심으로 과거의 잘못을 하늘에 회개하고 자신의 수양을 위해 노력하며 원망심을 감사하는 마음으로 돌려 자신의 모난 성격을 갈고 닦음으로써 수도인에게는 흉운이 도리어 복을 얻는 기회가 되기도 한다.

그러나 마음이 바르지 못한 사람은 길운을 맞이하면 교만과 사치와 오만한 마음과 음탕한 마음으로 약한 사람들을 억압하고 좋은 운세를 악한 방면으로 사용하게 되므로 좋은 운세가 도리어 죄를 짓는 기회가 되는 것이다.

또한 마음이 바르지 못한 사람에게 흉운이 닥치면 하늘과 세상과 조상을 원망하면서 모든 잘못을 남에게 돌리고 악한 마음만 더 가지게 되므로 더욱 흉운을 당하게 된다.

이처럼 사람들의 마음을 들여다보게 되면 사주팔자를 잘 타고났다고 기뻐할 것이 아니라 사주의 운세를 어떻게 잘 선용(善用)하느냐 하는 것이 더 중요한 것임을 알 수 있다.

또 사주팔자를 흉하게 타고났다고 하여 무조건 실망할 것이 아니라 이 역경을 잘 참고 수양하면 오히려 인격함양에 큰 공부하는 기회가 되기도 하므로 전화위복이 되는 것이다.

사람이 범부의 길을 벗어나 참사람이 되고자 할진대 마치 잡철이 용광로를 통과하고 나서야 비로소 강철로 다시 태어나는 것처럼 우리 인생도 역경의 용광로를 통과하지 않고서는 능히 군자(君子)나 성현(聖賢)이 될 수 없는 것이다.

그러므로 사주학·관상학·수상학 기타 역학 전반에 걸쳐 인간의 운세를 80퍼센트는 알아맞힐 수 있으며 20퍼센트는 각 개인의 노력 여하에 따라 이룰 수 있다고 확신한다.

물론 자신의 주어진 운명을 바라기만 할 것이 아니라 베풀 수 있으면 더 많은 과보를 얻을 수 있게 되는 것은 정한 이치다.

1994년 월
김 찬 동

□ 차 례

제2부 용신(用神)

제3부 실제감정(實際鑑定)

제1부

음양오행(陰陽五行)

제1장 사주 정하는 법

1. 십간과 십이지

십간을 다른 말로 천간이라고도 하는데 천간이란 곧 하늘의 기운을 말한다.

(표1)

양	甲	丙	戊	庚	壬
음	乙	丁	己	辛	癸

지지는 땅의 기운을 나타낸 기호이다.

(표2)

양	子	寅	辰	午	申	戌
음	丑	卯	巳	未	酉	亥

이 우주에는 다섯가지의 기운으로 존재하나니 곧 오행이다.

水　木　火　金　土

천간과 지지가 배합하면 육십갑자가 된다.

(표3) 육십갑자

甲子	乙丑	丙寅	丁卯	戊辰	己巳	庚午	辛未	壬申	癸酉
甲戌	乙亥	丙子	丁丑	戊寅	己卯	庚辰	辛巳	壬午	癸未
甲申	乙酉	丙戌	丁亥	戊子	己丑	庚寅	辛卯	壬辰	癸巳
甲午	乙未	丙申	丁酉	戊戌	己亥	庚子	辛丑	壬寅	癸卯
甲辰	乙巳	丙午	丁未	戊申	己酉	庚戌	辛亥	壬子	癸丑
甲寅	乙卯	丙辰	丁巳	戊午	己未	庚申	辛酉	壬戌	癸亥

2. 연주 정하는 법

사주란 생년 생월 생일 생시의 간지를 종합하여 그 운명이 좌우된다.

각 간지가 네기둥이며 두 자로 되어 있으므로 전부 팔자이다.

사람의 운명을 사주팔자(四柱八字)라고 하는 근거는 여기에 있다.

연의 간지를 연주(年柱)라 하고,

월의 간지를 월주(月柱)라 하고,

일의 간지를 일주(日柱)라 하고,

시의 간지를 시주(時柱)라 한다.

사주를 세우는 순서는 먼저 연주부터 시작한다.

먼저 만세력을 준비해야 한다.

연주를 정하는 법은 태어난 해의 간지를 말한다.

태어난 해가 1992년생이면 연주는 壬申이 되고 태어난 해가 1993년생이면 연주는 癸酉가 된다.

여기서 한 가지 주의할 점은 만세력의 생년은 음력으로 하여 구년과 신년의 구별은 정월 초하루가 표준으로 하는 것이 아니라 입춘(立春)을 기준으로 하는 것이다.

예를 들어 1993년 음력 1월 10일생이면 이는 입춘전에 출생하였으므로 연주는 92년도 연주인 壬申을 써야 된다.

1993년 음력 1월 14일생이면 이는 입춘이 지나 출생하였으므로 연주는 93년도 연주인 癸酉를 써야하는 것이다.

3. 월주 정하는 법

다음은 월주를 정한다.

월주를 정하는 법은 연간이 甲이나 己이고 생월이 1월이면 월주는 丙寅이 되고 2월이면 월주는 丁卯가 된다.

월주는 월주조견표를 보고 작성하면 쉽게 작성할 수 있다.

여기에서 한가지 주의할 점은 절기를 기준하여 월주를 정하는 것이다.

예를 들어 3월달이면 월주가 戊辰인데 생일이 청명전날이면 2월달의 월주인 丁卯를 써야 한다.

즉 월주의 기준은 절기에 있기 때문이다. 그리고 甲子년 1월이면 월주는 丙寅이 되고 乙未년 2월이면 월주는 己卯가 되며 丙辰년 3월이면 월주는 壬辰이 된다.

(표4) 월주조견표

월별	1월	2월	3월	4월	5월	6월	7월	8월	9월	10월	11월	12월
절기	입춘	경칩	청명	입하	망종	소서	입추	백로	한로	입동	대설	소한
甲己년	丙寅	丁卯	戊辰	己巳	庚午	辛未	壬申	癸酉	甲戌	乙亥	丙子	丁丑
乙庚년	戊寅	己卯	庚辰	辛巳	壬午	癸未	甲申	乙酉	丙戌	丁亥	戊子	己丑
丙辛년	庚寅	辛卯	壬辰	癸巳	甲午	乙未	丙申	丁酉	戊戌	己亥	庚子	辛丑
丁壬년	壬寅	癸卯	甲辰	乙巳	丙午	丁未	戊申	己酉	庚戌	辛亥	壬子	癸丑
戊癸년	甲寅	乙卯	丙辰	丁巳	戊午	己未	庚申	辛酉	壬戌	癸亥	甲子	乙丑

4. 일주 정하는 법

일주를 일진(日辰)이라고도 한다.

일주란 곧 태어난 날의 간지를 말한다. 만세력을 찾아보면 쉽게 찾을 수 있다. 여기에서 주의할 점은 일주의 기준은 자시를 기준으로 한다. 즉 전날의 오후 12시부터 금일 오후 12시전 까지는 그 날의 간지를 쓰고 전날 오후 12시 전에 출생시는 전날의 간지를 쓰며 금일 오후 12시 후에 출생시는 다음날의 간지를 일주의 간지로 삼는다.

5. 시주 정하는 법

시주는 태어난 시간을 말한다.

즉 오전 3시에서 5시 사이는 寅시가 되고 오전 5시에서 7시 사이는 卯시가 된다. 다른 시간도 동일하다.

　11시~1시　子시

　1시~3시　丑시

　3시~5시　寅시

　5시~7시　卯시

　7시~9시　辰시

　9시~11시　巳시

　11시~13시　午시

　13시~15시　未시

　15시~17시　申시

　17시~19시　酉시

　19시~21시　戌시

　21시~23시　亥시

　일간이 甲일이나 己일이면서 子시면 甲子가 시주가 되고 일간이 庚일이면서 丑시면 시주는 丁丑이 되고 일간이 丙일이면서 寅시면 시주는 庚寅이 된다. 다른 시주도 동일하다.

　시간조견표를 보면 쉽게 알 수 있다.

(표5) 시간조견표

시간	子	丑	寅	卯	辰	巳	午	未	申	酉	戌	亥
甲己일	甲子	乙丑	丙寅	丁卯	戊辰	己巳	庚午	辛未	壬申	癸酉	甲戌	乙亥
乙庚일	丙子	丁丑	戊寅	己卯	庚辰	辛巳	壬午	癸未	甲申	乙酉	丙戌	丁亥
丙辛일	戊子	己丑	庚寅	辛卯	壬辰	癸巳	甲午	乙未	丙申	丁酉	戊戌	己亥
丁壬일	庚子	辛丑	壬寅	癸卯	甲辰	乙巳	丙午	丁未	戊申	己酉	庚戌	辛亥
戊癸일	壬子	癸丑	甲寅	乙卯	丙辰	丁巳	戊午	己未	庚申	辛酉	壬戌	癸亥

이제 예를 들어 보자.

1966년 5월 15일 辰시생

년	월	일	시
丙	甲	癸	丙
午	午	亥	辰

乙 丙 丁 戊 己 庚 남자대운
未 申 酉 戌 亥 子
1 11 21 31 41 51 대운수

癸 壬 辛 庚 己 戊 여자대운
巳 辰 卯 寅 丑 子
9 19 29 39 49 59 대운수

6. 대운 정하는 법

사주팔자에 부자가 될수 있는 운명이 들어 있다하더라도 태어나는 즉시로 부자가 되는 것이 아니고 살아가면서 부자가 될수 있는 시기가 오는 것이니 이 시기를 대운이라고 한다.

년간이 양년생 남자와 년간이 음년생 여자는 순운(順運)이므로 대운은 월주 다음 간지로 계속 순환하고 대운수는 그 생일로부터 다음달 절입 날짜까지의 날수를 계산하여 3으로 나누어 사사오입한다.

그리고 년간이 음년생 남자와 년간이 양년생 여자는 역운(逆運)이므로 월주의 앞 간지로부터 이루어 지며 대운수는 생일로부터 그 달의 절입까지 날짜를 계산하여 3으로 나누어 사사오입한다.

사주에서는 제일 중요한 것이 용신(用神)이며 대운이 용신운으로 달리면 길하고 반대로 용신을 파극하는 운으로 달리면 불행한 일을 당한다.

사주에서는 이 대운이 있으므로 미래를 알 수 있는 것이다. 다른 어떤 예언서보다 사주학이 미래를 예언함에 있어서는 으뜸임을 자랑할만 하다.

제2장 오행(五行)

오행이란 木火土金水를 말한다.

우주에는 모든 존재물이 다섯가지의 기운으로써 형성되었으니 곧 오행이다.

천지만물의 모든 것이 궁극적으로는 오행속에 다 포함되어 있는 것이다.

사주학에서는 천간에 음과 양의 십종이 오행의 간이 있고 지지에는 음과 양의 십이종이 또한 오행의 지가 있게 된다.

오행에는 서로 화친하며 생조하는 것과 서로 배척하며 극하는 것이 있으니 상생 상극을 말한다.

상생은 木生火 火生土 土生金 金生水 水生木을 말한다.

상극은 木剋土 土剋水 水剋火 火剋金 金剋木을 말한다.

오행을 다음과 같이 구분한다.

(표6)

五 行	天 干	地 支	季 節	五 常	方 位
木	甲 乙	寅 卯	春	仁	東
火	丙 丁	午 巳	夏	禮	南
土	戊 己	辰戌丑未	四季節	信	中 央
金	庚 申	申 酉	秋	義	西
水	壬 癸	子 亥	冬	智	北

오행은 계절에 따라 왕성해 지기도 하고 쇠약해 지기도 한다.

(표7)

오행＼월	子	丑	寅	卯	辰	巳	午	未	申	酉	戌	亥
木	○	△	○	○	△	×	×	×	×	×	×	○
火	×	×	○	○	△	○	○	△	×	×	×	×
土	×	○	×	×	○	○	○	○	×	×	○	×
金	×	○	×	×	○	×	×	△	○	○	○	×
水	○	△	×	×	×	×	×	×	○	○	×	○

○=왕성 △=보통 ×=쇠약

제3장 제합(諸合)

1. 간합(干合)

(표8)

天干	甲己	乙庚	丙辛	丁壬	戊癸
合	合	合	合	合	合

간합이란 두 종류의 천간이 새로운 오행으로 변화하는 것을 말한다.

甲과 己가 합하여 土가 된다. 이를 중정지합(中正之合)이라 한다.
乙과 庚이 합하면 金이 된다. 이를 인의지합(仁義之合)이라 한다.
丙과 辛이 합하면 水가 된다. 이를 위엄지합(威嚴之合)이라 한다.
丁과 壬이 합하면 木이 된다. 이를 인수지합(仁壽之合)이라 한다.
戊와 癸가 합하면 火가 된다. 이를 무정지합(無情之合)이라 한다.

2. 지합(支合)

지지(地支)가 합하면 다른 오행으로 변화한다. 육종이므로 육합(六合)이라고도 한다.

子와 丑이 합하면 土가 된다.

寅과 亥가 합하면 木이 된다.

卯와 戌이 합하면 火가 된다.

辰과 酉가 합하면 金이 된다.

申과 巳가 합하면 水가 된다.

午와 未는 합해도 타오행으로 변하지는 아니한다.

이와 같이 지합은 길성으로 합이 되면 더욱 길해지고 흉성으로 합이 되면 더욱 흉해진다.

3. 삼합(三合)

지지가 셋이 모이면 강력한 힘을 발생하는데 삼합이라고 한다.

申子辰 合水局

巳酉丑 合金局

寅午戌 合火局

亥卯未 合木局

寅申巳亥는 삼합의 생기가 나타나는 기운이므로 생지(生地)라 하고 子午卯酉는 삼합이 가장 왕성한 기운을 나타내는 중심이므로 왕지(旺地)라 한다. 辰戌丑未는 삼합이 창고에 들어가는 기운이므로 고지(庫地)라 한다. 또는 두 개의 지지만 모여도 합이 되는데 이를 반합이라 한다. 申子나 巳酉 등을 말한다. 그러나 삼합 중에서 중심이 되는 왕지(子午卯酉)가 빠지면 합이 성립될 수 없는 것이다. 즉 申辰이나 巳丑 등은 반합이 되지 않는다. 이 삼합은 용신운으로 합이 되면 대길해 지고 기신(忌神)운으로 합이 되면 대흉해 진다.

4. 방합(方合)

방합이란 계절의 합이라고 할 수 있다.

寅卯辰은 합하여 강한 木기운을 나타낸다.

巳午未는 합하여 강한 火기운을 나타낸다.

亥子丑은 합하면 강한 水기운을 나타낸다.

두 개의 지지만 모여도 반합이 되어 강한 힘을 발휘한다. 卯辰이나 巳午나 申酉 등이다.

제4장 제살(諸殺)

1. 형살(刑殺)

형살이란 형벌을 받을 수 있는 악한 기운을 말한다. 사주에 형살이 들어 있다면 조심을 많이 해야 한다.

寅巳申이 지지에 들어 있다면 지세(持勢)의 형살이 된다. 이 형살은 자기의 세력을 믿고 날뛰다가 재앙을 당하는 악살(惡殺)을 뜻한다.

丑戌未도 형살이다. 이 형살을 무은지형(無恩之刑)이라고 한다. 이 형살이 사주내에 있다면 은혜를 입고도 보은(報恩)할 줄 모르고 배은망덕한 행동을 하다가 재앙을 당하는 악살을 말한다.

子卯도 형살인데 이 형살이 사주내에 들어 있으면 예의범절이 없으며 교만하고 강폭한 행동을 하다가 재앙을 당하는 악살을 말한다.

辰午酉亥는 자형(自刑)이라고 한다. 이 자형이란 자기 스스로 정도(正道)의 길을 가지 아니하고 사도(邪道)로 행하다가 재앙을 당하는 악살을 말한다.

寅巳申 : 三刑
丑戌未 : 三刑
子卯 : 刑殺
辰午酉亥 : 刑殺

2. 충살(沖殺)

여러가지 흉살(凶殺)중에서 충살이 가장 크게 흉을 당한다. 특히 용신(用神)을 충하면 대흉을 당한다.

子—午   丑—未   寅—申
卯—酉   辰—戌   巳—亥

년지가 충당하면 조상의 덕이 없다.
월지가 충당하면 부모와 동거하지 못한다.

일지가 충당하면 처가 불행해 진다.

시지가 충당하면 자녀가 불리하다.

寅木이 용신인데 申대운이나 년운이 오면 寅申상충이 되어 죽
거나 크게 사고를 당하게 된다.

寅申충은 木과 金의 상극이므로 설명하지 않아도 쉽게 이해가
되지만 丑未충과 辰戌충에 대해서는 독자들이 좀 이해가 잘되지
않을 것이다.

丑未충은 정기 오행의 충이 아니고 장간속의 여기와 중기의
충이다 즉 丑中癸水와 未中丁火의 충돌이며 또한 중기(中氣)의
丑中辛金과 未中乙木의 충돌인 것이다.

辰戌충도 동일하다. 즉 辰中乙木과 戌中辛金의 충이며 辰中癸
水와 戌中丁火의 충인 것이다.

3. 파살(破殺)

파살은 다음과 같다.

子—酉   午—卯   申—巳
亥—寅   辰—丑   戌—未

사주중에 파살이 들어 있다면 다음과 같은 흉살을 당한다.

연지가 파살을 당하면 조상덕을 볼 수가 없고,

월지가 파살을 당하면 부모와 이별하게 되고,

일지가 파살을 당하면 이혼하기가 쉽다. 또는 가정이 불화한
다.

시지가 파살을 당하면 자녀로 말미암아 근심거리가 생긴다.

4. 해살(害殺)

해살은 다음과 같다.

子—未   丑—午   寅—巳
卯—辰   申—亥   酉—戌

사주내에 해살의 흉함은 다음과 같다. 연지가 해살을 당하면
조부모가 질병으로 고통을 당하고,
월지가 해살을 당하면 부모가 병환으로 고통을 당하며,
일지가 해살을 당하면 처가 질병에 걸려 집안에 근심이 된다.
시지가 해살을 당하면 자녀가 질병에 걸려 애를 태우게 된다.

5. 공망(空亡)

천간은 十종이고 지지는 十二종이므로 두개의 지지는 남게 되
어 다음에 돌아오는 천간과 배합이 되는 것을 공망이라 한다.
공망의 작용은 일주(日柱)를 중심으로 하여 공망을 찾는다.
즉 甲子일주에 공망은 戌亥이며,
乙亥일주에 공망은 申酉이다.
사주에서 길성(吉星)이 공망되면 길운이 감해지며 흉성(凶星)
이 공망되면 흉운이 감해진다.
사주에서 용신이 공망되면 뜻을 크게 펴지 못한다.
연지가 공망이 되면 조부모가 뜻을 이루지 못하였다.
시지가 공망되면 자녀가 뜻을 크게 펴지를 못한다.
연운에서 공망되면 해를 맞이할 때 그 연운이 길운이면 길운

이 감해지고 반대로 연운이 흉운이면 그 흉운이 감해진다.

공망조견표를 살펴보면 쉽게 알 수 있다.

(표9) 공망조견표

甲子순중	甲子	乙丑	丙寅	丁卯	戊辰	己巳	庚午	辛未	壬申	癸酉	→ 戌, 亥
甲戌순중	甲戌	乙亥	丙子	丁丑	戊寅	己卯	庚辰	辛巳	壬午	癸未	→ 申, 酉
甲申순중	甲申	乙酉	丙戌	丁亥	戊子	己丑	庚寅	辛卯	壬辰	癸巳	→ 午, 未
甲午순중	甲午	乙未	丙申	丁酉	戊戌	己亥	庚子	辛丑	壬寅	癸卯	→ 辰, 巳
甲辰순중	甲辰	乙巳	丙午	丁未	戊申	己酉	庚戌	辛亥	壬子	癸丑	→ 寅, 卯
甲寅순중	甲寅	乙卯	丙辰	丁巳	戊午	己未	庚申	辛酉	壬戌	癸亥	→ 子, 丑
											공 망

6. 양인(羊刃)

양인은 다음과 같다.

(표10) 양인살

일간	甲	乙	丙	丁	戊	己	庚	辛	壬	癸
양인	卯	辰	午	未	午	未	酉	戌	子	丑

양인이 주관하는 기운은 주로 형벌(刑罰)을 맡는 살(殺)로써 강폭(剛暴)하고 성급(性急)한 기운을 가지고 있다. 그러므로 사주에 양인이 많으면 인생행로에 풍파가 많다.

강열하고 황폭한 기운을 나타내므로 드물게는 열사(烈士)나

영웅이 되는 수도 있으며 특히 무관으로써 출세하는 수가 많다. 그 반면에 고전도 많이 당하게 된다.

연지에 양인이 자리하면 조부모의 덕이 없고,

월지에 양인이 자리하면 부모와 의사충돌이 종종 발생하며,

일지가 양인이면 처와 화목치 못하고 가정불화가 자주 일어난다.

시지가 양인이면 자녀들이 불순하므로 근심를 많이 하게 된다.

사주상에 양인이 셋 이상이면 벙어리나 귀먹어리나 장님이 되기 쉽다.

7. 괴강(魁罡)

괴광은 많은 대중을 제압하는 강열한 살(殺)로서 길운을 만나면 대부귀(大富貴)의 태평성대를 만날 수 있고 흉운을 만나면 살인(殺人), 극빈(極貧), 비명횡사 등의 대흉을 당할 수가 있다. 괴강은 네 가지이다.

庚戌   庚辰   壬辰   戊戌

여자 사주에 괴강이 둘 이상 들면 남편을 극하고 과부되기 쉽다.

庚辰의 괴강이 든 사람은 살생(殺生)을 자주하게 되며,

庚戌괴강이 사주에 들어 있으면 폭력을 휘두르기 쉽고,

壬辰괴강이 사주에 들면 무리하게 큰 사업에 투자하다가 실패하기 쉬우며,

戊戌괴강이 사주에 들어있다면 고집을 너무 심하게 부리다가 재앙을 당하기 쉽다.

아무튼 사주에 괴강이 한개라도 들어 있다면 모든 일에 조심해야 하며 특히 순간의 혈기를 잘 억제해야 한다. 사주에 괴강과 양인이 동주하면 큰 사건을 저지를 수도 있다.

8. 금여(金輿)

금여는 다음과 같다.

(표11) 금여

일간	甲	乙	丙	丁	戊	己	庚	辛	壬	癸
금여	辰	巳	未	申	未	申	戌	亥	丑	寅

금여살은 길성으로써 온후(溫厚)하며 유순(柔順)하며 음덕(陰德)이 있으며 특히 결혼할 때 좋은 인연을 만날 수 있음을 암시하고 있다. 매사 긍정적인 인상이며 행동도 방정하여 세상에 나가서는 모든 사람들로부터 도움을 받게 된다.

남자는 발명하는데 남다른 재주가 있으며 처덕도 많다.

여자는 인물이 좋으며 좋은 사람을 남편으로 만난다.

특히 일지에 금여살이 있다면 처덕이 많아서 항상 행복하며 시지에 금여살이 있다면 자녀복이 많다.

황족(皇族)이나 명문집의 자녀에게 금여살이 많다.

연지에 금여살이 있다면 조상의 음덕을 많이 보며 월지에 금여살이 있다면 부모가 인자하시다.

9. 암록(暗祿)

길성중에서 이 암록살이 가장 유력하다. 암록살은 다음과 같다.

(표12) 암록

일간	甲	乙	丙	丁	戊	己	庚	辛	壬	癸
암록	亥	戌	申	未	申	未	巳	辰	寅	丑

사주에 암록살이 있다면 한 평생을 통해 재물이 떨어지지 아니하며 항상 뜻밖의 귀인을 만나 도움을 받아 곤경에서도 벗어난다. 성품도 영리하고 남모르는 복록(福祿)이 많으며 주위에 자기를 도와 주는 사람도 많다.

연지에 암록살이 있다면 조상이 음덕을 많이 쌓았고 훌륭하게 살았다.

월지에 암록살이 있다면 부모가 자비하며 음덕이 많으신 분이시다.

일지에 암록살이 있다면 처의 음덕이 많으며 인자하고 근면하여 처덕을 많이 본다.

시지에 암록살이 있다면 자녀덕이 많으며 자손이 번창하고 훌륭하다.

사주내에 어디라도 암록살이 있다면 생각지도 않았던 곳에서 재물이 나타나기도 한다.

10. 천을귀인(天乙貴人)

천을귀인은 다음과 같다.

(표13) 천을귀인

일간	甲	乙	丙	丁	戊	己	庚	辛	壬	癸
천을	丑	子	亥	酉	未	子	丑	午	巳	巳
귀인	未	申	酉	亥	丑	申	未	寅	卯	卯

이 귀인살은 지혜가 있고 총명하며 흉운을 감하고 길운을 더 크게 한다.

천을귀인을 형, 충, 파, 해나 공망하면 평생 고난을 많이 당한다.

귀인이 왕성하거나 용신과 동주하면 한 평생 복이 많다.

귀인이 합이 되어 길신이면 세상에서 널리 신용을 얻으며 출세가 빠르며 한 평생 형벌을 면한다.

귀인과 건록이 동주하면 문장이 뛰어난다.

11. 천덕귀인(天德貴人)

천덕귀인은 다음과 같다.

(표14) 천덕귀인

월　지	子	丑	寅	卯	辰	巳	午	未	申	酉	戌	亥
천덕귀인	巳	庚	丁	申	壬	辛	亥	甲	癸	寅	丙	乙

천덕귀인살은 하늘이 주는 복덕살로써 흉함을 감하고 길함을 더해주는 길살이다.

천덕귀인살이 사주내에 있다면 어디를 가더라도 늘 지켜 주며 보호해 주신다. 연주에 있다면 조상신의 가호하심이 크고 월주에 있으면 부모의 은덕을 받으며 일주가 천덕귀인살이면 처궁이 길하며 시주가 천덕귀인살이 자리하였으면 자녀가 현명해 진다.

12. 월덕귀인(月德貴人)

월덕귀인은 다음과 같다.

(표15) 월덕귀인

월지	子	丑	寅	卯	辰	巳	午	未	申	酉	戌	亥
월덕귀인	壬	庚	丙	甲	壬	庚	丙	甲	壬	庚	丙	甲

월덕귀인살은 천지(天地)어머니께서 주시는 은덕살(恩德殺)로써 성질이 자비하며 온순하고 여자는 정조를 굳게 지키며 한평생 산액(産厄)을 당하지 아니한다. 월덕귀인살이 사주내에 있다면 어디를 가나 언제든지 천지어머니의 보살핌을 받게 되며 흉살도 많이 감해 지며 길운은 더 크게 나타난다.

13. 장성살(將星殺)

장성살은 다음과 같다.

(표16) 장성살

일지	寅	午	戌	申	子	辰	巳	酉	丑	亥	卯	未
장성살	午	午	午	子	子	子	酉	酉	酉	卯	卯	卯

사주에 장성살이 있다면 문무(文武)에 겸비하며 특히 장수로써 높은 벼슬에 오른다.

장성살이 있는 사주는 벼슬을 하거나 관청계통에서 일을 하며 장성과 편관이나 양인이 동주하면 생살(生殺)의 권세를 잡으며 재성과 장성이 동주하면 국가의 재정을 관리한다.

14. 화개(華蓋)

화개살은 다음과 같다.

(표17) 화개살

일지	寅	午	戌	申	子	辰	巳	酉	丑	亥	卯	未
화개살	戌	戌	戌	辰	辰	辰	丑	丑	丑	未	未	未

화개살은 예능계통을 다스리는 살이다.

사주내에 화개살이 있다면 문장이나 예능계통에 능하며 지혜가 뛰어난다.

화개와 인수가 동주하면 학자가 되며 화개가 공망을 만나면 총명하기는 하나 집을 떠나 살게 된다.

15. 역마살(驛馬殺)

역마살은 다음과 같다.

(표18) 역마살

일지	寅	午	戌	申	子	辰	巳	酉	丑	亥	卯	未
역마살	申	申	申	寅	寅	寅	亥	亥	亥	巳	巳	巳

역마살은 이동과 여행을 관장하는 기운이다.

사주에서 용신이 역마이면 발전을 빨리한다. 매사 순조롭게 발전한다. 역마살이 두개 이상이면 평생을 분주하게 살아간다. 역마살이 공망되면 주거(住居)생활이 안정을 못찾고 늘 불안하다. 역마살과 도화살이 동주하거나 가까이 하면 여색문제로 많이 돌아다니며 객사하기 쉽다. 역마살이 충당하면 제 명에 못 죽고 비명횡사하기 쉽다. 연월에서 역마가 상충하면 고향을 떠나 멀리에서 살게 된다.

16. 도화살(桃花殺)

(표19) 도화살

일지	寅	午	戌	巳	酉	丑	申	子	辰	亥	卯	未
도화살	戌卯	卯	卯	午	午	午	酉	酉	酉	子	子	子

사주에 도화살이 있다면 호색한 기질이 있다. 풍류를 좋아

(예3) 년   월   일   시

하고 인물이 미인이다. 용신이 도화살과 동주하면 가정을 중요
시하며 부부간 금슬이 좋다. 도화살이 사주에서 흉신에 해당하
면 바람끼가 많으며 음란하며 여자문제가 복잡하다. 역마살과
도화살이 동주하고 흉신이면 매우 음란하며 바람이 나서 객지로
도망을 가게 된다. 미인들은 대개 도화살이 들어있다. 창녀들도
도화살이 많이 들어있다.

17. 고신살(孤身殺)

(표20) 고신살

년지	子	丑	寅	卯	辰	巳	午	未	申	酉	戌	亥
고신살	寅	寅	巳	巳	巳	申	申	申	亥	亥	亥	寅

사주에 고신살이 있으면 처를 극하며 고독하다.

월지가 고신살이면 부모가 고독하며 시지가 고신살이면 자녀
가 고독하다. 고신살이 있으면 평생을 통해 늘 고독한 세월을 보
내게 된다.

18. 과숙살(寡宿殺)

(표21) 과숙살

년지	子	丑	寅	卯	辰	巳	午	未	申	酉	戌	亥
과숙살	戌	戌	丑	丑	丑	辰	辰	辰	未	未	未	戌

사주에 과숙살이 있으면 육친과 인연이 적으며 고독하다. 과숙살과 화개살이 동주하면 중이 될 팔자이다. 사주에 과숙살이 두개 이상이면 평생을 독수공방하며 외롭게 살아간다.

19. 문창살(文昌殺)

(표22) 문창살

일 간	甲	乙	丙	丁	戊	己	庚	辛	壬	癸
문창살	巳	午	申	酉	申	酉	亥	子	寅	卯

문창살은 학문을 관장하는 살이다.
사주에 문창살이 들어있다면 학문에 남다른 재주가 있으며 학문으로써 출세를 하게 된다. 문창살이 사주에 들어 있으면 흉살을 감하고 길살을 더 크게 한다. 또 지혜가 있으며 총명하며 풍류를 좋아한다. 그러나 문창살이 충이 되거나 합이나 공망이 되면 그 작용을 못하게 된다.

20. 삼재팔난살(三災八難殺)

(표23) 삼재팔난살

일 간	甲	乙	丙	丁	戊	己	庚	辛	壬	癸
삼 재	寅	卯	巳	午	戌	未	申	酉	亥	子
팔난살	申	酉	亥	子	寅	卯	寅	卯	巳	午

삼재팔난살은 여러가지 크고 많은 재앙을 말한다.

삼재는 가난, 전쟁, 질병이다. 가난하여 굶어죽는 재앙은 무서운 것이다. 질병으로 고통당하는 재앙도 무서운 것인데 이 가운데에서 질병의 재앙이 제일 무서운 것이다.

팔난(八難)은 화난(火難), 수난(水難), 풍난(風難), 인난(人難), 적난(賊難), 이난(離難), 쟁난(爭難), 무덕난(無德難)을 말한다.

화난이란 화재를 당하여 고난을 만나는 것을 말하며, 수난이란 홍수가 나서 재산을 모두 잃어버리는 고난을 말하며, 풍난이란 태풍으로 인하여 생명과 재산을 많이 손해나는 고난을 말하며, 인난이란 잘 아는 사이의 사람들로부터 배신을 당하는 난을 말하며, 적난이란 도적이 들어 재산을 많이 도적에 빼앗기는 재앙을 말하며, 이난이란 이별을 해야하는 괴로움의 난을 말하며, 쟁난이란 투쟁으로 말미암아 당하는 재앙을 말함이며, 무덕난이란 조상덕이나 부모덕이나 처자식이나 인덕이 없음을 말하며 이처럼 삼재팔난은 실상 사주에서 용신과 반대되는 기신운을 의미한다.

예를 들면 甲木일주에 신강이면 寅이 삼재팔난이 되며 申은 삼덕팔복(三德八福)운으로 변화된다.

반대로 신약사주이면 寅이 삼덕팔복운이 되며 申은 삼재팔난살이 된다.

제5장 육신(六神)

1. 육신(六神)

육신이란 일간을 중심으로 하여 음양과 오행으로 구분하면 10종이 되는 데 이를 육신이라 한다.

비견(比肩) 겁재(劫財) 식신(食神) 상관(傷官)
편재(偏財) 정재(正財) 편관(偏官) 정관(正官)
편인(偏印) 인수(印綬)를 말한다.

육신의 뜻을 살펴보면 다음과 같다.

①비견은 일간과 오행이 동일하고 음양이 같은 것.
②겁재는 일간과 오행이 동일하고 음양이 다른 것.
③식신은 일간이 어떤 오행을 생조하는 것으로 음양이 같은 것.
④상관은 일간이 어떤 오행을 생조하는 것으로 음양이 다른 것.
⑤편재는 일간이 어떤 오행을 파극하는 것으로 음양이 같은 것.
⑥정재는 일간이 어떤 오행을 파극하는 것으로 음양이 다른 것.
⑦편관은 어떤 오행이 일간을 파극하는 것으로 음양이 같은 것.
⑧정관은 어떤 오행이 일간을 파극하는 것으로 음양이 다른 것.
⑨편인은 어떤 오행이 일간을 생조하는 것으로 음양이 같은 것.
⑩인수는 어떤 오행이 일간을 생조하는 것으로 음양이 다른 것.

다음은 육신의 용어를 해설하여 본다.

①비견과 겁재를 합하여 비겁이라 부른다.
②식신과 상관을 합하여 식상이라 부른다.
③편재와 정재를 합하여 재성이라 부른다.

④편관과 정관을 합하여 관성이라 부른다.

⑤편인과 인수를 합하여 인성(印星)라 부른다.

⑥인성과 비겁(比劫)을 합하여 인비(印比)이라 부른다.

⑦재성(財星)과 관성(官星)을 합하여 재관(財官)이라 부른다.

2. 육신표출법(六神表出法)

(표24) 육신조견표

육신＼일간	甲	乙	丙	丁	戊	己	庚	辛	壬	癸
비 견	甲	乙	丙	丁	戊	己	庚	辛	壬	癸
겁 재	乙	甲	丁	丙	己	戊	辛	庚	癸	壬
식 신	丙	丁	戊	己	庚	辛	壬	癸	甲	乙
상 관	丁	丙	己	戊	辛	庚	癸	壬	乙	甲
편 재	戊	己	庚	辛	壬	癸	甲	乙	丙	丁
정 재	己	戊	辛	庚	癸	壬	乙	甲	丁	丙
편 관	庚	辛	壬	癸	甲	乙	丙	丁	戊	己
정 관	辛	庚	癸	壬	乙	甲	丁	丙	己	戊
편 인	壬	癸	甲	乙	丙	丁	戊	己	庚	辛
인 수	癸	壬	乙	甲	丁	丙	己	戊	辛	庚

일간이 甲일 때 육신을 찾아보면 다음과 같다.

(표25) 육신표

일 간	甲	甲	甲	甲	甲	甲	甲	甲	甲	甲
천 간	甲	乙	丙	丁	戊	己	庚	辛	壬	癸
육 신	비견	겁재	식신	상관	편재	정재	편관	정관	편인	인수

　지지(地支)는 간(干)으로 고쳐서 육신을 찾아야 하는데 지지 안에는 간이 3개가 있으니 초기(初氣) 중기(中氣) 정기(正氣)이다. 정기를 택하여 일간과 대조하여 육신을 찾아낸다.

　그럼 먼저 장간표를 살펴 보기로 한다.

(표26) 장간

지지	초 기	중 기	정 기
子	壬 10, 35		癸 20, 65
丑	癸 9, 30	辛 3, 10	己 18, 60
寅	戊 7, 23	丙 7, 23	甲 16, 54
卯	甲 10, 35		乙 20, 65
辰	乙 9, 30	癸 3, 10	戊 18, 60
巳	戊 5, 17	庚 9, 30	丙 16, 53
午	丙 10, 35	己 9, 30	丁 11, 35
未	丁 9, 30	乙 3, 10	己 18, 60
申	己 7, 20	戊 3, 10 壬 3, 10	庚 17, 60
酉	庚 10, 35		辛 20, 65
戌	辛 9, 30	丁 3, 10	戊 18, 60
亥	戊 7, 23	甲 5, 17	壬 18, 60

이상 장간분야표를 유심히 살펴보면 子와 亥는 정기가 서로
바뀌어 있다. 즉 子는 陽水이면서 정기는 癸水가 되어있고 亥는
陰水이면서 그 정기는 壬水로 되어있다. 그리고 巳와 午도 정기
가 서로 바뀌어 있다. 즉 巳는 陰火이면서 정기는 丙火이고 午는
陽火이면서 정기는 丁火로 되어있다. 지지에서 육신표출법은 정
기를 기준할 때 다음과 같다. 즉 일간이 甲이라면

子의 정기는 癸이므로 인수
丑의 정기는 己이므로 정재
寅의 정기는 甲이므로 비견
卯의 정기는 乙이므로 겁재
辰의 정기는 戊이므로 편재
巳의 정기는 丙이므로 식신
午의 정기는 丁이므로 상관
未의 정기는 己이므로 정재
申의 정기는 庚이므로 편관
酉의 정기는 辛이므로 정관
戌의 정기는 戊이므로 편재
亥의 정기는 壬이므로 편인이 되는 것이다.

예를 들어 본다. 1910년 4월 11일 子시

년	월	일	시	
庚	辛	甲	甲	
戌	巳	申	子	
(戊)	(丙)	(庚)	(癸)	⇐(장간)
편 관	정 관	일 간	비 견	⇐(천간)
편 재	식 신	편 관	인 수	⇐(지지)

3. 비견(比肩)

①비견은 주로 형제 친구 조카 남편의 첩을 의미한다.

②비견의 특징은 고집이 세며 타인과 잘 화합하지 못하므로 고
독한 면이 있으며 이기적이다.

③비견이 기신(忌神)이면 형제간 불화하며 친구간도 분리되고
평생을 통해 고난이 많다.

④일지에 있는 비견이 기신이면 부부간 불화가 많으며 금전거래
할 때 손해를 많이 본다.

⑤비견이 태왕하고 관살이 없으면 성질이 난폭하다.

⑥비견이 기신이면 자기의 상속자가 양자일 수 있다.

⑦여자 사주에 비견이 기신이면 색을 밝히므로 가정이 불화하고
독신으로 살거나 첩이 되는 수가 많다.

⑧비견이 많으면 독립적인 사업이 길하다. 즉 의사나 기사 자영
업 자유업 등이 적당하다.

4. 겁재(劫財)

①겁재의 특징은 교만 불손하며 투쟁심이 강하며 요행을 좋아하
다가 재물에 손해를 보는 수가 많다.

②겁재가 많아 기신인데 편인이 있으면 이같은 특성은 더욱 심
해진다.

③겁재가 많더라도 정관이 있으면 난폭한 성질은 많이 억제되며
더 나아가서는 고매한 인품으로 전환될 수도 있다.

④비견과 겁재가 사주에 3개 이상이면 공동사업은 불리하므로
절대 동업은 금물이다.

⑤일지에 겁재가 있고 기신이면 부부간 극한다.

⑥겁재와 양인이 함께 있고 기신일 때 대흉을 당한다.

⑦겁재와 상관이 모이면 무례하다.

⑧연주에 겁재가 있고 용신이면 조부모가 부유하게 살았다.

⑨월주에 겁재가 있고 용신이면 부모의 덕을 많이 본다.

⑩일지에 비겁이 있고 용신이나 희신이면 처덕이 많다.

⑪시주에 있는 겁재가 용신이면 자녀덕이 많으며 효자를 둔다.

5. 식신(食神)

①식신은 자식을 의미하며 때로는 손자를 의미하기도 한다.

②식신은 가재(家財)나 신체 식성 등이 풍부함을 의미한다.

③식신이 너무 많으면 우유부단하여 큰 사업이나 큰 일은 못하며 풍류를 좋아하며 색정이 강하다.

④비겁을 만나면 이같은 특성은 더욱 강해지고 인성(印星)을 만나면 억제된다.

⑤사주에서 식신이 많아 설기(泄氣)가 심하면 자식복이 없다.

⑥식신이 많은 여자는 과부가 되거나 첩이 되거나 창녀가 되기 쉽다.

⑦사주에 식신이 많은데 인성이 부족하면 신체가 허약하다.

⑧월주에 있는 식신이 용신이면 신체가 건강하며 식성이 좋다.

⑨일지에 식신이 있고 용신이면 처덕이 있고 처의 신체도 건강하다.

⑩시주에 식신이 있고 용신이면 자녀덕이 많으며 효성도 있다.

⑪신강사주에서 재관이 무력하여 식신이 용신이면 길하다. 식신유기승재관(食神有氣勝財官)이란 말처럼 식신이 아름다우면

재관보다 더 상격이 된다.

6. 상관(傷官)

①상관이 태왕하면 자식복이 없다.
②상관이 용신이면 종교계통이나 예술계통이 뛰어난다.
③신약사주에 상관이 강하면 팔자가 험악하다.
④월주에 있는 상관이 기신이면 부모덕이 없다.
⑤일지에 있는 상관이 용신이면 처덕이 있고 처가 활동적이다.
⑥여자사주에서 팔자에 상관이 있고 기신이면 남편복이 없고 양
  인과 동주하면 남편이 횡사할 수 있다.
⑦상관이 많은 여자는 첩이 되거나 창녀가 되기 쉽다.
⑧사주에 상관이 기신이면 자식이 속을 많이 썩인다.
⑨시주(時柱)에 있는 상관이 용신이나 희신이면 자식덕이 많으
  며 총명한 자식을 둔다.
⑩상관 양인 편관이 함께 모이면 그 성질이 난폭하다.

7. 편재(偏財)

①신강사주에 편재가 용신이면 재물복이 많다.
②신강사주에서 일지에 편재가 있고 용신이면 처복이 많으며 재
  물도 넉넉하다.
③편재가 많고 신약사주이면 가난뱅이로 산다.
④편재가 많고 도화살이 동주하면 풍류와 주색을 좋아하며 첩을
  좋아한다.

⑤연주에 편재가 있고 용신이면 조부모님 때에 집안이 부유하였
다.

⑥월주에 편재가 있고 용신이면 큰 부자가 된다.

⑦일지에 있는 편재가 기신이면 처복이 없고 부부간 불화를 자
주한다.

⑧시주에 있는 편재가 기신이면 자녀로 말미암아 근심할 일이
많고 자녀가 속을 상하게 한다.

8. 정재(正財)

①남자는 정재를 아내로 본다. 여자는 시어머니로 본다.

②사주에 정재가 많아 신약사주이면 공처가가 된다.

③사주에 정재가 기신이면 부모를 일찍이 여의고 인색하다.

④정재가 기신이고 도화살과 합이 되면 아내가 음란하다.

⑤정재가 많은 여자사주는 음란하다.

⑥신약사주에 식상이 있고 정재가 태왕하면 음란하고 창녀가 되
기 쉽다.

⑦일지에 정재가 있고 용신이면 아내가 인자하며 청순하다.

⑧정재가 용신이고 일지에도 희신이 자리하면 처덕이 있고 재물
복도 있다.

⑨정재는 재물을 논할 때 정직하며 근면하다.

⑩남자 사주에는 정재가 용신이 되는 것이 제일 귀(貴)하다.

9. 편관(偏官)

①편관을 다른 말로 칠살(七殺)이라고 한다. 칠살의 뜻은 일곱
  가지로 재앙을 주기 때문이다. 그 일곱가지를 열거하면 다음
  과 같다.
  가난과 전쟁과 질병과 화난(火難)과 수난(水難)과 적난(賊難)
  과 쟁난(爭難)을 의미한다.
  즉 편관이 흉신(凶神)이 되면 이상의 일곱가지로 사람에게 재
  앙을 주므로 칠살이라고 부르게 된 것이다.

②편관을 여자는 남편으로 본다.

③편관의 특성은 완강하고 투쟁을 좋아하며 주로 무관이나 협객
  들의 사주에 많이 있다.

④편관과 식상이 동시에 왕성하고 신강사주이면 대부귀(大富
  貴)사주이다.

⑤반대로 편관과 식상이 동시에 왕성한데 신약사주이면 극빈하
  거나 요절하기 쉽다.

⑥연주에 있는 편관이 용신이면 조상이나 조부모가 벼슬을 높이
  하였다.

⑦월주에 있는 편관이 용신이면 특권층의 자녀이다. 즉 부모가
  관청출입을 많이 한다.

⑧일지에 있는 편관이 기신이면 처의 성질이 난폭하며 부부간
  언쟁을 자주한다.

⑨시주에 있는 편관이 기신이면 자녀가 속을 많이 상하게 한다.

10. 정관(正官)

①여자 사주에서는 정관을 남편으로 본다.

②사주에 정관이 많아 신약이면 일생을 곤궁하게 산다.

③정관이 용신이고 재성이 생조하면 높은 벼슬을 한다.

④여자 사주에서는 정관이 용신이 되는 것이 제일 귀하다.

⑤여자 사주에 정관과 편관이 없다면 남편없이 독수공방하게 된다.

⑥연주에 있는 정관이 기신이면 조상덕이 부족하다.

⑦월주에 있는 정관이 기신이면 부모덕이 없고 가정분위기가 불안하다.

⑧일지에 있는 정관이 용신이면 처덕이 있고 처의 성질이 명랑하며 가정이 화목하며 부부간 금슬도 좋다.

⑨시주에 있는 정관이 용신이면 자녀가 총명하며 노년이 평안하다.

11. 편인(偏印)

①편인은 어머니를 나타낸다.

②사주에 편인이 많고 기신이면 파재 이별 병고 고독 박명 색난 등을 당한다.

③신약사주에서는 편인은 길신이다.

④월주에 편인이 있고 용신이면 부모덕이 있고 성질이 온순하다.

⑤일지에 편인이 있고 용신이면 처가 인자하며 처의 도움으로 성공한다.

⑥시주에 있는 용신이면 자녀가 효성이 있고 선량하다.

⑦사주에 편인이 많으면 여러 어머니를 모시고 살게 된다.

⑧사주에 편인이 없고 월주에 기신이 자리하면 일찍이 부모와 이별하며 초년에 고난을 많이 당한다.

12. 인수(印綬)

①인수를 다른 말로 정인(正印)이라고도 한다.

②인수가 용신이면 지혜롭고 어학(語學)을 잘하며 성질이 온후 단정하다.

③인수가 용신이면 유복하다.

④신약사주에서는 인수가 반드시 필요하며 길신이다.

⑤인수가 많고 양인이 동주하면 심신에 괴로움이 많다.

⑥월주에 인수가 있고 용신이면 부모덕이 많으며 초년에 호의호 식한다.

⑦식상이 용신인데 인수대운을 만나면 사업이 불안해지며 도산 되기 쉽다.

⑧관성이 태왕한데 인수가 있어 기운을 유통시키면 흉이 변하여 길하여 진다.

13. 십이운성(十二運星)

십이운성이란 장생(長生) 목욕(沐浴) 관대(冠帶) 건록(建祿) 제왕(帝旺) 쇠(衰) 병(病) 사(死) 묘(墓) 절(絶) 태(胎) 양(養) 을 말한다.

(표27) 십이운성

운성\일간	생	욕	대	록	왕	쇠	병	사	묘	절	태	양
甲	亥	子	丑	寅	卯	辰	巳	午	未	申	酉	戌
乙	午	巳	辰	卯	寅	丑	子	亥	戌	酉	申	未
丙戊	寅	卯	辰	巳	午	未	申	酉	戌	亥	子	丑
丁己	酉	申	未	午	巳	辰	卯	寅	丑	子	亥	戌
庚	巳	午	未	申	酉	戌	亥	子	丑	寅	卯	辰
辛	子	亥	戌	酉	申	未	午	巳	辰	卯	寅	丑
壬	申	酉	戌	亥	子	丑	寅	卯	辰	巳	午	未
癸	卯	寅	丑	子	亥	戌	酉	申	未	午	巳	辰
자녀수	4명	2명	3명	3명	5명	2명	1명	무	무	1명	무	3명

십이운성은 인생의 일생로정을 비유한 것이다.

○이 세상에 태어나는 것을 장생이라 한다.
○태어난 아기를 산파는 깨끗이 목욕을 시킨다. 그래서 목욕이 여기에 있다.
○태어나서 성장하여 결혼하는 것을 관대라 한다. 즉 결혼하여 사모관대를 쓰고 결혼식을 올리기 때문이다.
○과거에 급제하여 벼슬을 하여 녹봉을 받는 것을 건록이라 한다.
○나이가 들고 많은 부하도 두며 인생의 최절정의 권위나 부귀를 누리는 시기를 제왕이라 한다.
○절정의 권위나 부귀를 누린다음에는 서서히 내리막길로 달려가니 이를 쇠라한다.

○쇠망의 길을 가다보면 의욕도 용기도 상실하고 보면 병이 들기 시작한다.

○병이 들면 고통중에 신음하며 괴로워하다 보면 그 목적지는 죽음이다.

○죽음을 당하면 그 육신을 흙속에다 매장을 한다. 이를 묘지라 한다.

○묘지안에서 편안히 쉬다보니 이 세상과는 완전히 인연을 끊는데 이를 절(絶)이라 한다.

○이 세상과의 인연은 끝이 났지만 다시 새로운 인연을 따라 어머니의 모태속으로 들어가니 이를 태(胎)라 한다.

○태속에서도 점점 자라서 사람의 형체를 이루는 것이니 이를 양(養)이라 한다.

이렇게 십이인연으로 돌고 도는 것이 인생인데 사주에서도 십이운성이 영향을 준다. 일간을 중심으로 십이운성을 살펴보면 다음과 같다.

년	월	일	시
甲	戊	丙	癸
子	辰	午	巳
태	묘	제왕	건록

이상에서 십이운성으로 길흉을 풀어보면 연지는 태이므로 조부모는 마치 모태 속에 있는 것처럼 세상에서는 아무런 활동이나 공덕이 끼치지 못하고 살았으며 월지에는 묘가 자리하므로 부모가 별로 음덕이 없이 살았고 그 일생이 변변치 못하였으며 고로 이 사주는 부모덕이 없으며 일지에는 제왕이 자리하므로 처덕이 있고 가정이 유복하였고 시주에는 건록이 자리하므로 자녀가 총명하며 자녀복도 보게 되는 것이다. 그러나 이처럼 십이운성을 중심으로 사주보는 것은 단식판단에 불과한 것이다.

제2부

용신(用神)

제1장 용신(用神)

1. 강약(强弱)

　운명을 감정함에 있어 그 중추적인 역활을 하는 것은 용신을 잡아 운명을 보는 법이다.

　사주명식을 뽑아놓고 보면 사주를 조화시키는데 있어 제일 필요한 오행이 있는데 이 제일 필요한 오행을 용신이라고 한다.

　또한 사주간명법상에서도 이 용신잡는 일이 제일 어렵고 중요한 일이다. 용신을 잘못잡고 보면 운명감정이 하나도 맞지 않기 때문이다. 사주학에서 용신만 잡을 줄 알면 사주보는 법은 식은죽먹기처럼 쉽다. 용신을 잡는 법은 여러가지로 되어 있는데 예를 들면 甲木일주가 水旺절에 출생하여 일주(日主=日干)의 기운이 강하면 신강사주라 하고 용신은 재관이 되며 재관이 무력하면 식상이 용신이 된다. 반대로 甲木일주가 土金절에 출생하여 일주의 기운이 약하면 용신은 일주를 도와주는 인성이나 비겁이 용신이 되는 것이다. 일주가 왕성하고 강력한 것을 신강사주라 하고 일주가 약하고 무력한 것을 신약사주라 한다. 다음은 신강과 신약을 구분하여 본다.

　우선 출생월이 일주를 생하면 신강이고 출생월이 일주를 극하면 신약이다. 출생월이 일주를 생한다는 말은 甲木일주면 출생월이 亥子寅卯월 등을 말하고 일주를 극한다는 말은 출생월이 戌未申酉월 등을 말한다.

　일주가 火일 경우에는 봄과 여름 계절에 생조하며 가을과 겨울은 극설한다.

　일주가 土이면 여름과 사계절에 생조하며 가을철은 설기(泄

氣)되고 겨울과 봄은 극한다.

일주가 金이면 사계절과 가을에 생조되고 봄 여름 겨울은 극설(剋泄)된다.

일주가 水이면 가을과 겨울철에 생하고 나머지 달은 극한다.

사주상 인성과 비겁이 많으면 신강이고 반대로 재성과 관성이 많으면 신약이다. 식상도 일주의 기운을 설기시키므로 약해진다. 삼합이나 육합 간합 등도 참고해야 한다. 또한 상생상극의 이치도 살펴보아야 한다.

그리고 십이운성에서 제왕이나 건록을 만나면 신강이 되고 반대로 쇠나 병이나 사(死) 등을 만나면 신약이 된다.

1933년 7월 12일 寅시생

년 월 일 시

癸 庚 庚 戊

酉 申 午 寅

이 사주는 庚金일주가 申월에 출생하여 득령을 하였으므로 신강사주가 되었다. 신강사주이므로 오행의 조화로 보나 조후(調候)로 보아 재관이 용신이 된다. 즉 木火가 용신이다.

용신(用神)은 사주에서 제일 필요한 오행을 말하고,

희신(喜神)이란 용신을 도와 주는 길신(吉神)을 말한다.

용신이 木이라면 水는 희신이 된다.

용신을 극하는 오행을 기신(忌神)이라고 하며 기신과 함께 힘을 도와주는 오행을 구신(仇神)이라 한다.

그리고 생조나 극설을 하지 않는 오행을 한신(閑神)이라고 한다.

64년 3월 13일 酉시생
년 월 일 시
甲 戊 癸 辛
辰 辰 卯 酉

이 사주는 癸水일주가 辰월생이니 실기(失氣)하였으므로 신약사주가 되었다. 신약사주이므로 용신은 일주를 생조하는 인성과 비겁이 용신이 된다. 金水가 용신이 되고 庚辛壬癸 申酉亥子의 운에 발달한다

1920년 5월 5일 申시생(남자)
년 월 일 시
庚 壬 己 壬   대운 癸甲乙丙丁戊己
申 午 酉 申   未申酉戌亥子丑

이 사주는 己土일주가 午월에 출생하여 득령은 하였으나 사주상 일주의 기운을 설기시키는 식상과 재성이 많으므로 오히려 신약사주가 되었다. 용신은 火土이다.
대운이나 년운에서도 丙辰 丙午 丙戌 丁未 丁巳 등이 길하다.

1969년 5월 12일 丑시생
년 월 일 시
己 庚 壬 癸   대운 己戊丁丙乙甲
酉 午 申 丑   巳辰卯寅丑子

이 사주는 壬水일주가 午월에 출생하여 실기는 하였으나 일주를 생조해 주는 인성과 비겁이 많아 오히려 신강사주가 되었다.

그러므로 용신은 木火이다.

사주에서 그 힘의 비중을 살펴보면 지지의 오행은 천간의 오행보다 힘의 작용에 있어 보통 3배정도 강하다. 즉 지지의 오행 하나가 천간의 오행 3개와 그 작용하는 힘의 비중이 비슷하다. 그리고 월지는 년지나 일지 시지보다 그 힘이 2배나 3배 정도 강하게 작용한다. 그러므로 월지의 힘은 천간의 오행보다는 6배나 9배 정도로 강한 것이다.

예를 들면 甲申월 출생이라면 甲木을 한 명이라고 본다면 申金은 7명내지 9명이라고 볼 수 있다. 반대로 庚寅월 출생이라면 庚金을 한 명이라고 본다면 寅木은 4명이나 6명정도로 볼 수 있다. 이것은 金이 木을 극하기 때문에 개두와 절각의 작용 때문이다.

56년 7월 12일 酉시생

년	월	일	시
丙	丙	丙	丁
申	申	辰	酉

이 사주는 천간에 火가 4개이고 지지에는 金 3개 土 1개의 세력이다. 숫자적으로는 비슷한 듯하나 土金은 모두 지지에 있고 火는 모두 천간에 자리하므로 실제 기운의 차이는 金이 火보다 4 내지 5배 이상의 강한 작용을 한다. 이 사주 역시 신약사주이며 용신은 木火이다.

2. 용신(用神)

다음은 용신 잡는 법을 알아본다.

용신은 사주팔자를 뽑아놓고 보면 음양으로나 오행의 조화로 보나 조후의 작용으로 보았을 때 사주를 안전하게 조화시키는데 있어 제일 필요한 오행이 있다.

이 제일 필요한 오행이 용신이 되는 것이다. 그러므로 사주에 인성이 많아 신강사주이면 인성의 기운을 억제하는 제성이 용신이 되고 비겁이 많은 사주에서는 관살이 용신이 되며 식상이 많은 사주에서는 인성이 용신이 된다. 재성이 많은 사주에서는 비겁이 용신이 되며 관살이 많은 사주에서는 인성이 용신이 된다. 또한 비겁도 왕성하고 관살도 왕성할 때는 식상이 용신이 된다.

용신은 사주상 조화를 이루기 위해 제일 필요한 오행이고 용신을 도와주는 오행을 희신(喜神)이라 한다. 또한 용신을 파극 (破剋)하는 오행을 기신(忌神)이라 하며 기신을 도와주는 오행을 구신(仇神)이라 한다.

사주에서 이 용신은 충파가 없고 강력해야 큰 인물이 되며 대운이 잘 따라 주어야 출세하는 것이다. 용신이 충파(沖破)를 당하여 미약하면 큰 인물이 되지 못하며 대운이 잘 따르지 못하면 고난을 많이 당하며 요절하기가 쉽다.

용신을 잡는 법은 여러가지이다.

① 억부법(抑扶法)

억부법이란 것이 있다.

일명 강약법(强弱法)이라고도 하는데 사주에서 간명법상 가장 많이 사용되고 있는 감정법이다.

일주가 강하면 그 강한 기운을 억누르는 오행인 재관이나 설기시키는 식상이 용신이 된다.

반대로 일주가 약하고 재관이 왕성하면 약한 일주를 생조하는 인성이나 비겁이 용신이 된다.

42년 6월 3일 酉시생

  년 월 일 시
  壬 丁 己 癸   대운 戊己庚辛壬癸
  午 未 巳 酉   申酉戌亥子丑

이 사주는 己土일주가 未월 즉 土旺절에 출생하고 인성과 비겁이 강하므로 신강사주이다. 신강사주이므로 사주를 조화하기 위해서나 조후로 보나 水가 필요하다. 고로 이 사주에는 시간(時干)의 癸水가 용신이 된다.

1918년 4월 22일 酉시생

  년 월 일 시
  戊 丁 戊 辛
  午 巳 寅 酉

이 사주는 戊土일주가 巳월생이므로 득령하였고 인비가 왕성하므로 신강사주가 되었고 용신은 재관으로 잡아야 하는데 일지의 寅木 편관은 巳午丁火에 의해 기운이 설기 당하므로 미약한데 시주의 申酉金에 의해 극을 당하므로 寅木으로서는 용신을 잡을 수가 없다. 고로 용신은 상관인 辛金이 된다.

1920년 3월 8일 戌시생

년 월 일 시
庚 庚 甲 甲
申 辰 寅 戌

이 사주는 甲木일주가 辰월에 출생하였고 사주에 土金의 기운이 왕성하므로 신약사주가 되었다. 그러나 辰월의 甲木은 약하지는 않고 시간의 甲木과 일지의 寅木이 생조하므로 재관을 감당할 수가 있다.

용신은 寅中丙火로 잡아 강한 金기운을 억제하므로 사주가 길해졌다. 용신은 火이며 희신은 木이고 水는 水木이 동행하는 甲子년이나 乙亥년이나 壬寅년 癸卯년 등은 길하나 金水가 동행하는 庚子 辛亥 壬申 癸酉년 등에는 흉하다. 土金운은 신약이므로 金은 기신이 되고 土는 구신이 된다.

이 사주처럼 신약이라도 일주가 태약하지 않을 경우에는 식상으로 용신을 잡을수도 있는 것이다.

1923년 7월 11일 辰시생
년 월 일 시
癸 庚 丁 甲
亥 申 卯 辰

이 사주는 丁火일주가 申월에 출생하여 실기하였다. 일주를 도와주는 기운은 시간의 甲木과 일지의 卯木뿐이다. 신약사주이므로 용신은 인비가 되며 木火운인 甲乙丙丁 寅卯巳午의 운에 발복한다.

이상으로 억부법에 대하여 논해 보았다.

2 조후법(調候法)

다음은 조후법에 대하여 공부하여 본다.

조후법이란 사주가 너무 열조(熱燥)하면 한습(寒濕)한 오행이 용신이 되고 반대로 사주가 너무 한습하면 열조한 오행이 용신이 된다.

천간의 甲乙丙丁戊와 지지의 寅卯巳午未戌은 열조한 오행이고 천간의 己庚辛壬癸와 지지의 申酉亥子丑辰은 한습한 오행이다.

일주와 월지가 한습한 오행이고 타주(他柱)에도 한습한 오행이 대부분이면 열조한 오행이 용신이 된다. 또한 반대로 일주와 월지가 열조한 오행이고 타주에도 대부분이 열조한 오행이면 용신은 한습한 오행이 용신이 된다.

1926년 5월 25일 申시생

년	월	일	시		대운	乙丙丁戊己庚辛
丙	甲	甲	壬			
寅	午	午	申			未申酉戌亥子丑

이 사주는 甲木이 午월생이며 사주에 대부분이 木火이다. 즉 사주가 너무 열조하다. 이런 사주는 한습한 오행인 金水가 용신이 된다.

이 우주에 천지만물을 만드신 창조주이신 천지부모(天地父母)님은 모든 것을 음양의 조화에서 발전하도록 만드셨다. 그러므로 이 사주처럼 열조한 기운이 많으면 한습한 기운으로 용신을 삼도록 정해 주셨으니 너무나 음양의 이치에 당연하다 하겠다.

1933년 10월 14일 亥시생

```
년  월  일  시
癸  癸  辛  己
酉  亥  丑  亥
```

이 사주는 辛金일주가 亥월에 출생하였고 사주전체가 물판이다. 즉 너무 한습하므로 용신은 열조한 기운을 띄고 있는 木火가 용신이 된다. 대운 역시 木火운에 발복한다.

사주에서 열조한 오행과 한습한 오행의 세력이 별로 차이가 없다할 때 그 중에서도 조금 약한 쪽을 용신으로 삼는다.

예를 들어 木火의 기운이 60%이고 金水의 기운이 40%일 때 용신은 金水가 되는 것이다.

1960년 11월 9일 午시생

```
년  월  일  시
庚  戊  戊  戊
子  子  子  午
```

이 사주도 전체적으로 보아 金水가 많아 한습하다. 고로 용신은 열조한 오행인 木火가 길신이 된다.

기후가 너무 추워도 생존하기에 힘이 들고 반대로 너무 더워도 살아가기에 힘이 든다. 중간의 적당한 날씨가 가장 좋은 기후이다. 사주팔자의 근본도 이처럼 천기(天氣)에 의해서 성립된 것이므로 사주에서는 조후를 중요하게 다룬다.

실제 사주를 감정할때 먼저 보는 것이 열조한 달에 태어났느냐? 한습한 달에 태어났느냐? 이것을 살펴보는 것이다.

즉 태어난 달이 寅卯巳午未戌월이면 金水가 용신이고 申酉亥 子丑辰월에 출생하였다면 木火가 용신이 되는 것이다. 그러나 타주의 오행도 참고하여 결정할 일이다.

열조한 오행을 양기운(陽氣運)이라고 하고 한습한 오행을 음 기운(陰氣運)이라 한다. 사주란 한마디로 말해서 음양의 이치를 연구하는 학문이라고 할 수 있는 것이다.

③ 전왕법(專旺法)

다음은 전왕법에 대하여 공부하여 본다. 일명 왕종법(旺從法) 이라고도 한다.

사주가 어느 일방의 오행으로 구성되어 있다면 그 강한 기운 을 꺾을 수가 없다. 그러므로 그 강한 기운을 따라야 하며 그 강 한 기운이 용신이 된다. 종격(從格)이나 화격(化格) 등 외격이 여기에 속한다.

1916년 3월 20일 辰시생

```
년  월  일  시
丙  壬  己  戊
辰  辰  丑  辰
```

이 사주는 己土일주가 辰월생이며 사주에 土기운이 태강하여 다른 어떤 오행도 그 힘을 펼 수가 없다. 이런 사주일 때 용신은 순리대로 土로써 용신을 잡아야 한다. 대운도 용신인 火土운으 로 흘러가야 길하다. 왕기(旺氣)는 꺾지 말며 따르는 것이 순리 이다.

1920년 7월 7일 酉시생

     년 월 일 시
     庚 甲 庚 乙
     申 申 戌 酉

　이 사주는 대부분이 金기운으로 구성되어 있다. 甲乙木이 천
간에 자리하나 감히 세력을 나타낼 수가 없다. 金기운을 따라야
한다. 용신은 金이 되며 대운에도 土金운에 발복한다.

3. 격(格)

　사주에서는 격이란 것이 있다. 격은 다음과 같이 정한다.
　사주상 월지의 정기(正氣)가 천간에 나타나 있다면 그것이 표
시하는 육신에 의하여 그 이름을 정한다.

     년 월 일 시
     癸 庚 丁 甲   대운 己戊丁丙乙甲
     亥 申 卯 辰   未午巳辰卯寅

　이 사주는 丁火일주가 申월에 출생하였는데 申金의 정기는 庚
金이 된다.
　월지 申金의 정기가 월상(月上)에 투출한 庚金 정재가 나타나
있으므로 정재격이 된다. 정재격은 일반적으로 재물에 대하여
분명하며 토지를 자본으로 성공하는 자가 많으며 독실하며 행동
이 방정한 사람이 많다. 이 사람은 금전거래에 분명하였고 정직
한 성품이었다.

다음에는 월지의 정기가 천간에 나타나 있지 아니할 경우 여기나 중기가 천간에 나타나 있다면 그 오행이 나타내는 이름으로 격을 정한다.

```
년  월  일  시
乙  戊  丁  癸
亥  申  未  卯
```

월지 申金의 정기인 庚金이 천간에 나타나 있지 않고 초기(初氣=餘氣)인 戊土가 월상에 나타나 있다. 丁火일주에서 戊土는 상관이 되므로 이 사주는 상관격이 된다. 상관격은 예능계통에 능하며 학자들도 많다. 또한 종교계통에 대성하며 교육사업에도 헌신하는 자가 많다.

이처럼 격이란 것은 사주 오행중에서 강약을 따르지 아니하고 다만 그 힘이 가장 강한 월지를 기준으로 해서 이름을 정한 것이다. 다만 월지가 비견이나 겁재일 경우에는 일주와 동료이므로 격이 성립될 수가 없기 때문에 월지 비겁의 정기가 아닌 초기나 중기의 지장간으로 그 격에 이름을 정한다.

```
년  월  일  시
甲  丙  乙  丙     丁戊己庚辛壬癸
辰  寅  卯  戌     卯辰巳午未申酉
```

이 사주는 乙木일주가 寅월에 출생하였으므로 격을 성립시킬 수가 없다. 비겁이 월지에 자리하면 이처럼 격을 이루지 못하므로 월지 寅木의 중기인 丙火를 취용하여 격으로 삼으니 乙木일

주에서 丙火는 상관이므로 이 사주는 상관격이 된다. 상관격이
므로 지혜가 박식하며 기술계통에서 출세하며 또한 손재수도 있
었다. 그리고 의협심도 강하며 약자에게 동정심도 많았다.

```
년  월  일  시
己  戊  壬  己      丁丙乙甲癸壬辛
未  辰  辰  酉      卯寅丑子亥戌酉
```

이 사주는 壬水일주가 辰월생이므로 辰의 정기는 戊土이다.
戊土는 壬水일주에서 보면 편관이 되므로 편관격이 된다. 편관
격이므로 군인이나 경찰계통이나 사법부계통에서 출세하는 자
가 많다.

이 사람은 군인으로서 초년운은 발복하지 못하여 고전하다가
子水대운부터 일어나기 시작하더니 승승장구하여 장성(將星)이
되었다. 대운이 金水운으로 흐르기 때문이다. 시지(時支)의 酉
金이 용신이므로 자녀 또한 훌륭하였다.

4. 관성(官星)

관성은 다음과 같다.

(표28) 관살조견표

일 간	甲	乙	丙	丁	戊	己	庚	辛	壬	癸
편 관	庚	辛	壬	癸	甲	乙	丙	丁	戊	己
정 관	辛	庚	癸	壬	乙	甲	丁	丙	己	戊

정관과 편관을 합하여 관성 또는 관살이라고 부른다.

신강사주에서는 관살이 길신이 된다. 재성이 약하면 관살운을 만나야 사주가 길해진다.

```
년  월  일  시
戊  戊  己  乙      己庚辛壬癸甲乙
午  午  酉  亥      未申酉戌亥子丑
```

이 사주는 己土일주가 午월생이라 신강사주이고 용신은 시간 (時干)의 편관乙木이다. 水는 희신이다.

火土운은 흉하며 金은 金水가 동행하면 길하나 土金이 동행하면 흉하다. 金水가 동행한다는 것은 庚子 辛亥 壬申 癸酉 등을 말하고 土金이 동행한다는 말은 戊申 己酉 庚辰 庚戌 辛丑 辛未 등을 말한다.

월지 午火의 장간은 정기가 丁火이고 중기는 己土이며 丙火는 초기(初氣)이다. 년간에 장간이 나타나 있지 않다. 이럴 때에는 월지 정기가 나타내는 육신으로 그 격의 이름을 정한다. 己土일 주에서 午火정기는 丁火이므로 丁火는 편인이다. 고로 이 사주 는 편인격이 된다.

편인격이므로 명랑하며 재주가 뛰어나며 임기응변에 능하였다. 한약업을 직업으로 가지고 살았는데 초년운에는 기신으로 고전을 당하였다. 더구나 戌대운에는 지어준 한약을 복용한 환 자가 죽는 바람에 사건이 되어 무척이나 고전을 겪었다. 癸亥대 운부터 발복하여 영업이 잘되어 부자가 되었다.

용신이 시주에 자리하고 재관이 길운이므로 자녀 또한 효성이 지극했다.

신약사주에서는 관살이 흉신이 된다.

```
년  월  일  시
甲  丁  己  甲
子  卯  丑  子
```

월지 卯의 정기는 乙이고 초기는 甲이다. 사주상 정기가 나타나 있지 아니하므로 초기인 甲木을 따라 격의 이름을 정한다. 己土일주에서 甲木은 정관이 되므로 이 사주는 정관격이다. 이 사주는 子水가 甲卯木을 생하고 木은 丁火를 생하고 丁火는 일주 己丑土를 생하고 土는 丑中辛金을 생하고 金은 다시 子水를 생하므로 사주가 잘 조화되었다. 이처럼 사주상 충극이 없이 유통이 잘 되는 사주가 복록이 많다.

신약이므로 火土는 길하고 金水는 흉하다. 木은 木火가 동행하는 甲午나 丙寅년 등은 길하나 水木이 동행하는 壬寅이나 甲子년 등은 흉하다.

정관격이므로 말과 행동이 방정하며 신용이 철저하였다. 초년 대운은 길하여 부모덕에 호강하며 일찍부터 등과하여 벼슬을 하더니 壬申대운부터는 기신운이라 관직에서 물러나고 말았다. 이후로는 대운이 따르지 않아 한량으로 남은 여생을 장식했다.

일주가 약하고 관살이 왕성할 때는 인성운을 만나야 흉변길이 된다. 이는 관살의 기운이 인성으로 화하여 일주를 돕기 때문이다. 만일 이때 재성이 있어 인성을 파극해 버리면 관살의 기운이 직접 일주를 극하므로 대흉을 당한다.

사주에서 관살과 식상이 동시에 왕성할 때 신왕이면 극귀(極貴)할 팔자이며 신약이면 극빈하거나 요절하기 쉽다.

사주에서 관살은 약하고 식상이 왕성할 때에는 재성이 식상의 기운을 변화시켜 관살을 생조해야 사주가 길해 진다. 만일 사주에 재성이 없다면 인성으로서 식상을 억제해야 흉운이 감해지며 길운으로 돌아온다.

사주가 극심한 신약이 아니고 관살이 왕성할 때에는 식상으로 관살을 억제해야 사주가 길해 진다.

신왕과 신약에 구분을 좀 더 세밀하게 나누어 본다.

① 태강(太强)

사주의 대부분이 인성과 비겁으로 구성되었을 경우를 태강이라고 하면 이는 종강격(從强格)을 두고 하는 말이다.

② 대강(大强)

월지가 인비이고 타주에도 인성과 비겁이 왕성하며 十二운성에서 강한 제왕이나 건록 등을 만나고 있을 경우를 말한다.

③ 중강(中强)

월지는 인비이나 타주에 인성과 비겁이 왕성하지 못하며 보통 강한 것을 중강이라고 말한다.

④ 소강(小强)

월지는 인비이나 타주에 재관 또는 식상도 강하며 十二운성이 약한 병이나 사지로 들어 가는 것을 소강이라 한다.

⑤ 소약(小弱)

월지는 재관이고 타주에 인비가 있을 경우인데 실상 소강과 소약을 구분하기가 애매한 것이 많다.

⑥ 중약(中弱)

월지도 재관이고 타주에는 식상도 강한 사주이며 십이운성에
서도 병이나 사와 만나고 있을 때 이를 중약이라 한다.

⑦ **대약(大弱)**

이는 재관이나 식상이 강한 것이며 일점 인비가 있을 경우이
며 월지에는 사가 함께 있을 때 대약이라 한다.

⑧ **태약(太弱)**

사주의 대부분이 재관으로 구성되어 외격을 두고 하는 말이
다. 종아격이나 종재격이나 종관살격 등을 말한다.

사주에서 식상제살격(食傷制殺格)은 신왕 신약중에서 ⑤번인
소약일 경우에 한한 것이다. 만일 ⑥번이나 ⑦번처럼 중약이나
대약일 경우에는 살중용인격(殺重用印格)이 되는데 즉 강한 관
살의 기운을 인성으로 돌리는 사주를 말한다.

관살은 약한데 식상이 지나치게 억제하여 관운을 펴지 못할때
인성운을 만나 식상을 억제해야 사주가 길해지는데 이를 전문용
어로 표현하자면 제살태과격(制殺太過格)이라 한다.

또는 사주에 정관과 편관이 혼잡되어 같이 있는 사주를 관살
혼잡격(官殺混雜格)이라 한다. 사주내에 관살과 정관이 혼잡되
어 있다면 격이 떨어지는데 이 중 어느 하나를 제거해야 사주가
길해진다. 그러나 이것은 어디까지나 일주가 약할때 해당되는
것이고 일주가 강할 때는 관살이 혼잡해도 무방하다.

5. 재성(財星)

재성은 다음과 같다.

(표29) 재성조견표

일 간	甲	乙	丙	丁	戊	己	庚	辛	壬	癸
편 재	戊	己	庚	辛	壬	癸	甲	乙	丙	丁
정 재	己	戊	辛	庚	癸	壬	乙	甲	丁	丙

또한 지지중에 정기를 기준으로 재성을 나타내 보면 다음과 같다.

(표30) 재성조견표

일 간	甲	乙	丙	丁	戊	己	庚	辛	壬	癸
편 재	辰戌	丑未	申	酉	亥	子	寅	卯	巳	午
정 재	丑未	辰戌	酉	申	子	亥	卯	寅	午	巳

정재와 편재를 합하여 재성이라고 부른다. 재성의 역활은 일주가 강하고 관살이 약할 때는 재성이 있어 관성을 생조해 주어야 사주가 길해진다.

```
년  월  일  시
壬  丙  己  乙        丁戊己庚辛壬癸
午  午  亥  亥        未申酉戌亥子丑
```

이 사주는 己土일주가 午월생이므로 신강사주이다. 亥水 정재는 乙木 편관을 생조해 주므로 길한 사주가 되었다.

초년은 대운이 흉운으로 달리므로 무척 고전하다가 亥대운부터 발복하여 목재소 사장이 되었다.

대운이나 연운에서 水木재관운은 길하고 火土金 인비식운에는 흉하다. 金은 土金이 동행하는 戊申이나 己酉년이나 庚辰 辛未년 등은 흉하고 金水가 동행하는 庚子나 辛亥 壬申 癸酉년 등에서는 길하다.

신약사주일 때는 재성운을 만나는 것은 불길하다. 그것은 재성이 인성을 극하기 때문이다.

년	월	일	시							
甲	壬	丙	庚	癸	甲	乙	丙	丁	戊	己
申	申	申	寅	酉	戌	亥	子	丑	寅	卯

이 사주는 재다신약(財多身弱) 사주인데 寅申이 상충하므로 용신이 미약하다. 신약에다 많은 편재들이 편관 壬水를 생조하므로 사주가 흉하다. 대운이 5년은 흉하고 5년은 길하며 대운이 고르지 못하여 평생에 풍파가 많았다. 재다신약사주는 부자집의 거지같은 형상인데 비겁운을 만나 재성을 억제하여야 사주가 길해진다.

용신이 미약하고 대운이 고르지 못하면 평생에 고전을 많이 당하는데 戊대운 庚申년에 다시 파산당하고 또한 사고로 왼쪽 다리마져 부러지는 비운을 맞았다.

6. 인성(印星)

(표31) 인성조견표

일 간	甲	乙	丙	丁	戊	己	庚	辛	壬	癸
편 인	壬	癸	甲	乙	丙	丁	戊	己	庚	辛
정 인	癸	壬	乙	甲	丁	丙	己	戊	辛	庚

지지의 정기를 중심으로 육신을 표출하면 다음과 같다.

(표32) 인성조견표

일 간	甲	乙	丙	丁	戊	己	庚	辛	壬	癸
편 인	亥	子	寅	卯	巳	午	辰戌	丑未	申	酉
정 인	子	亥	卯	寅	午	巳	丑未	辰戌	酉	申

정인(正印)을 인수(印綬)라고도 한다.

정인과 편인을 합하여 인성(印星)이라고 부른다. 일주가 약할 때에는 인성운을 만나야 사주가 길해진다.

```
년 월 일 시
己 戊 壬 己    丁丙乙甲癸壬辛
未 辰 寅 酉    卯寅丑子亥戌酉
```

이 사주는 土기운 즉 관살이 왕강하여 壬水일주는 심히 미약 하다.

시지의 酉金이 도와주므로 극심한 신약을 면하고 있다. 신약 사주에서는 인성이 있어야 사주가 길해진다. 강한 관살기운을 인성이 돌리므로 흉변길의 기운을 맞이했다. 子대운부터 발복하여 승진하였다.

사주에 인성이 많고 신강할 때 다시 인성운을 만나면 흉해진다. 일주가 약하고 관살이 왕성할 때 인성이 있으면 관살의 기운을 설기시키므로 관살이 더욱 약해지므로 사주가 흉해진다. 또는 식상이 왕성한 신약사주일 때는 특히 인성운을 만나야 일주를 돕고 식상을 억제하므로 사주가 길해진다.

신약사주에서는 식상과 재성과 관살이 모두 흉신인 것은 사실이나 인성과 관살이 동행하면 흉변길이 된다. 즉 甲木일주가 신약일때 水는 희신이고 金은 기신이고 土는 구신이며 火는 한신이다. 그러나 金水가 동행하는 庚子운이나 壬申운 등은 흉한 金운이 水기로 변하여 길해지는 것이다. 그러나 金이 모두 다 길신이 되는 것은 아니다. 土金이 동행하면 크게 흉한 것이다. 庚辰이나 戊申 등의 운이 그것이다.

7. 식상(食傷)

(표33) 식상조견표

일 간	甲	乙	丙	丁	戊	己	庚	辛	壬	癸
식 신	丙	丁	戊	己	庚	辛	壬	癸	甲	乙
상 관	丁	丙	己	戊	辛	庚	癸	壬	乙	甲

식신과 상관을 합하여 식상이라고 부른다.

일주가 왕성한데 재관이 무력하면 식상으로 용신을 잡는다. 이를 수기류행(秀氣流行)이라고 한다. 실상 사주에서 식상이 아름다우면 재관이 투출한 것보다 길하다고 한다. 이를 식신유기 승재관(食神流氣勝財官)이라고 연해자평에 나타나 있다. 일주가 왕성한 것은 좋으나 이 왕성한 기운을 유출시킬 수가 없다면 사주가 무용지물이 되어 탁해지기 때문이다.

```
년  월  일  시
乙  戊  丙  丙      丁丙乙甲癸壬辛
卯  寅  戌  申      丑子亥戌酉申未
```

丙火일주가 寅월에 출생하여 신강사주인데 戊戌土 식신이 자리하여 왕성한 일주의 기운을 유통(流通)시켜 사주가 맑아 졌다. 또한 寅申상충을 戌土가 중간에서 화해시키고 있다. 고로 사주가 더욱 길하게 되었다.

이 사주에서는 土金이 길하며 木火는 흉하다. 水기운은 신왕 사주이므로 길운을 띠기는 하나 土와 水가 상충하면 불리하다. 그러나 金水가 동행하면 무방하다. 또는 신왕사주이므로 火는 불길하지만 火土가 동행하면 흉변길이 된다. 용신은 土이며 희신은 金이고 水는 반길반흉이며 木은 흉하고 火는 반길반흉의 작용을 나타낸다.

사주에서 재성이 약할 때는 식상운을 만나야 사주가 길해진다. 또는 신강하고 관살 또한 왕성할때 식상으로 관살을 억제하면 사주가 대길하다.

식상격에 대하여 좀 더 자세히 살펴 본다.

① 火土식상격

火土식상격은 사주내에 관살이 없는 것이 길하다. 있다해도 극히 미약해야 길하다.

火土식상격이란 일주가 丙이나 丁일생으로 월지가 未월이나 戌월을 말한다. 火土식상격에서 관살이 없는 것이 길한 이유는 관살은 水기운인데 水기운이 있게 되면 상충작용이 벌어지기 때문이다. 그러나 습土인 丑土나 辰土는 사주속에 있으면 관살운을 만나도 무해한 것이다.

② 金水식상격

金水식상격은 火土식상격과는 달리 관살운을 만나는 것이 길하다.

金水식상격이란 일주가 庚이나 辛일생으로 亥월이나 子월 또는 丑월을 만나는 것을 말한다. 이처럼 金水식상격은 과하게 사주가 한냉(寒冷)하므로 관살운인 丙, 丁, 巳, 午의 기운을 만나야 조후가 되기 때문이다. 조후(調候)의 법칙은 사주 전반에 적용이 된다.

③ 木火식상격

木火식상격은 인성을 만나야 사주가 길해진다.

木火식상격이란 甲乙일생으로 巳午未월생이 되는 사주를 말한다. 木火식상격은 사주가 과하게 열조(熱燥)하기 때문에 인성운 즉 水기운을 만나야 사주가 조후가 되기 때문이다. 즉 木일주에 火월령을 만나면 인성인 水기운인 壬, 癸, 子, 亥, 丑운을 만나면 사주가 길해진다.

④ 土金식상격

土金식상격은 인성이 사주내에 있으나 대운이나 년운에서 인성운을 만나는 것이 길한 사주가 된다.

土金식상격이란 戊己일생으로 월지가 申, 酉, 丑월생을 말하
는데 이러한 사주는 지나치게 한습(寒濕)하므로 인성운인 火운
즉 丙, 丁, 巳, 午를 만나야 조후가 잘되어 사주가 길하여지는
것이다.

사주에서는 조후를 중요하게 다룬다.

5 水木식상격

水木식상격은 재관운을 만나야 사주가 길하여 진다.

水木식상격이란 壬癸일생으로 寅卯월에 출생한 사주를 말한
다. 水木식상격은 재관운을 만나면 식상생재격이 되고 또 水가
왕성할 때에는 관살을 만나도 신약이 아니므로 사주가 길해지는
것이다. 水일주에 木이 월령이고 재관은 火土이므로 조후와 억
부가 잘되기 때문이다.

6 식상용인격(食傷用印格)

사주에 식상이 많아서 신약이면 이 식상을 억제하는 인성운을
만나야 사주가 길해진다. 또는 식상이 왕한데 다시 식상이나 재
성운을 만나면 일주를 더욱 신약하게 만드므로 심히 불길하다.

사주에서 식상이 많아서 신약사주가 되었을 때는 인성운을 만
나는 것이 비겁에 의해 일주가 생조되는 것보다 길하다. 그것은
비겁이 비록 일주를 생조하더라도 궁극에 가서는 식상으로 기운
이 설기되어 식상을 왕성하기 때문이며 인성은 일주를 생조할
뿐 아니라 식상을 억제하기 때문이다.

7 식상생재격(食傷生財格)

식상생재격은 일주가 강하고 재성운이 약하고 식상이 있는 사

주를 말하며 대운이나 년운에서 식상운을 만나면 부귀하며 인비운을 만나면 빈천해지는 것이다. 식상생재격에서는 식상이 용신이며 재성은 희신이 된다. 그리고 인성과 비겁은 기신이며 관살도 용신운인 식상과 상충되므로 불리하다. 즉 식상생재격에서는 재성보다 식상이 더 길복이 많다는 것이 특징이다.

일반적으로 木이 용신이면 水는 희신인 것이 당연한데 반하여 식상생재격은 木이 식상이고 용신이라고 할 때 재성인 火가 희신이 된다는 것이 특징임을 알고 넘어가야 한다. 그러므로 신왕이라도 용신 木과 상극되는 土운 즉 관성도 불리한 것이며 인성은 더욱 불리한 것이다.

8 식상용식상격(食傷用食傷格)

사주에 인성과 비겁이 태왕하면 식상운을 만나 왕기를 설기시켜야 사주가 길해진다. 이러한 경우에 식상용식상격이라고 하며 이 격의 특징은 신왕이라도 식상만 길하고 재관은 흉하다는 것이 특징이다. 그것은 인비가 태왕한 사주에서는 일점 재관을 만나더라도 태왕한 기운을 억제하지 못할 뿐만아니라 오히려 왕기(旺氣)를 충극하는 결과를 가져오기 때문이다.

식상용식상격은 식상으로 태왕한 일주의 기운을 설기시켜야 하는 것이다. 특히 사주의 대부분이 비겁이 구성되어 있을 경우에는 재운을 만나면 크게 불리하게 되는데 그 이유는 군비쟁재(群比爭財)가 되기 때문이다.

8. 비겁(比劫)

비겁의 육신은 다음과 같다.

(표34) 비겁조견표

일 간	甲	乙	丙	丁	戊	己	庚	辛	壬	癸
비 견	甲	乙	丙	丁	戊	己	庚	辛	壬	癸
겁 재	乙	甲	丁	丙	己	戊	辛	庚	癸	壬

비견과 겁재를 합하여 비겁이라고 부른다.

일주가 약할 때는 비겁운이 길운이 된다. 특히 사주에 재성이 많아서 신약일 때에는 비겁운을 만나야 사주가 길해진다. 또는 사주에 비겁이 많아서 신강사주일 때는 비겁운을 만나는 것은 불길하다. 즉 비겁운을 만나면 약한 재관이 더욱 약해지기 때문이다.

```
년 월 일 시
壬 壬 壬 丙        癸甲乙丙丁戊
子 子 子 午        丑寅卯辰巳午
```

이 사주는 연해자평(淵海子平)이란 성전(聖典)에 나오는 거지의 사주이다.

비겁이 태왕하여 약한 재를 탐하고 있다. 이 사주에서는 신왕이라도 재관운은 크게 불리하며 오직 식상인 木운 하나만이 길할 뿐이다. 앞장에서 논한 식상용식상격(食傷用食傷格)이 이 거지의 사주에 해당된다.

```
년 월 일 시
甲 乙 戊 壬        丙丁戊己庚辛壬
寅 亥 戌 子        子丑寅卯辰巳午
```

이 사주는 재성과 관성이 왕성하다. 고로 일지의 戊土 비견이 길운이다. 대운에서도 丙, 丁, 戊, 己, 巳, 午는 길하였고 子, 丑, 寅, 卯, 庚, 辛, 壬년은 흉하였다. 신약사주에서는 인성과 비겁으로 오직 조신(助身)하는 것이 제일 귀하다.

9. 종격(從格)

종격사주는 사주내에 어떤 오행이 한 두가지로 구성되어 있고 타 오행은 기운을 펼 수 없는 것을 말한다. 내격과 같이 일주를 중심으로 해서 신강 신약 등을 밝히지 않고 사주의 전부나 또는 대부분을 차지하고 있는 육신의 기운과 세력에 따라 용신을 정하는 사주를 말한다.

내격에 비하여 외격(外格)사주라 한다. 같은 종격중에서도 사주의 전부 또는 대부분을 차지하고 있는 육신에 의하여 그 이름과 작용이 달라진다.

사주가 대부분이 인성이나 비겁으로 구성되고 타 육신이 전연 세력을 나타낼 수가 없을때 이를 종강격이라 한다. 용신 또한 인비가 된다. 또는 재성이 사주에 대부분으로 구성되고 타 육신 즉 인성이나 비겁운은 세력을 전연 나타낼 수가 없을 때 이를 종재격이라 한다. 또한 사주가 관살이 주인 노릇하고 타육신은 전연 기세를 나타내지 못할 때 이를 종관살격이라 하며 용신은 관살이 된다.

또는 사주가 종격이 성립되는 것도 일주의 음양에 많이 작용을 한다. 즉 일주가 양일간(陽日干)일 경우에는 좀처럼 종격이 되지 않고 정격(正格)이 되며 일주가 음일간(陰日干)일 경우에는 제법 생조하는 육신이 있고 뿌리가 어느정도 있다해도 종격이 되고 마는 것이다. 이것은 양일간은 강하고 굳세고 왕성하기 때문에 좀처럼 남의 세력에 꺽이지 않기 때문이다. 반대로 음일간은 그 기운이 약하고 순하고 부드럽기 때문에 제법 뿌리가 있다해도 종격이 되는 것이다.

음일간일 경우에는 지지에 인성이나 비겁이 있다해도 파극을 당하면 곧 종격이 되나 양일간은 지지에 생조하는 오행이 없고 천간에 약하더라도 인성이나 비겁이 하나쯤 있다면 종격이 되지 않는다.

10. 종강격(從强格)

사주의 전부 또는 대부분이 비겁 또는 인성으로 구성되어 있는 사주는 비겁 또는 인성운에 따라야 하며 거슬려서는 안된다.

용신은 인성과 비겁이 되며 재성과 관성은 흉하다. 식상은 사주에 인성이 많으면 크게 불리하지만 비겁이 많은 종강격은 식상운을 만나도 크게 흉하지는 않다.

```
년 월 일 시
戊 丙 己 己      丁戊己庚辛壬癸
午 辰 丑 巳      巳午未申酉戌亥
```

이 사주는 전국이 火土로 구성되어 있다. 고로 용신은 인성과 비겁이 되며 재관은 흉신이 된다.

대운이 초년은 火土운으로 달리므로 부모덕에 호강하며 대학까지 편안히 잘 다녔으나 庚대운부터 하락세를 보이기 시작하였고 壬대운에는 파산하였고 壬子년에는 깡통을 차고 말았다.

```
년  월  일  시
甲  壬  庚  乙        癸甲乙丙丁戊
申  申  辰  酉        酉戌亥子丑寅
```

이 사주는 천간에 甲, 壬, 乙 등이 있다해도 지지가 모두 土金
운이므로 종강격이다.

土金운은 길하며 木火운은 흉하다. 사주에 비겁운 즉 金기가
왕성하므로 水운도 무해하다. 丑土대운에 크게 발복하였고 노년
이 편안했다.

11. 종관살격(從官殺格)

사주의 전부 또는 대부분이 관살로 구성되어 있다면 관살이
용신이 된다. 이러한 사주를 종관살격(從官殺格)이라 한다.

종관살격에서는 재성과 관살이 길신이 되고 다른 육신은 모두
흉신이 된다. 인성은 재성이 끼여 있다면 흉하나 재성이 없다면
무해하다.

```
년  월  일  시
己  戊  壬  丁        己庚辛壬癸甲乙
未  辰  辰  未        巳午未申酉戌亥
```

이 사주는 일주는 뿌리가 없고 관살이 태왕하므로 종관살격
사주이다. 火土운은 길하고 金水운은 흉하다.

이 여자는 결혼하여 살면서 부부 사이가 좋지 못하여 늘상 불
화하다가 壬대운 庚子년에 이혼을 하고 말았다. 대운이 기신

운으로 달려가기 때문이다.

```
년 월 일 시
庚 庚 乙 己        辛壬癸甲乙丙丁
戌 辰 酉 卯        巳午未申酉戌亥
```

　이 사주는 乙木일주에 시지에 卯木이 자리하므로 일견하여 신약사주인 듯하지만 乙庚은 합이 되고 卯酉상충을 당하므로 종격이 되고 말았다. 또한 일주가 陰木이므로 더욱 자기의 본래 기운을 지키지 못하고 종하였던 것이다. 즉 종관살격이다. 土金이 길하며 水木火는 흉하다.

　이 사주처럼 신약사주인지 종관살격인지가 애매할 경우에는 먼저 일주가 양간(陽干)인가 음간(陰干)인가를 살펴보고 다음에는 생조하는 뿌리가 온전한지 아니면 상극 상충을 당하는가의 여부에 따라서 정격이나 외격으로 판단해야 할 것이다.

```
년 월 일 시
壬 壬 丙 丙        癸甲乙丙丁戊己
申 子 戌 申        丑寅卯辰巳午未
```

　이 사주는 申子 반水국이 되고 사주 전반에 金水가 태왕하므로 종관살격으로 감정하기 십상이다. 그러나 일주가 丙火陽干이며 시간에 또한 丙火 비견이 있으므로 정격이 되었다. 고로 대운에서도 木火운은 길하고 土金운에는 흉하였던 것을 보아도 종격이 아님을 알 수 있다.

　寅대운에 벌써 과거에 응시하여 급제하였고 벼슬이 승승장구하더니 午대운에는 정승의 반열에 올랐다. 己대운 庚申년에 사

망한 것을 보아도 그 사주가 신약이며 木火가 길운임을 확실히
알 수 있다.

이처럼 일간이 양(陽)일 경우에는 좀처럼 그 기세를 굽히지
않으려 한다. 즉 종격이 잘 되지 않는다. 그러나 사주에서 전연
생조하는 기운이 없고 사면초가일 경우에는 어쩔수 없이 종하게
된다.

12. 종재격(從財格)

사주에서 그 대부분이 재성으로 구성되어 있다면 종재격이 되
며 용신은 재성이 된다.

종재격은 식상과 재성이 길하며 인성과 비겁은 흉하다.

```
년  월  일  시
癸  癸  戊  癸      壬辛庚己戊丁丙
亥  亥  子  亥      戌酉申未午巳辰
```

이 사주는 사주전반이 水기운으로 구성되어 있으므로 종재격
이다. 종재격이므로 재성과 식상운 즉 金水는 길하고 인성과 비
겁운 즉 火土는 흉하다.

초년은 대운이 용신운으로 달리므로 비교적 부유하게 생활하
였으나 출가한 후부터 대운이 기신운으로 달리므로 하는 사업마
다 실패하고 많은 풍파를 당하다가 丙대운에 사망했다.

```
년  월  일  시
甲  甲  乙  庚      乙丙丁戊己庚辛
辰  戌  酉  辰      亥子丑寅卯辰巳
```

이 사주는 연간과 월간에 겁재가 나타나 있으나 일주가 약한
음木이므로 세력을 펼 수가 없다. 고로 종재격이 되었다. 종재
격이므로 火土는 길하고 水木은 흉하다. 대운이 5년은 길하고 5
년은 흉운으로 들어오므로 그 인생이 풍파와 기복이 심했다.

13. 종아격(從兒格)

종아격은 사주에서 전부 또는 대부분이 식상으로 구성되어 있
는 것을 말한다. 식상은 사주의 육친으로 볼 때 자식을 의미하므
로 이를 종아격이라고 그 이름이 정해진 것이다.

종아격에서는 식상이 용신이며 재성은 희신이 된다. 그리고
관성과 인성과 비겁은 모두 흉하다. 실상 종아격은 앞에서 공부
한 식상생재격과 비슷한 기운을 띠고 있다. 다른 점은 식상생재
격은 신왕이면서 식상이 용신이며 재성은 희신이 되었고 종아격
은 일주는 태약하고 식상이 태왕하여 종격이 된 입장에서 식상
이 용신이며 재성은 희신이 된 것이다.

```
년  월  일  시
乙  戊  壬  壬己庚辛壬癸甲
卯  寅  寅  寅卯辰巳午未申
```

이 사주는 일주 壬水는 전연 뿌리가 없고 식상인 木의 기운은
태왕하므로 종아격이 되었다.

종아격이므로 식상인 木이 용신이며 재성인 火는 희신이다.
土金水는 모두 흉신이다. 巳午未 대운에 발복하였고 土金水운에
는 고전하였다. 종아격은 식상과 재성만 길하다.

14. 화격(化格)

종격과 비슷한 것인데 화격은 몇가지 조건이 구비되어야 한다. 그 조건이란 일주가 간합되고 월지가 간합된 오행과 동일해야 하며 또한 월지가 삼합이나 반합이나 합이 되어야 한다.

甲己는 간합하여 土가 되는데 일주가 甲이고 월간이나 시간에 己土가 있다면 간합하여 土가 된다. 그리고 월지가 辰戌丑未월이 되어야 하며 월지를 중심으로 합이 되어야 화격이 성립된다.

1 甲己土의 화격

년	월	일	시							
戊	己	甲	乙		庚	辛	壬	癸	甲	乙	丙
午	未	辰	亥		申	酉	戌	亥	子	丑	寅

이 사주는 甲木일주가 월간(月干) 己土를 만나 간합하고 월지가 未월이며 戌土가 있으므로 화격이 성립되었다. 고로 火土운은 길하고 水木운은 흉하다.

이런 비슷한 사주를 잘못 판단하여 신약사주로 보면 감정에 실수를 한다.

대운이 金水운으로 달리므로 평생에 고전을 거듭하였다.

또한 甲己土의 화격은 월지가 辰戌丑未월이 되어야 하며 乙庚金의 화격은 월지가 巳酉丑申월이 되어야 하며 丙辛水의 화격은 월지가 申子辰亥월이 되어야 한다. 그리고 丁壬木의 화격은 월지가 亥卯未寅월이 되어야 하며 戊癸火의 화격은 월지가 寅午戌巳월이 되어야 화격이 성립된다.

2 乙庚金의 화격

```
년 월 일 시
乙 乙 庚 辛        丙丁戊己庚辛
丑 酉 申 巳        戌亥子丑寅卯
```

이 사주는 乙庚이 간합하고 월지가 酉월이며 巳酉丑삼합이 되므로 화격이 성립되었다. 고로 土金은 길하고 木火는 흉하였다. 이 사주는 여자의 명식인데 종로에서 식당을 운영하여 재산을 모았는데 丑庚대운에는 호황을 누렸는데 寅대운에 가게의 종업원이 실수하여 화재가 일어나 큰 손해를 보았다.

③ 丙辛水의 화격

```
년 월 일 시
癸 庚 丙 辛        辛壬癸甲乙丙丁
亥 申 子 卯        酉戌亥子丑寅卯
```

이 사주는 丙辛이 간합하고 월지가 申월이며 申子合水하고 亥가 자리하므로 화격이 성립되었다. 고로 金水운은 길하였고 木火운은 흉하였다. 시지에 卯木이 있으므로 일견하여 신약사주로 잘못 판단하여 木火가 길하다고 감정하면 큰 실수를 하게 된다.

④ 丁壬木의 화격

```
년 월 일 시
戊 乙 丁 壬        丙丁戊己庚辛壬
寅 卯 酉 寅        辰巳午未申酉戌
```

이 사주는 일간丁과 시간壬水가 간합하여 木으로 화하고 월지가 卯월이며 寅木이 자리하므로 화격이 성립되었다. 고로 水木

운은 길하고 火土운은 흉하다.

이 사주를 놓고 신강사주에다 일지 酉金이 용신으로 잘못 판단하면 실수한다. 실상 사주를 감정하다 보면 이와 비슷한 유형의 사주가 수없이 많다. 또는 태어난 시간(時間)을 잘 몰라서 시주를 못 정할 경우 더욱 난처하게 된다.

⑤ 戊癸合火의 화격

년	월	일	시							
丁	丙	戊	癸	丁	戊	己	庚	辛	壬	癸
未	午	寅	亥	未	申	酉	戌	亥	子	丑

戊土일주가 시간의 癸水를 만나 戊癸合火하였고 월지가 午火이고 사주상 火기가 많으므로 화격이 성립되었다. 고로 木火운에는 길하였고 金水운에는 흉하였다.

이 여인은 결혼후에 남편과 자주 언쟁을 벌이다가 酉대운에 별거하였다. 대운이 따르지 않으므로 평생을 고전하며 살았다. 몇번을 놓고 재혼을 하였으나 매번 실패하엿다. 대운이 따르지 않은 탓이다.

15. 일행득기격(一行得氣格)

사주학의 비조(鼻祖)이신 서승공이 쓴 연해자평(淵海子平)에 특별히 취급한 내용으로 종강격의 일종이다. 사주를 푸는 방법도 종강격과 비슷하다. 일행득기격은 다음과 같다.

①甲乙일생으로 지지에 寅卯辰 또는 亥卯未 전부가 있고 金이 섞여 있지 않는 것을 곡직인수격(曲直印綬格)이라 한다.

②丙丁일생으로 지지에 巳午未 또는 寅午戌 전부가 있고 水가 섞여있지 않을 것. 이것을 염상격(炎上格)이라 한다.

③戊己일생으로 지지에 辰戌丑未 전부가 있고 木이 섞여있지 않을 것. 이것을 가색격(稼穡格)이라 한다.

④庚辛일생으로 지지에 申酉戌이나 巳酉丑 전부가 있고 火가 섞여있지 않을 것. 이것을 종혁격(從革格)이라 한다.

⑤壬癸일생으로 지지에 亥子丑 또는 申子辰이 전부가 있고 土가 섞여있지 않을 것. 이것을 윤하격(潤下格)이라 한다.

이상의 일행득기격은 종강격 중에서도 비겁이 많은 것과 동일하게 취급된다. 고로 재관운은 흉하다.

년	월	일	시	
丁	丙	丙	甲	丁戊己庚辛壬
巳	午	寅	午	未申酉戌亥子

이 사주는 丙火일주에 지지가 巳午寅이 모여있고 일점도 水기운이 없기 때문에 염상격이 성립되었다. 고로 木火운에는 길하고 金水운은 흉하였다.

대운이 金水운으로 달리므로 몇번의 결혼에도 실패하고 혼자 몸으로 살았다.

제2장 각종비법(各種秘法)

1. 조화(調和)

사주중에 가장 길한 것은 조화(調和)가 잘된 사주이다.

사주가 잘 조화되면 부귀영화와 모든 복을 다 수용하게 된다. 앞장에서 설명한 억부법도 강한 기운을 억제하고 약한 기운을 생조하여 궁극에는 사주를 잘 조화시키자는 이치이다. 보통 사주를 보면 조화가 잘 되지 않고 있다. 어떤 사주는 신강하거나 또는 신약하거나 또는 용신이 미약하거나 또는 상극 상충을 하고 있다.

이러한 사주는 용신운을 만나면 평안하게 살아가지만 일단 기신운을 만나면 여러가지로 풍파를 당하거나 요절을 하게 된다. 또는 병고에 시달리거나 빈천하게 살아간다. 이것은 사주가 잘 조화를 이루지 못하였기 때문이다. 그러나 사주상 조화를 잘 이룬 사주는 생조하는 오행의 기운과 억제하는 오행의 기운이 서로가 잘 조화를 이루었고 또한 열조한 오행과 한습한 오행이 조화를 잘 이루어져 있다.

이처럼 조화된 사주는 흉운을 만나도 별로 불행하지 않고 평탄하게 살아가고 또한 용신운을 만나면 크게 발전을 하는 것이다.

```
년  월  일  시
戊  丙  戊  壬      丁戊己庚辛壬癸甲
午  辰  申  子      巳午未申酉戌亥子
```

이 사주는 조화된 사주이다.

신왕사주이므로 金水가 용신이 된다. 丙午火가 戊辰土를 생하고 土가 申金을 생하고 金이 다시 壬子水를 생하여 사주가 마치 물이 흘러가듯 한군데도 막힌 곳이 없이 유통이 잘 되었다. 대운도 용신운인 金水운으로 달리므로 일생동안 부귀영화와 인간오복을 다 누렸다.

용신은 壬子水인데 申子辰 水국을 이루어 용신이 태왕하다. 고로 큰 재물을 관장할 수가 있었다. 하늘이 정해준 큰 부자의 사주이다.

이 사주의 주인공은 모 대기업 회장의 사주이다. 신왕재왕사주이므로 재기통문(財氣通門)하였고 대운 역시 잘 따르므로 전형적인 재벌의 사주이다.

```
년  월  일  시
戊  辛  壬  丙        壬癸甲乙丙丁戊己庚辛
申  酉  寅  午        戌亥子丑寅卯辰巳午未
```

이 사주도 잘 조화된 사주이다.

戊土가 辛申酉金을 생하고 다시 金이 壬水를 생하고 水가 寅木을 생하고 木이 丙午火를 생하고 있다. 앞의 사주와 비슷하다. 마치 시냇물 흐르듯이 유통이 잘 되었고 어디 하나 상극이나 상충이 없다 신강사주에다 재성이 왕성하고 식상이 생조하여 인간오복을 다 누리고 장수하였다.

사주가 이렇게 그릇을 크게 타고 난 사람은 높은 권세를 주어도 감당할 수 있고 많은 재물을 맡겨도 지킬 수가 있다. 이 사주의 주인공은 역시 모 회사의 회장의 사주이다.

년 월 일 시
庚 乙 庚 戊　　丙丁戊己庚辛壬癸甲乙
戊 酉 子 寅　　戌亥子丑寅卯辰巳午未

이 사주는 동양의 성인이신 공자(孔子)의 사주이다.

戊土가 酉金을 생하고 金이 子水를 생하고 水가 寅木을 생하여 사주가 마치 물이 흘러 가듯이 잘 흐르고 있다. 원류(源流)된 사주인데 오행이 서로 상충이나 상극이 없고 서로의 도움을 끊이지 않고 잘 조화되어 있다. 이렇게 주류무체(周流無滯)한 사주는 장수하며 복되게 산다. 조후로 보나 억부법으로 보나 용신은 寅中丙火로 잡아야 한다.

그러나 공자께서는 실상 대귀격(大貴格)을 타고는 났으나 대운이 기신으로 흐르므로 한평생에 수난이 많았다. 공자께서 수난을 당한 것은 사주의 대운 탓으로만 돌릴 수 없다. 공자께서 수난을 당한 근본원인은 세상을 깨우쳐 도덕(道德)이 높은 사람과 가정과 사회와 국가를 만들어 보려고 당시의 죄많은 사람들을 돌이켜 보려고 하다보니 수난을 스스로 택한 것이다. 중원천지(中原天地)를 건지려는 웅대한 이상 때문에 스스로 십자가를 지고 간 것 때문이라 할 수 있다.

실상 공자께서도 주역에 대하여 능통하였기 때문에 자신과 세상의 모든 일을 마치 손바닥 들여다 보듯이 훤히 알고 있었다. 알면 피하여 갈 수도 있지만 자신의 사명인 인(仁)의 도를 펴 보려 하다보니 깨어나지 못한 당시 사람들로부터 오해와 모함과 수난을 당했던 것이다.

인(仁)의 참뜻은 사람을 사랑하는 것이라고 하셨다. 논어(論語)에 나오는 많은 가르침을 한마디로 나타낸다면 그것은 사람을 사랑하라는 뜻이라고 할 수 있다.

2. 통관(通關)

통관이란 두 오행이 서로 한치의 양보도 없이 다투고 있을 때
그 중간에서 화해시켜 주는 오행을 말한다. 즉 水와 火가 싸울
때는 木이 통관신이 되고 火와 金이 싸울 때는 土가 통관신이 된
다. 이것을 육신(六神)으로 말하자면 인성과 식상이 싸울 때는
비겁이 통관신이 되고 식상과 관성이 싸울 때는 재성이 통관신
이 되는 것이다.

이것을 천상(天上)의 관내(關內)에 있는 직녀와 관외에 있는
우랑(牛郎)이 통관하여 함께 방(房)으로 들어가는 것을 비유하
여서 통관지신(通關之神)이라고 부르게 된 것이다. 고로 어떤
사주를 보더라도 통관이 잘 되어 있는 사주는 길복이 많다. 용신
은 통관시키는 오행으로 용신을 삼는다.

```
년  월  일  시
壬  壬  丙  甲        癸甲乙丙丁戊己
子  寅  午  午        卯辰巳午未申酉
```

이 사주는 水기운인 관살과 火기운인 비겁이 서로 비등한 기
운으로 한치의 양보도 없이 대치하고 있다. 그러나 다행히 월지
의 寅木이 중간에서 화해를 시키고 있다. 고로 사주가 길하게 되
었다. 이때의 용신은 통관시키는 월지의 寅木이 용신이 된다.
그리고 水와 火는 희신이며 土와 金은 기신이 된다.

사주에서 이와같이 두 오행이 서로 세력이 비등하여 한치의
양보도 없이 싸울 때 화해시키는 오행이 통관신이 되며 용신이
되는 것이다. 그러나 두 오행이 싸우기는 하는데 세력이 비등하
지 못할 때가 있다. 이 때는 통관사주로 보지 않고 약한 쪽의 기

운을 용신으로 삼는다. 즉 신약이 되거나 신강이 되거나 하게 된
다. 이 점을 유의해야 한다.

```
년  월  일  시
丙  丙  丙  丙      丁戊己庚辛壬癸
申  申  申  申      酉戌亥子丑寅卯
```

이 사주를 보면 천간은 모두 火로 구성되어 있고 지지는 모두
金으로 구성되어 있다. 각각 4개이므로 숫자적으로는 비슷하나
천간과 지지는 그 힘의 비중에 있어 3배의 차이가 나기 때문에
실상 이 사주는 통관사주가 될 수 없고 일반원칙에 따라 신약사
주로 풀어야 한다. 즉 용신은 木火운이 되며 土金운은 기신이 된
다.

실제 이 사주의 주인공은 어려서 부모를 잃고 고아가 된 몸으
로 무척이나 고난의 인생을 살았다. 戊戌 대운에는 중병에 걸려
다년간 사경을 헤매기도 하였다. 庚子대운도 고전을 많이 당했
다. 그 이후 寅대운부터 조금 회복되었다. 이러한 인생로정을
보아도 이 사주는 통관사주가 아니며 신약사주임이 틀림없다.

만일 통관사주라면 土가 용신이 되는데 戊, 戌, 己 대운에 어
찌하여 고아가 되며 戌 대운에 중병에 걸려 사경을 헤매이게 되
었을까? 고로 이 사주는 신약사주가 되며 걸어 온 인생로정을
보아도 丙寅 丁卯 甲午년 등에서 조금 회복되었다.

3. 조후(調候)

천지간의 모든 존재물들은 모두 음과 양의 두기운으로 존재하

고 있다. 어떤 만물이라도 음양을 벗어난 것은 없다.

모든 만물이 존재하거나 생존하거나 번식하거나 발전하기 위해서는 음양의 조화가 필요하다. 사람도 남자와 여자로 되어있고 동물도 숫컷과 암컷으로 되어 있고 식물도 수술과 암술로 되어 있다. 그리고 물질도 모두 양자(陽子)와 음자(陰子)로 구성되어 있다. 또한 기후에도 열조한 사막이나 너무 차가운 빙원(氷原)의 북극에는 생물이 존재하기가 어렵다.

이와 같이 대자연의 모든 이치는 사주에도 그대로 적용이 되는 것이다.

사주학에서는 음양과 오행의 조화를 가장 중요시하며 존중하므로 이러한 음양의 이치를 연구하는 것은 당연한 것이다. 음양의 조화를 조후라고 한다. 조후는 대자연의 천기(天氣)와 지기(地氣)를 한습(寒濕)과 열조(熱燥)의 조화를 말함이다.

천간에서 한습한 오행은 庚, 辛, 壬, 癸이다.

천간에서 열조한 오행은 甲, 乙, 丙, 丁이다.

土운 즉 戊己는 한습과 열조의 중간기운이다. 또한 지지에서도 申酉亥子는 한습한 오행이다. 그리고 지지에서 寅卯巳午는 열조한 오행이다.

土운은 천간과 다르다. 즉 戌, 未는 열조한 오행이고 辰, 丑은 한습한 오행이다. 계절별로 보면 가을과 겨울은 한습하고 봄과 여름은 열조하다.

(표35)

한 습	庚	辛	壬	癸	申	酉	亥	子	辰	丑	己
열 조	甲	乙	丙	丁	寅	卯	巳	午	戌	未	戊

사주를 보아 한습한 오행이 많으면 열조한 오행이 용신이 되고 반대로 사주에 열조한 오행이 많으면 한습한 오행이 용신이 된다.

이와 같이 사주에 조후가 잘 되면 복록이 많고 조후가 잘 되지 않으면 복록이 적다. 사주가 지나치게 한습하거나 지나치게 열조하면 억부법에 따르지 않고 조후법으로 용신을 정한다.

또한 사주를 보아 억부로 보나 조후로 보나 용신이 동일하면 복록이 많이 따르고 억부법에 의한 용신과 조후법에 의한 용신이 다르면 격이 떨어지고 일생에 풍파가 많다.

```
년  월  일  시
丁  丙  丁  丙        乙甲癸壬辛庚己
未  午  丑  午        巳辰卯寅丑子亥
```

이 사주는 사주 전체가 火기운으로 구성되고 일지에 丑土가 있을 뿐이다. 이러한 모습으로 구성된 사주는 일주의 강약 등을 논하지 않고 조후법에 의하여 한습한 오행인 金水가 용신이 된다.

```
년  월  일  시
壬  壬  癸  壬
子  子  丑  戌
```

이 사주는 癸水일주가 子월에 출생하고 타주에도 水기운이 태과하여 이러한 사주는 억부법처럼 신강 신약을 따지지 않고 사주를 덥게 해주는 열조한 오행을 용신으로 삼는다. 즉 火로 용신을 삼아 사주를 조화시키는 것이다. 이것이 조후법이다.

```
년  월  일  시
戊  癸  壬  丙      甲乙丙丁戊己庚
子  亥  寅  午      子丑寅卯辰巳午
```

이 사주는 억부로 보아도 木火가 용신이 되고 조후법으로 보아도 木火가 용신이 된다. 이와 같이 억부로 보나 조후로 보나 용신이 동일하면 복록이 많이 따른다.

일찍이 丙대운에 등과하여 벼슬길에 들어서더니 출세길이 빨리 달렸다. 승승장구하더니 정승이 되었다.

```
년  월  일  시
庚  己  戊  癸      庚辛壬癸甲乙
辰  丑  申  亥      寅卯辰巳午未
```

이 사주는 戊土일주가 丑월에 출생하여 신강사주이다. 고로 용신은 癸亥水이며 申金은 희신이다.

그러나 조후로 보면 사주가 丑월생이므로 너무 한습하다. 고로 열조한 오행이 필요하다. 즉 火가 필요한 사주다. 이처럼 억부법으로 보면 水가 용신이고 조후로 보면 오히려 火가 용신이다. 이렇게 억부용신과 조후용신이 다르면 일생을 통하여 풍파가 많다.

대부분 사람들 중에 고난을 많이 당하며 살아가는 사람의 사주를 보면 조후가 잘 되어 있지 않다. 즉 너무 열조하거나 또는 너무 한습하다. 이처럼 사주에 조후가 잘 되지 않으면 일생에 풍파가 많다. 특히 종격은 조후가 잘 되어 있지 않다. 즉 丙丁火일주의 종강격은 열조하다.

```
년  월  일  시
丙  甲  丙  甲      乙丙丁戊己庚辛
午  午  午  午      未申酉戌亥子丑
```

이 사주는 木火로 구성되어 있는 종강격이다. 고로 용신은 火
이다. 또한 대운에서도 木火운에서 길하다. 그러나 이러한 사주
는 조후가 전연 되어있지 않으므로 고전을 많이 당한다. 아무튼
어떠한 경우라도 곤액을 당하게 되어있다.

```
년  월  일  시
癸  癸  丁  庚      甲乙丙丁戊己庚
亥  亥  亥  子      子丑寅卯辰巳午
```

이 사주는 종관살격 사주이다. 종관살격이므로 용신은 水이
다. 그러나 조후가 잘되지 않았다. 통상 종격은 대부분이 조후
가 잘되어 있지 않기 마련이다.

이 여인도 출가한지 몇년만에 병고에 시달려야 했다. 장기간
을 병으로 신음하자 남편도 시부모도 모두 싫어했다. 고로 戊대
운에 46세 젊은 나이로 한(恨)많은 생애를 끝내었다.

4. 정신기(精神氣)

사주가 좋으려면 생조와 억제의 조화가 잘 되어야 한다. 이 말
을 사주학의 전문용어로 표현하자면 정신기가 왕성해야 한다고
했다.

정(精)이란 인성을 말하고 신(神)이란 일주를 억누르는 재관

식을 말하며 기(氣)는 일주와 동기인 비견과 겁재를 말한다.

　좋은 사주가 되려면 인성과 비겁만 왕성해도 안되며 또는 재관만 왕성해도 신약이 되므로 불길하다. 즉 인성과 비겁과 재관식 모두가 비등하게 왕성해야 길하다. 인성만 왕성하면 사주가 너무 비대해 지고 비겁만 왕성하고 억제하는 기운이 무력하면 탁한 사주가 되고 반대로 재관과 식상만 태왕하고 신약이면 극빈하거나 요사하기 쉽다. 정신기 삼자가 조화를 잘 이루어야 길한 사주가 된다.

```
년  월  일  시
戊  丙  辛  己        丁戊己庚辛壬癸
辰  辰  未  亥        巳午未申酉戌亥
```

　이 사주는 정(精)인 인성만 태과하고 신(神)인 재관이나 식상은 미약하다. 정신기가 잘 이루어지지 못하였다. 고로 큰 인물이 되지 못하고 평민에 지나지 못하였다.

　용신은 시지(時支)의 亥水이다. 인성이 많은 사주에서는 재성이 용신이 되어야 길한데 식상이 용신이 되다보니 많은 인성으로부터 충극을 당하여 고난이 많았다.

```
년  월  일  시
戊  丙  戊  壬        丁戊己庚辛壬癸甲
午  辰  申  子        巳午未申酉戌亥子
```

　이 사주는 생조하는 인성과 동기인 비겁이 왕성하며 설기시키는 식신도 왕성하고 재성도 왕성하다. 정신기 삼자가 모두 충만하다. 고로 큰 재물을 관장할 수가 있었다. 길한 사주이다.

5. 진가(眞假)

용신에는 진신(眞神)과 가신(假神)이 있다. 진신은 쉽게 말해서 진짜 용신이고 가신은 사주에 진신이 없을 때 쓰는 용신으로 가짜 용신을 말한다.

용신은 사주에서 음양과 오행의 조화를 이루기 위해 가장 필요한 오행을 말하는데 예를 들어 사주에 인성이 많은 신강사주에는 인성을 억제하는 재성이 용신이 되면 이를 진짜 용신이라고 하고 만일 사주에 진용신이 없다면 할 수 없이 다른 오행으로 용신을 삼아야 하니 이를 가짜용신이라 한다. 진짜 용신에 대하여 열거해 본다.

인성이 많으면 재성이 용신,
비겁이 많으면 관성이 용신,
식상이 많으면 인성이 용신,
재성이 많으면 비겁이 용신,
관성이 많으면 인성이 용신,
신왕관왕이면 식상이 용신,
신왕에 재관이 무력하면 식상이 용신 등이다.

이상은 모두 진용신이다. 그러나 사주에서 비겁이 많아 관성이 용신이 되어야 하는데 사주내에 없다면 할수 없이 재성이나 식상으로 용신을 삼는데 이를 가용신 즉 가짜용신이라 한다. 진용신은 복록이 많으며 가용신은 복록이 부족하다.

　년　월　일　시
　戊　辛　壬　丙　　　壬癸甲乙丙丁戊己庚
　申　酉　寅　午　　　戌亥子丑寅卯辰巳午

이 사주는 인성이 많아 신강이 되었으므로 이 인성을 억제하는 재성이 용신이 되어야 하는데 시주에 있는 丙午火가 용신이 되므로 진용신이다. 진용신이므로 복록이 많았다.

```
년 월 일 시
戊 丙 戊 壬     乙甲癸壬辛庚己
辰 戌 戌 子     酉申未午巳辰卯
```

이 사주는 비겁이 많은 신강이므로 관성으로 억제하던지 아니면 식상으로 유출시켜야 길한 사주가 되는데 사주에 진용신이 없다. 할 수 없이 壬子 재성을 삼으니 이는 가용신이다. 고로 인생에 고난이 많았다. 또한 사주속에 용신이 없는 것도 있다. 사주에 용신이 없다면 이는 아주 불행한 팔자이다. 용신이 충극을 당하여 너무나 쇠약하여 없는 것과 같은 사주를 말한다.

```
년 월 일 시
壬 壬 甲 壬     癸甲乙丙丁戊
子 子 申 申     丑寅卯辰巳午
```

이 사주는 인성이 왕성하여 신강사주가 되었는데 재성이 있어야 왕성한 인성을 억제하여 길한 사주가 될수 있는데 재성이 없다. 즉 진짜용신이 없는 것이다. 진용신이 없다보니 가용신이라도 잡아야 하는데 이 사주에는 관성 뿐이다. 고로 관성을 용신으로 삼는다. 그러나 관성은 강한 인성을 자꾸만 생조하므로 더욱 불길하게 되었다. 이 사주의 주인공은 많은 인생에 역경을 당하며 살아왔다. 사주에 진용신이 없는 탓이다. 이처럼 사주에 진용신이 없다면 풍파가 많다.

제3장 육친(六親)

1. 육친해설(六親解說)

　사주를 보면 그 사람과 그 사람의 육친의 길흉을 짐작할 수 있다.

　먼저 위치를 중심으로 육친의 자리를 보면 일간(日干＝日主)는 자기 자신이므로 일지(日支)는 아내가 된다. 월주는 부모와 형제의 자리이고 연주는 조부모의 자리이다. 그리고 시주는 자녀의 자리이다.

(표36)

년 주	조부모	기관장	조 국
월 주	부 모	상 사	사 회
일 간	자 신	자 신	가 정
일 지	배우자	동 료	가 정
시 주	자 녀	부 하	가 정

　이상에서 보는 바처럼 일지는 배우자 자리인데 남자사주에서는 처궁이 되고 여자사주에서는 남편궁이 된다.

　일지에 용신이나 희신이 자리한다면 배우자의 덕이 있음을 말하고 시주에 용신이 자리한다면 자식덕을 보게 된다.

　그리고 월주에 기신이 자리한다면 조부모가 가난하게 살았음을 의미한다. 이렇게 사주의 위치를 보아 육친의 선악과 길흉을

판단할 수 있는데 이것도 먼저 용신이 어느 오행인가를 확실히
정하고 난 뒤에 감정할 일이다. 즉 용신을 정하지 못한 상태에서
는 어느 오행이 길신인지 흉신인지를 모르기 때문에 자연히 육
친의 길흉선악도 알 수가 없게 된다.

사주를 본다는 것은 제일 먼저 어느 오행을 용신으로 잡느
냐? 하는 것이 먼저 해결되어야 사주를 통해서 전반의 모든 문
제가 다 풀리는 것이다. 용신을 정한 뒤에야 육친이나 건강이나
재물의 소유할 정도나 벼슬의 등급이나 자녀덕이나 처덕 등을
판단할 수가 있는 것이다.

다음으로 육친에 대하여 아는 방법은 육신(六神)을 보고 육친
의 길흉선악을 판단하는 방법이다 즉 일주는 자신이므로 일주와
동기인 비견과 겁재는 형제를 나타내며 일주를 생조해 주는 인
성은 부모가 되며 또는 일주가 생하는 것은 식상이므로 식상은
자녀가 된다. 그리고 일주와 간합하는 재성은 처궁이 되면 반대
로 여자사주에서는 관성이 남편이 된다.

이와같이 육신을 통하여 알 수가 있다.

(표37)

관 성	남 편	관 운	자 식
재 성	아 내	재 물	첩
식 상	자 식	복 록	손 자
비 겁	형 제	동 료	친 구
인 성	부 모	유 모	계 모

이상과 같이 육신을 통하여 육친의 길흉선악을 판단하는데 재

성이 용신이거나 희신이면 처복이 많으며 재물도 풍족하며 식상
이 용신이면 자식이 뛰어나며 복록도 많다. 비겁이 만약 기신이
라면 형제나 동료나 친구의 덕이 없고 배신을 당하는 불상사가
발생하며 인성이 기신이면 부모덕이 없거나 부모와 일찍이 이별
하게 된다. 관성이 용신이면 남편이 훌륭하며 남편덕이 많다.
  이상에서 본 바처럼 위치와 육신을 종합하여 육친의 길흉선악
을 판단하는 것이다.

2. 조부모(祖父母)

  조부모 및 조상의 길흉은 연주에 의하여 판단하며 육신으로는
관성을 보아 판단한다.
  연주에 용신이 있고 관성이 길신이면 조상 및 조부모의 덕이
있다. 반대로 연주에 기신이 자리하고 관성이 흉신이면 조상 및
조부모의 덕이 없다. 그리고 연주에 길신이 자리하나 관성이 흉
신이라면 조상의 덕은 반길반흉하다.

      년 월 일 시
      丙 戊 辛 辛   己庚辛壬癸甲乙
      午 戌 丑 卯   亥子丑寅卯辰巳

  이 사주는 신강사주이며 용신은 연주의 丙午火이다. 관성이
용신이고 연주에 자리하므로 조부모가 부유하게 살았다. 즉 조
부모가 덕을 많이 쌓았음을 짐작할 수가 있다.

```
년  월  일  시
甲  乙  戊  癸        丙丁戊己庚辛壬
寅  亥  辰  丑        子丑寅卯辰巳午
```

이 사주는 연주에 甲寅 관성이 흉신이므로 조상이 덕을 쌓지
못했음을 알수 있다. 즉 연주가 기신이며 또한 관성이 흉신작용
을 하기 때문이다.

```
년  월  일  시
丁  壬  己  甲        癸甲乙丙丁戊己
未  子  卯  子        丑寅卯辰巳午未
```

이 사주는 신약이므로 인비가 길신이다. 연주에 길신이 자리
하는데 시간과 일지에 甲과 卯가 흉신이다. 즉 관성이 흉신이
다. 이처럼 연주는 길신이 자리하나 관성이 흉신이므로 조상 및
조부모의 덕은 반길반흉이다.

3. 부모(父母)

부모덕에 대하여 논해 본다.
①월주에 길신이 자리하면 부모덕이 있다.
②인성이 용신이나 희신이면 부모덕이 있다.
③초년 대운이 길하면 부모덕이 있다.
④월주에 기신이 자리하면 부모덕이 없다.
⑤인성이 흉신이면 부모덕이 없다.
⑥초년대운이 흉하면 부모덕이 없다.

⑦월주에는 길신이 자리하나 인성이 흉신이면 부모덕이 반길반
흉하다.

```
년  월  일  시
辛  甲  己  壬        癸壬辛庚己戊
酉  午  酉  申        巳辰卯寅丑子
```

己土일주가 午월에 출생하여 득령은 하였으나 사주에 金水가
왕성하여 신약사주가 되었다. 용신은 午火인데 또한 월지에 자
리하여 부모덕이 많았다. 부모덕으로 초년에는 호강을 누렸다.

```
년  월  일  시
丁  丙  丁  庚        乙甲癸壬辛庚己
卯  午  丑  子        巳辰卯寅丑子亥
```

丁火일주가 午월에 출생하여 득령하였고 사주에 木火의 기운
이 많아 신강사주가 되었다.
용신은 시주의 庚子재관인데 월주에 기신이 자리하고 재성이
용신이라 인성은 기신이다. 고로 부모덕이 없었다. 부모에게 물
려받은 것이 아무 것도 없었고 초년에는 무척 고생을 많이 했다.
辛金대운부터 일어났고 자수성가할 팔자이다. 중년 이후부터 부
자가 되었다.
이상에서 논한 것처럼 부모덕의 길흉도 일단 용신을 잡아놓고
나서 살펴 볼 일이다. 용신을 잘못 정해 놓으면 부모덕이 없는
사람에게 잘못 판단하여 부모덕이 있다고 감정해 놓으면 크게
실수하게 된다. 이와 같이 사주를 보기 위해서는 일단 용신을 잡
아놓고 나서 다른 부분을 후차적으로 풀어나갈 문제이다.

4. 처궁(妻宮)

사주상 처궁은 일지(日支)이다.
①일지에 용신이 자리하면 처덕이 있다.
②재성이 용신이면 처덕이 있다.
③중년대운이 길하면 처덕이 있다.
④일지에 기신이 자리하면 처덕이 없다.
⑤재성이 흉신이면 처덕이 없다.
⑥중년대운이 흉하면 처덕이 없다.
⑦일지에는 길신이 자리하나 재성이 흉신이면 처덕은 반길반흉
하다.

```
년  월  일  시
癸  辛  庚  丁        庚己戊丁丙乙甲
酉  酉  寅  亥        申未午巳辰卯寅
```

이 사주는 신강사주이므로 용신은 일지의 寅木재성이다. 일지
에 용신이 자리하고 재성이 용신이므로 처덕이 많았다. 처가 어
질고 현명한 사람이었다. 처덕이 있는 사주이므로 미모의 처와
재물을 함께 소유한 행복을 누리며 살았다.

```
년  월  일  시
丁  丙  庚  丁        乙甲癸壬辛庚
巳  午  寅  丑        巳辰卯寅丑子
```

이 사주는 신약사주인데 일지에 寅木 재성은 기신이다. 재성
이 기신이며 일지에 자리하므로 처덕이 없었다. 처의 성질이 불

순하여 집안이 편할 날이 없었다.

5. 형제(兄弟)

형제덕의 유무는 다음과 같다.
①월주에 길신이 자리하면 형제덕이 있다.
②비견과 겁재가 길신이면 형제덕이 있다.
③월주에 흉신이 자리하면 형제덕이 없다.
④비경과 겁재가 흉신이면 형제덕이 없다.
비겁은 길신이나 월주에 기신이 자리하면 형제덕은 반길반흉
이다.

년	월	일	시							
己	癸	壬	丙	壬	辛	庚	己	戊	丁	丙
未	酉	戌	午	申	未	午	巳	辰	卯	寅

이 사주는 壬水일주가 酉월에 출생하여 득령은 하였으나 사주
에 재관이 왕성하여 신약사주가 되었다. 고로 인성과 비겁은 길
신이다. 월주에 길신인 인성과 비겁이 자리하므로 형제의 도움
을 많이 받았다.
이 사람은 몇번의 사업을 실패하였지만 그 때마다 여러 형제
의 도움으로 재기하였다. 형제간에 우애가 깊었다. 형제간에 의
가 좋으므로 부모님이 늘 즐거워 했다. 형제간에 사이좋게 잘 지
내는 것이 가장 크게 효도하는 것이다.

```
년 월 일 시
丙 丙 庚 己        丁戊己庚辛壬癸
申 申 辰 卯        酉戌亥子丑寅卯
```

이 사주는 庚金일주가 申월생이고 사주에 인성과 비겁이 많아 신강사주이다. 용신과 희신은 재관이며 인비는 기신이다. 비겁이 기신이므로 형제덕이 없었다.

이 사람의 형제는 7남매나 되었지만 형제간에 의가 좋지 않아 자주 싸움을 했다. 형제간에 자주 다투므로 그 부모님도 괴로워했다. 부모님이 돌아가시자 서로 재산을 많이 차지하려고 싸우다가 칼부림이 일어나더니 끝내는 법에 고소를 하는 사태까지 벌어졌다. 말이 형제간이지 실은 남보다 못한 원수같은 사이였다. 이웃 사람들이 모두 손가락질을 했다. "짐승만도 못한 놈들"이라고 욕을 많이 했다.

6. 자식(子息)

사주에서는 자식의 위치를 시주(時柱)로 본다. 즉 시주에 용신이 자리하면 자식덕을 보고 시주에 기신이 자리하면 자식덕이 없다. 그리고 육신으로 내가 생한 것은 식상이므로 식상을 자식으로 본다. 또한 재성이 처이므로 처가 생한 것은 관성이므로 관성을 자식으로 보기도 한다. 이것은 남자사주에서만 적용한다.

또한 여자사주에서는 관성을 남편으로 보기 때문에 관성이 생한 것은 인성이므로 인성을 자식으로 보기도 한다. 그러나 남녀 공히 식상을 자식으로 보는 것이 유력하며 시주의 동태를 살피는 것이 정확하다.

(표38)

남자	식상	관성
여자	식상	인성

```
년  월  일  시
戊  丙  己  壬      丁戊己庚辛壬癸甲
午  辰  酉  申      巳午未申酉戌亥子
```

이 사주는 신강사주에 식상이 왕성하므로 자식복이 많았다. 식상생재격이므로 자식을 9명이나 두었는데 모두 출세하였다. 모두 정승과 판서의 자리에 다 올랐고 효성도 지극했다. 이것은 식상이 용신이기 때문이다.

이 사주에는 식상이 용신이고 재성은 희신이다. 이 점을 유념해야 한다. 즉 식상이 용신이라고 해서 비겁이 희신이 되는 것은 아니다. 신왕사주이기 때문에 아무리 식상이 용신이라고 해도 비겁은 희신이 될 수는 없다. 다만 비겁이 식상을 생조하므로 비겁운을 만나면 무해할 뿐이다. 즉 한신이 되는 것이다.

```
년  월  일  시
乙  庚  辛  戊      辛壬癸甲乙丙丁
卯  辰  酉  戌      巳午未申酉戌亥
```

이것은 여자사주이다. 시주에 기신이 자리하고 자식을 뜻하는 식상이 없으므로 자식덕이 없었다.

자식이라고는 남매를 두었는데 아들과 딸이 불효하여 부모 마음을 많이 상하게 하였다. 다음에 자라서 아들은 직업도 없는 실업자로써 건달이 되었고 딸은 바람끼가 많아 창녀가 되었다.

자식은 아들과 딸인데 일주가 양간에 양시이면 아들이 많고 일주가 음간인데 음시이면 딸이 많다. 그리고 일주는 양간인데 음시생이나 일주는 음간인데 양시생이면 아들딸은 반반씩이다.

자녀의 수는 정확하게 알 수가 없다. 다만 십이운성에 자녀수가 나타나 있는데 이 숫자는 그 사람의 임종시기에 상여 뒤를 따르는 자녀수이다. 그 숫자를 보면 대강 다음과 같다.

(표39) 자녀수

십이운성	장생	목욕	관대	건록	제왕	쇠	병	사	묘	절	태	양
아 들	4	2	3	3	5	0	1	0	0	1	0	3
딸	5	3	3	4	8	1	2	0	1	2	1	3

7. 궁합(宮合)

고래로 인생살이에 있어 결혼을 제일 중요하게 생각하여 왔다. 사실상 인생에 있어 결혼보다 더 중요한 일은 없다. 결혼은 반쪽 인생이 만나서 완전한 하나가 되는 것이니 이는 천지의 합함이요, 소우주의 완성이라고 할 수 있다. 결혼하여 부부가 만나야 자녀가 생기는 것이니 이 세상 인류에 제일이 부부의 만남이라 할 수 있다.

천지는 큰 부부요, 인간남녀는 작은 부부이다. 부부가 합하여야 능히 생남생녀하는 것이니 부부는 사랑의 근본이 되고 생명의 원천이 되며 행복의 보금자리이다. 부부의 사랑속에서 만가

지 복이 다 나오고 만가지 선(善)이 다 나오나니 곧 천지부모님
께서 축복해 주시는 터전이 되는 것이다.

이처럼 귀중한 결혼을 함에 있어 어찌 아무하고나 되는대로
만나서 결혼할 수 있겠는가?

결혼을 잘하여 궁합이 좋으면 한 가정이 번창하고 한 문중이
영광스럽다. 결혼을 잘못하여 궁합이 흉하면 몸과 가정에 큰 우
환거리가 생길 것이다.

결혼이란 남녀 두 사람의 운명이 합하여 함께 살아가는 것이
므로 혼자 살 때와는 달리 그 운세의 흐름이 많이 변한다.

그럼 어떤 만남이 좋은 궁합일까? 예를 들면 남자 사주에 재
성이 부족하여 재물복이 적은 사람은 결혼할 때 재물복이 많은
여자를 아내로 만나면 그 남자도 재물이 많아지는 것이다. 결혼
하면 부부는 일체이므로 사주팔자의 운세도 합하여 진다. 결혼
이란 남녀의 만남을 통하여 자기의 부족함을 보충하기 위해서
하는 것이다. 즉 남자사주에 수기운이 부족하여 성격상 건강상
결함이 있다고 할 때 여자사주에 水기운이 왕성한 사람을 만나
면 모든 문제가 해결되는 것이다. 성격도 온순해 지며 건강도 좋
아진다. 궁합이 좋으면 흉함이 감해진다. 반대로 궁합이 흉하면
길함이 감해지고 흉함은 더 크게 된다. 또는 남자 사주에 자식운
이 무력하여 자식을 못가질 팔자라면 결혼할 때 자식운이 풍부
한 여자를 만나면 이런 문제도 쉽게 해결된다. 그럼 어떤 만남이
좋은 궁합일까?

천지의 이치가 음양과 오행의 조화에서 번식하고 발전하는 것
이니 그러므로 궁합에도 음양과 오행이 잘 조화되어야 좋은 궁
합이 된다.

옛 서적에는 궁합에 대하여 잡다한 내용으로 여러가지가 기재
되어 있으나 필자가 직접 체험하고 감정해 본 바에 의하면 오직

음양과 오행의 조화 밖에 없었다. 즉 남자사주에 음기(陰氣)가
부족하면 여자를 택할 때 음기운이 왕성한 여자를 만나면 좋은
궁합이다. 또한 남자 사주에 열조한 木火운이 왕성하고 한습한
金水의 기운이 부족하면 여자를 택할 때 金水의 기운이 왕성한
여자를 만나면 좋은 궁합이다.

반대로 나쁜 궁합은 앞에서 말한 좋은 궁합과 상반되는 내용
일 것이다. 즉 남자의 사주에 음기운이 부족하여 성격상 건강상
결함이 있는데 만난 여자도 음기운이 부족하면 서로가 불행하며
나쁜 궁합이다.

또는 남자 사주가 너무 열조하여 한습한 기운이 필요한데 만
난 여자도 사주가 너무 열조하여 한습한 기운이 필요하다면 이
는 나쁜 궁합이다.

남자사주				여자사주			
년	월	일	시	년	월	일	시
丙	戊	戊	癸	己	癸	癸	戊
戌	戌	申	亥	丑	酉	未	午

위의 사주에서 남편되는 사람의 사주는 양기운과 또한 열조한
기운이 많은 편이고 아내되는 사람의 사주는 음기운과 한습한
기운이 왕성하다. 그러므로 이 부부는 음양의 조화로나 조후 및
오행의 조화에서도 잘 어울리므로 좋은 궁합이다. 고로 이 가정
은 부부간 금슬이 좋았고 평생을 행복하게 살았다.

결혼한 사람의 사주를 감정하려면 부부 두 사람의 사주를 다
함께 보아야 더욱 정확하게 알 수 있다. 부부는 일체이므로 기운
이 상통하여 어떤 사건에도 영향을 많이 주고 많이 받는다.

이처럼 좋은 궁합이란 음양의 조화가 잘된 만남을 말한다. 조후도 음양의 부속에 불과하다. 즉 열조한 오행을 양기운이라고 하며 한습한 오행을 음기운이라고 한다. 음과 양의 기운은 서로 상대적인데 양기운은 강직하며 활동적이며 적극적이고 음기운은 유순하며 정적이며 소극적이다. 이러한 두 기운이 잘 조화를 이루면 가정이 화목하고 만사가 잘 이루어 진다.

	남자사주				여자사주		
년	월	일	시	년	월	일	시
戊	壬	丙	戊	戊	甲	戊	甲
辰	戌	午	戌	辰	寅	寅	寅

이 두 사람은 우연히 연애결혼하여 만난 부부인데 궁합이 좋지 않다. 남자 사주를 보면 양기운이 태과하고 또한 열조한 오행으로 구성되어 음기운과 한습한 오행이 간절히 필요한 사주이다. 그런데 만난 여자사주를 보니 여자사주도 남자사주와 비슷하였다. 즉 한습한 음기운이 간절히 필요하다. 궁합이 잘 맞지 않아 살면서 많은 충돌을 벌이며 언쟁이 많아지고 집안꼴이 말이 아니더니 결국 3년만에 갈라서서 남남이 되고 말았다. 서로가 서로에게 많은 상처만 남겨주고 말았다.

제4장 빈부(貧富)

1. 종신부자(終身富者)의 사주

일생동안 부자로 살아갈 팔자는 재기통문(財氣通門)한 사주를 타고 나야 한다. 그 대충을 살펴 보면 다음과 같다.

①신강사주에 재성이 왕성하여 용신이고 식상이 용신을 생조할 때.
②신왕사주에 재성이 용신이고 왕성하며 관살이 있어 신왕기운을 억제하고 재성 용신을 보살필 때.
③신왕사주에 재성과 인성이 없고 식상이 왕성할 때.
④신약하고 재성이 왕성하나 관성과 인성이 없고 비겁만 있을 때 등이다.

그러나 같은 부자라도 차등이 많이 난다. 큰 부자와 중간부자와 작은 부자인데 그것은 사주가 얼마나 조화가 잘 되었느냐? 또는 조후가 잘 되었느냐? 또는 정신기와 대운 등이 얼마나 잘 따르느냐에 따라서 그 차등이 다르게 된다.

```
년  월  일  시
壬  壬  甲  戊      癸甲乙丙丁戊己
子  子  午  辰      丑寅卯辰巳午未
```

이 사주는 신왕사주에 재성이 용신이며 왕성하고 식상이 중간에서 유통을 잘 시키고 있다. 또한 조후로 보아도 열조한 오행인 火가 용신이다. 고로 재기통문하여 부자가 되었다.

부모에게 물려받은 것은 별로 없으나 자수성가하여 만석군을 하는 지방의 부자가 되었다. 많은 재물을 소유하려면 우선 내가 재물을 관리할 능력이 되어야 한다.

```
년  월  일  시
丙  壬  戊  癸      癸甲乙丙丁戊己庚
辰  辰  子  亥      巳午未申酉戌亥子
```

이 사주도 신왕재왕하여 큰 부자가 되었다. 초년은 별로 재물이 따르지 못하여 평범하더니 申대운부터 발복하기 시작하였고 戊戌대운에는 주춤하더니 다시 亥대운부터 크게 일어났다.

이 사주에서는 식상이 있어 신왕한 기운을 재성으로 유통시키면 더 많은 재물을 소유했을 것이다. 또는 관살이 있어 강한 일주의 기운을 억제하고 재성을 보살펴도 큰 부자가 된다.

하늘이 어떤 사람을 택하여 많은 재물을 주시는 것은 그 재물을 선하게 사용하여 천하에 빈곤을 몰아내라는 천명이 있음을 깨달아야 한다. 이러한 천명을 모르고 내 재산이라고만 생각하여 자행자지하며 선용(善用)을 못하면 그 재물이 도리어 죄악의 물건이 되는 것이다.

2. 종신빈자(終身貧者)의 사주

가난하게 사는 사람의 사주는 다음과 같다.

①신약사주인데 식상이 왕성하고 재성도 왕성할 때.

②신약사주인데 재성은 경미하고 관살만 태왕할 때.

③신약사주인데 인성이 경미하고 식상만 태왕할 때.

④비겁이 왕성한 신강사주인데 재성이 경미하고 식상이 없을 때.

⑤신약사주에 재성이 왕성하고 관살이 일주를 억제할 때.

⑥사주가 조화가 잘되지 않거나 조후가 흉할 때.

⑦용신이 상충을 당하여 미약할 때.

⑧대운이 기신으로 흘러가는 등인데 이러한 사주는 모두 가난하게 산다.

```
년  월  일  시
壬  壬  壬  丙      癸甲乙丙丁戊
子  子  子  午      丑寅卯辰巳午
```

이 사주는 연해자평에 나오는 거지의 사주이다 많은 비겁이 하나의 재를 탐하고 있다. 즉 한 그릇의 밥을 놓고 여러명이 싸우는 형상이라 그 신세가 거지가 된 것이다.

이 사주는 丙火가 용신인데 비겁이 태강하므로 재운이 길운이라도 군비쟁재(群比爭財)가 되어 화를 당한다.

```
년  월  일  시
庚  庚  丙  癸      辛壬癸甲乙丙
申  辰  戌  巳      巳午未申酉戌
```

이 사주는 丙火일주가 辰월생이라 신약인데 재성과 식신이 왕성하여 일주는 심히 미약하다. 용신이 미약하고 대운이 기신으로 달리므로 일생을 가난하게 살았다.

3. 선부후빈형(先富後貧型) 사주

초년은 대운이 길하여 부유하게 살았으나 중년과 말년에는 대운이 불길하여 가난하게 사는 사주를 선부후빈형사주라고 한다.

```
년  월  일  시
丁  甲  庚  庚        乙丙丁戊己庚辛
巳  辰  辰  辰        巳午未申酉戌亥
```

庚金일주가 辰월에 출생하여 신왕사주이고 용신은 연주의 丁巳이다. 木火운은 길하며 土金운은 흉한데 초년은 대운이 木火운이라 부모덕으로 많은 재산을 상속받아 부자였으나 戊土대운에 사업에 실패하여 가난뱅이가 되었다. 그 후로는 계속하여 土金운이라 다시는 재기하지를 못하였다.

```
년  월  일  시
庚  丙  丙  甲        乙甲癸壬辛庚己
申  戌  午  午        酉申未午巳辰卯
```

이 사주도 金水가 길운이다. 초년은 대운이 용신운이라 부자집의 딸로 호강하였으나 결혼하고 나서 남편이 하는 사업이 신통치 못하여 가난하게 살았다. 이처럼 여자의 운명은 남자에게 많은 영향을 받는다.

4. 선빈후부형(先貧後富型) 사주

초년은 대운이 흉하여 고난속에서 살다가 중년부터 대운이 길하여 부유하게 잘 사는 사주를 선빈후부형사주라고 한다.

```
년  월  일  시
丙  癸  丙  壬      甲乙丙丁戊己庚
午  巳  辰  申      午未申酉戌亥子
```

이 사주는 丙火일주가 巳월생이라 신강사주이고 용신은 시간의 壬水이다. 고로 木火는 흉하고 金水는 길하다

초년은 대운이 흉하여 고전하다가 申대운부터 용신운으로 달리므로 벼슬이 높아지기 시작했다. 나중에 亥대운에 가서는 관찰사의 자리까지 올랐다.

```
년  월  일  시
戊  丙  戊  癸      丁戊己庚辛壬癸甲
戌  辰  申  亥      巳午未申酉戌亥子
```

이 사주도 신강사주이며 용신은 시간의 癸水이고 金은 희신이다. 火土는 흉신이다.

초년은 대운이 흉하여 고전하다가 庚申대운에 시작한 사업이 번창하기 시작하더니 그 재산이 날이 갈수록 눈덩이처럼 불어나더니 癸亥대운에는 세상이 다 알아주는 큰 부자가 되었다.

5. 돈(錢)

세상 사람들은 누구나 돈이라면 사죽을 못쓰며 설쳐댄다.

주야로 궁리하는 것이 어떻게 하면 돈을 많이 벌수 있을까 하고 연구를 한다. 돈이란 사람이 살아가는데 있어 편리함을 제공해 주는 도구에 불과한데 그 돈을 마치 신주 모시 듯하는 것을 볼때 돈이 좋은 것인가보다.

열심히 땀흘려서 정당하게 번돈이면 그 돈이 복된 돈이 되겠지만 그렇지 못하고 인류도덕도 무시하며 악의(惡意)로 돈을 모았다면 그 돈은 죄악의 덩어리가 되고 만다.

또한 내가 번 돈이지만 어떻게 사용하느냐에 따라서 그 돈이 행운을 가지고 올 수고 있고 반대로 불행을 가져다 줄 수도 있다. 즉 세상을 이롭게 하는 공익사업으로 돈을 사용하였다면 그 돈이 선신(善神)을 불러들여 행운이 열리지만 반대로 공익사업이 아닌 자신의 쾌락이나 자신의 사욕을 위하여 돈을 사용하였다면 그 돈이 악신(惡神)을 불러 들이므로 불행한 운이 닥치는 것이다. 즉 내 돈을 사용하고도 불행을 당할 수가 있는 것이니 돈을 사용할 때에는 신중히 생각을 해야 한다. 돈이 벌어지는 상태를 몇가지로 나누어 보면,

첫째는 열심히 일하는데 그 수고한 이상으로 돈이 들어 올 때는 그 시기가 대운이나 년운이 따르는 때이다.

둘째는 열심히 일하는데 그 수고의 댓가보다 훨씬 적게 돈이 들어 올 때는 그 시기가 대운이나 년운이 기신운으로 흐르는 상태이다.

셋째는 열심히 일하여 돈도 많이 들어오는 반면 어떠한 사고로 많은 돈이 나갈 때도 있는데 이 시기는 년운에서 천간은 길하고 지지는 흉하던지 아니면 천간은 흉하고 지지는 길한 시기이

다. 이러한 년운에는 길흉사가 서로 동시에 발생하므로 돈도 많이 들어오기도 하고 또 반대로 돈이 많이 나가기도 하는 것이다.

또는 대운이 5년은 길하고 5년 흉할 때도 길한 5년 동안은 돈이 잘 들어오고 흉한 5년 동안은 돈이 잘 들어오지 않으며 도리어 있는 돈 마져 자꾸만 나가려고 발동을 한다.

```
년  월  일  시
戊  壬  癸  壬        辛庚己戊丁丙
戌  戌  未  戌        酉申未午巳辰
```

이 사주는 癸水일주가 戌월에 태어났고 사주지지(地支)에 전부 土기로 구성되어 외격사주 즉 종관살격사주이다. 종관살격사주이므로 火土가 용신이고 金水는 기신이다.

태어나서 辛酉 庚申 대운에는 흉운이므로 주머니에 땡전 한푼도 없더니 己未 대운부터 주머니에 돈이 들어오기 시작하더니 戊午 대운에는 가히 여자로써 큰 부자가 되었다.

제3부

실제감정(實際鑑定)

제1장 관운(官運)

1. 관운이 있는 사주

사주에서는 관성(官星)이 용신이면 벼슬할 운이 따른다.

벼슬의 등급도 여러 계층이므로 그 구성이 어떻게 조직되었는가에 따라서 등급의 차이가 난다. 즉 관성이 용신이라도 사주조직이 얼마나 잘 조화가 되었는가? 또는 얼마나 조후가 잘 되었는가? 정신기는 충족한가? 등에 의해서 그 계통의 등급이 달라진다. 사주에서 관성이 용신이거나 희신이면 과거에 응시해 볼 만하다. 물론 대운이 잘 따르는가는 필수 조건이다.

```
년  월  일  시
癸  乙  甲  庚        甲癸壬辛庚己戊
卯  卯  辰  午        寅丑子亥戌酉申
```

이 사주는 甲木일주가 卯월에 출생하여 신강사주이고 용신은 시간의 庚金이다. 일지의 辰土에 생조를 받아 용신이 강하다. 亥대운까지는 말직에서 헤매이더니 庚대운부터 승진하기 시작하여 벼슬길이 잘 열리더니 나중에는 판서의 자리까지 높이 올랐다.

하늘이 어떤 사람에게 높은 권력을 잡게 해 주는 것은 이 세상에 모든 불의(不義)와 범죄를 몰아내고 정의(正義)로운 세상을 만들라는 천명(天命)이 있는 것이다. 이러한 하늘의 뜻을 잘 이해하여 행여나 자기의 허욕을 취하기 위해서 권력을 남용함은 삼가야 할 일이다. 높은 자리에 앉을수록 잘하면 큰 복을 지을수

도 있고 반대로 잘못하여 탐욕을 부리면 도리어 큰 죄를 지을수
도 있는 것이다. 높은 자리일수록 바른 마음의 무장이 잘 되어야
할 것이다. 마음이 바르지 못한 사람이 권세를 가지면 그 권세가
도리어 죄를 짓게 하는 근본이 되기도 한다.

```
년  월  일  시
丁  辛  庚  戊      庚己戊丁丙乙甲
巳  亥  申  寅      戌酉申未午巳辰
```

이 사주는 박정희(朴正熙) 대통령의 사주이다. 庚金일주가 한
습한 亥월에 출생하여 조후로 보아 火가 필요하고 또한 辛申金
과 戊土가 생조하고 년지의 巳中庚金이 자리하므로 사주에는 金
기운이 왕성하므로 이 왕성한 金기운을 억제하기 위해서도 火가
용신이 된다.

즉 조후로 보나 억부법으로 보나 용신은 火이다. 木은 희신이
며 土金水는 기신이 된다. 초년은 대운이 기신운이므로 불우한
군생활을 보내다가 丁未대운부터 진급의 길이 열리기 시작하더
니 丙火대운에는 용신운이므로 5.16군사혁명을 일으켜 국가의
주권을 장악했다. 지지에 寅申巳亥 즉 사생지(四生地)가 자리하
므로 길한 사주가 되었다.

```
년  월  일  시
癸  乙  癸  丁      甲癸壬辛庚己戊
卯  卯  巳  巳      寅丑子亥戌酉申
```

이 사주는 이조 제일의 명상인 황희(黃熹)정승의 사주이다.
사주에 木火의 기운이 태과하고 癸水일주는 무력하므로 조후

로 보나 억부로 보나 水가 용신이 된다. 사주가 너무 열조하므로 한습한 기운이 필요했던 것이다. 金水가 용신운이므로 대운이 金水로 잘 따르므로 한평생을 높은 관직에서 그 자리를 지킬 수가 있었다.

2. 관운이 없는 사주

관운이 없는 사주를 열거하면 다음과 같다.

첫째는 신약사주에 재성과 관성이 태왕하고 인성이 없을 때.

둘째는 신왕사주에 식상이 왕성하고 관살은 미약할 때.

셋째는 관살은 미약하고 인성이 왕성하여 관살의 기운을 유출시킬 때.

넷째는 대운이 기신운으로 흐를 때는 관운이 없다.

이상과 같은 모습으로 사주가 구성되어 있다면 벼슬운이 없으므로 일찍이 방향을 돌려 사업계통이나 교육계통으로 가는 것이 현명한 것이다.

```
년  월  일  시
癸  癸  丙  戊      壬辛庚己戊丁
丑  亥  午  子      戌酉申未午巳
```

이 사주는 일주는 약하고 관살은 태왕하다. 고로 관살은 기신이므로 벼슬운이 없다. 수차레 과거에 응시했으나 매번 낙방의 고비를 마셨다. 사람이 누구나 높은 벼슬자리에 오르고 싶은 마음이나 팔자에 없는 것은 노력만으로 구한다해도 소용 없는 것이다.

년 월 일 시
庚 甲 甲 乙   乙丙丁戊己庚辛
子 申 寅 亥   酉戌亥子丑寅卯

이 사주는 甲木일주가 申월생이라 실기는 하였으나 인성과 비겁이 왕성하여 신강사주가 되었다. 년간의 庚金이 용신인데 월지의 申金에 뿌리가 되어 용신은 왕성하다. 이렇게 용신이 왕강하므로 일견하여 길명임이 틀림은 없으나 대운이 기신운으로 달리므로 과거에 수차 응시했으나 계속 낙방만 하였다. 인물좋고 재주는 뛰어나지만 운이 따르지 않으니 실로 안타까울 뿐이다. 이런 사람은 대운이 따르지 않아 벼슬을 못할 팔자이므로 일찌감치 방향을 돌려 사업계통이나 교육계통에 종사하면 타고난 능력을 발휘할 수 있을 것이다.

3. 무관(武官)의 사주

무관들의 사주를 보면 대개가 좀 살기(殺氣)가 왕성하다. 그 실례를 들어 보면 대충 다음과 같다.

①상관이 왕성한 사주.
②편관이 왕성하고 양인이 있는 사주.
③정신기 삼자가 왕성한 사주.
④상충살, 삼형살 등이 왕성한 사주.
⑤사주에 금기운이 왕성한 사주.
⑥사주에 금과 화가 동시에 왕성한 사주 등이다.

```
년  월  일  시
丁  己  甲  丁      己戊整丙乙甲癸
卯  酉  辰  卯      酉申未午巳辰卯
```

이 사주는 삼국지(三國誌)에 나오는 명장인 항우(項羽)의 사주이다.

甲木이 酉월에 출생하여 실기하였으나 비겁이 왕성하므로 상관인 丁火가 용신이 된다. 용신이 왕성하고 대운이 잘 따르므로 천하에 명장이 되었다. 고집이 세기로 유명한 장수였다. 卯酉가 상충하므로 천수를 다 누리지 못하였다.

```
년  월  일  시
癸  丁  辛  丁      丁丙乙甲癸壬辛庚己戊
丑  巳  丑  酉      巳辰卯寅丑子亥戌酉申
```

이 사주는 현재 북한의 김일성(金日成)의 사주이다. 편관이 왕성하여 군인으로써 권세를 잡을 수 있었다. 巳酉丑合金이 되어 사주가 金으로 구성되었다. 고로 무관의 사주이다. 사주에 金기운이 태왕하니 이 왕성한 金기운을 유통시키는 년간의 癸水가 용신이다. 즉 金水운은 길하고 木火운은 흉하다.

4. 문관(文官)의 사주

문관의 사주를 보면 다음과 같다.

①신왕하고 관살이 용신인데 재성이 생조하는 사주.

②신약사주인데 관살은 왕성하나 인성이 그 기운을 통관시키는
 사주.

③신왕하고 관살이 왕성하고 식상이 관살을 억제하는 사주.

④사주에 음양오행과 조후가 잘 조화된 사주.

⑤사주에 상충살 등이 없고 청기(淸氣)가 충만한 사주 등이다.

 이상과 같은 사주의 구성이 이루어진 사주는 모두 문관들의
사주인데 대운이 용신운으로 달려야 함은 필수조건이다.

```
년  월  일  시
己  癸  辛  癸      癸壬辛庚己戊丁
亥  酉  丑  巳      酉申未午巳辰卯
```

 이 사주는 장면(張勉)박사의 사주이다.

 辛金일주가 酉월에 출생하여 신강한데 巳酉丑金국을 이루므
로 종격이 되었다. 중년과 말년에는 대운이 고르지 못하여 시련
을 많이 당했다.

```
년  월  일  시
甲  丙  乙  庚      丁戊己庚辛壬癸
子  寅  未  辰      卯辰巳午未申酉
```

 이 사주는 문관으로 판서를 지낸 사주이다. 乙木이 寅월생이
라 신강사주이고 庚金이 용신인데 未辰土 재성이 관성을 생조하
므로 그 자리를 지킬 수가 있었다. 사주에 상충살이나 상극살이
없고 순수하다.

제2장 직업(職業)

1. 용신이 木일 때

사람은 누구나 직업을 가지게 된다. 직업은 일생을 살아감에 있어 대단히 중요하다. 옛날에는 직업이 단순하여 벼슬길이 아니면 농사나 장인공이나 장사 등으로 한정이 되어 직업의 종류가 간단하였지만 오늘날에는 직업의 종류가 수백종으로 많아졌고 또한 다양하여 전문화가 되어 있는 이 시대에서는 직업의 선택을 사주로 정한다는 것이 상당한 무리이긴 하다.

그러나 세상을 대하여서 흉난을 피하여 길사를 만나도록 인도하는 사명을 가진 역학도(易學徒)들이 궁리하고 또 궁리를 하여 만들어 낸 직업관이 나타났다. 비록 엉성하긴 하지만 참고로 하여 직업을 선택하면 좋을 것이다.

이 우주는 다섯가지의 기운으로 존재하는 이상 그 직종도 궁극적으로는 이 오행안에 들며 또한 오행중에서도 어떤 육신(六神)에 해당하느냐에 의하여 달리하고 있다. 먼저 용신이나 월지가 木이라면 木기운에 해당하는 직업이 길한데 목재 농림업 제조업 판매업 사회사업 건축업 자선사업 목공소 가구점 꽃재배 등이 길한 직업이 된다.

```
년  월  일  시
戊  辛  乙  丁      壬癸甲乙丙丁戊
申  酉  亥  卯      戌亥子丑寅卯辰
```

이 사주는 乙木일주가 酉월생이므로 실기하여 신약사주이고

비겁인 木이 용신이다. 木이 용신이므로 건축업에 종사하여 성
공하였다. 나무를 다루는 목수이므로 팔자에 타고난 직업을 택
하였고 대운도 잘 따르므로 부자가 되었다. 동창생들은 아직 전
세방도 못면할 시기에 이 사람은 고래등만한 자기 집에서 선녀
처럼 아름다운 여인을 아내삼아 즐겁게 살았다.

2. 용신이 火일 때

용신이나 월지가 火이면 불과 관계가 깊은 것이나 또는 불에
잘 타는 직업이 길하다. 주유소 주물공장 전기공사 제철공장 대
민봉사업 서비스업 의류가게 세탁소 간판집 서점 등이 길한데
용신의 오행이 火이거나 또는 월지의 오행이 火일 때이므로 그
범위가 무척이나 넓다.

```
  년  월  일  시
  丁  丙  癸  戊        乙甲癸壬辛庚己
  未  午  巳  午        巳辰卯寅丑子亥
```

이 사주는 화격(化格) 사주이다. 戊癸合火하여 간합이 되고
월지가 午火이므로 화격이 성립되었다. 용신은 火이며 金水는
기신이다.

이 사람은 주유소를 경영하여 돈을 좀 많이 벌었는데 辛丑 대
운에는 기신운이라 화재가 발생하여 많은 손해를 보았다. 그 이
후에도 대운이 따르지 않아 사업이 뜻한대로 잘 되지 않았다.

3. 용신이 土일 때

용신이 土이거나 월지가 土이면 농업 원예 종묘 종교분야 과수원 벽돌공장 땅장사 등이 길하다.

년	월	일	시						
戊	辛	戊	己	庚	己	戊	丁	丙	乙
申	酉	寅	未	申	未	午	巳	辰	卯

이 사주는 여자의 사주이다. 戊土가 酉월생이므로 실기하여 신약사주이고 용신은 火土이다. 용신이 土이므로 농업에 종사하고 그 지방에 부자가 되었다. 그러나 일지가 기신이고 편관이므로 남편이 바람을 많이 피워 속을 상하게하였다. 자식은 착하고 효성이 지극했다.

4. 용신이 金일 때

용신이 金이거나 또는 월지가 金이면 金기운에 해당되는 직업이 길하다. 즉 철공소 금속계통 기계공 운송업 금융계통 군인 철물점 샷시가게 공구상 등이 길하다.

년	월	일	시						
壬	壬	庚	癸	癸	甲	乙	丙	丁	戊	己
子	子	辰	未	丑	寅	卯	辰	巳	午	未

이 사주는 식상이 너무 많아 심히 설기를 많이 하였다.
土金이 길신인데 일지의 辰土가 생조하므로 길하다. 철공소를

경영하였는데 대운이 따르지 못하여 성공하지는 못했지만 그래
도 팔자에 타고난 직업이긴 하다. 대운이 잘 따르지 않으므로 아
무리 잘해 보려고 궁리를 많이 해도 계획한 만큼의 수입이 되지
못하였다.

5. 용신이 水일 때

용신이 水이거나 월지가 水이면 물과 관계가 깊은 것을 직업
으로 택하여 사는 것이 현명하다.

술집 식당 다방 어업 외교 발명업 지능계통 서비스업 목욕탕
이발소 미용실 등이 길하다.

```
년  월  일  시
丙  甲  癸  癸        癸壬辛庚己戊丁
戌  午  亥  亥        巳辰卯寅丑子亥
```

이 사주는 여자의 운명이다.

癸水일주가 午월에 출생하여 신약사주이고 金水가 길운이다.

이 여인은 서울 종로에서 술집을 차려 성공하였다. 사주에 용
신이 水이므로 장사가 잘 되었던 것이다. 본인 말에 의하면 돈
벌기를 마치 갈구리로 끌어 모으듯이 장사가 잘되었다고 한다.
명동에다 큰 빌딩을 자기 소유로 만들었다. 그 여인 말에 의하면
장사에서 돈벌기는 그래도 술장사가 제일 빠르며 쉽다고 했다.

6. 용신이 비견일 때

앞에서는 용신이나 월지가 어떤 오행인가에 따라서 직업을 논해 보았는데 이제부터는 용신이 어떤 육신(六神)이냐에 따라서 그 직업을 판단해 보는 방법이다.

즉 용신이 비견이면 독립사업 자영업 변호사 의사 약사 기자 등 자유업이 적합하다. 또는 특수한 기술을 배워 기사로 근무하는 것도 길하다.

```
년  월  일  시
癸  癸  戊  辛      壬辛庚己戊丁丙
丑  亥  辰  酉      戌酉申未午巳辰
```

이 사주는 비견이 용신이므로 독립적인 직업이 길하다. 일찍부터 기독교계통에 신앙이 독실하더니 신학교를 졸업하고 목사가 되었다. 己未대운부터 용신운이라 부흥목사로써 이름을 날렸다.

이 사주의 주인공이 유명인이 된 것은 꼭 사주 탓으로만 볼 수 없다. 신앙심으로 모든 시련을 극복하였고 흉사를 길사로 돌렸기 때문이다. 대개 신심이 독실한 사람은 흉변길이 되는 수가 많다.

7. 용신이 겁재일 때

용신이 겁재이거나 월지가 겁재이면 비견과 비슷하나 공동사업은 불리하며 실패하기 쉽다.

개인사업이 길하며 변호사 계리사 변리사 의사 기자 기사 자영업 등 자유업이 길하다. 겁재란 뜻은 재물을 겁탈 당한다는 뜻이다. 동업하면 손해본다.

```
년  월  일  시
丙  壬  癸  丁        癸甲乙丙丁戊己
戌  辰  亥  巳        巳午未申酉戌亥
```

이 사주는 壬水겁재가 용신이다. 未대운에 친구와 정미소를 동업하였다가 친구의 배신으로 전재산을 사기 당하여 큰 실패를 하였다. 한동안 고전하며 지내다가 申대운부터 부부가 함께 시작한 조그만 식당이 영업이 잘 되었다. 해장국 전문집으로 소문이 나게 되었고 부자가 되었다. 이처럼 겁재가 용신이거나 월지가 겁재이면 동업하면 이용당하기 쉽다.

8. 용신이 식신일 때

식신이 용신이거나 월지가 식신이면 교육사업이나 교육계통이 길하다. 의식주에 관한 직업이 좋은데 木이 식신이면 목재 건축 목공 등이 길할 것이며 水가 식신이면 식당 술집 다방 등이 길할 것이다.

```
년  월  일  시
戊  戊  己  壬        己庚辛壬癸甲乙
辰  午  酉  申        未申酉戌亥子丑
```

이 사주는 식신생재격이다. 고로 철공소를 차려 사업이 잘되어 공장을 크게 늘렸다.

식신생재격 사주는 조화된 사주이다. 비겁이 비록 왕성하나 식상으로 돌려 재성으로 보내므로 상충 상극이 없기 때문이다. 식신생재격은 비교적 실업가로 성공하는 사람이 많다. 식신생재격은 식신이 용신이며 재성이 희신이다. 비겁은 흉신이긴 하나 식신을 도와주므로 흉변길이 되어 오히려 희신의 역활을 하게 된다. 인성이 제일 흉하며 다음은 관성이 흉하다.

9. 용신이 상관일 때

상관이 용신이거나 월지가 상관이면 식신과 비슷하나 식신보다 더 활동적인 직업이 길하다.

교육계통이나 또는 학자로서 성공하는 자도 많으며 변호사 흥행가나 각종 경쟁이 심한 직업도 성공한다. 상관이 용신인데 재성이 투출하면 상업에 큰 성공을 하며 명랑한 사업이 길하다. 상관이 용신이면 두뇌가 총명하다.


```
년  월  일  시
甲  戊  戊  辛      己庚辛壬癸甲乙
戌  辰  子  酉      巳午未申酉戌亥
```

이 사주는 辛酉상관이 용신이며 子水 정재를 생조하고 있다. 변호사로써 유명인이 되었고 성공하였다.

10. 용신이 편재일 때

용신이 편재이거나 월지가 편재이면 상업이 적합하다. 무역업 외교업무 통신계통 판매업 부동산 증권 청부업 금융계통 등이 길하다.

대기업의 주인들의 사주를 보면 편재가 용신인 사람이 많다. 편재는 모험성이 강하므로 상업으로 성공하는 사람이 많으며 투기성도 강하다.

```
년  월  일  시
壬  壬  壬  丙      癸甲乙丙丁戊己
子  子  寅  午      丑寅卯辰巳午未
```

이 사주는 시간의 丙火편재가 용신이다. 일지의 寅木식신이 水기운을 유통시켜 용신은 태강하다. 일지에 寅木이 유통의 사명을 잘하여 사주가 잘 조화되었다. 조후로 보아도 음양의 조화가 잘 되었다. 이 사주는 모 의류공장의 사장 사주이다.

11. 용신이 정재일 때

용신이 정재이거나 월지가 정재이면 상업에 적합하나 편재와는 달리 안정성있는 계통이 길하다. 금융계통도 좋으며 공업계통도 좋다. 다만 투기성은 금물이며 모험이 따르는 사업은 불리하다. 성실과 신용을 자본으로 하는 사업에는 성공한다. 금융계통 재무계통 관공서 기업계통 비교적 안정성이 따르는 직종은 대부분 길하다.

```
년  월  일  시
庚  丙  戊  癸        丁戊己庚辛壬癸
戌  戌  申  亥        亥子丑寅卯辰巳
```

이 사주는 시간(時干)의 癸水 정재가 용신이다. 정재가 용신이므로 안정성이 따르는 직업을 택하였다. 상업학교를 졸업하여 은행에 취직하여 안전하게 생활하였다. 증권이나 기타 투기성이 있는 곳에 과외로 손을 댔다가 손해만 보았다.

정재가 용신인 사주는 정직한 사업에만 성공할 수 있다. 성실과 신용과 정직을 내세우는 직종은 모두 성공한다.

12. 용신이 편관일 때

용신이 편관이거나 월지가 편관이면 비교적 무관계통이 적합하다. 경찰이나 군인 검찰 등에 근무해도 출세하며 또는 기술계통에도 소질이 뛰어난다.

편관이 용신인 사람은 상업계통에는 성공하기 어렵고 어느 분야에서나 지도자의 자리에서는 능숙하다. 남에게 주관받기를 싫어하고 대인관계가 원만치 못한 경향이 있고 고지식한 면도 있다. 청부업이나 건축업이나 책임자의 자리에 앉으면 능숙하게 일을 잘 처리한다.

```
년  월  일  시
戊  庚  乙  庚        辛壬癸甲乙丙丁
申  申  酉  辰        酉戌亥子丑寅卯
```

이 사주는 종관살격 사주이다. 월지의 申金이 편관이므로 남을 지도하거나 관리하는 직업이 적합한데 경찰관으로써 복무하면서 유명한 수사관의 이름을 날렸다. 즉 사람을 다스리는 것이 팔자에 타고난 직업이기 때문이다.

사람은 팔자대로 살아야 편안한 것이다. 이러한 사주의 소유자가 만일 사업에 종사한다면 성공하기가 어렵다.

13. 용신이 정관일 때

용신이 정관이거나 월지가 정관이면 공무원 계통이나 성실과 신용과 정직을 요구하는 직업에서 성공할 수 있다.

용신이 정관이면 비교적 사람이 정직하며 근면한 자가 많다.

남자 사주에서는 정관을 벼슬운으로 보고 여자사주에서는 종관을 남편을 의미한다. 정치계통이나 학계에도 길하며 기술계통에도 성공한다.

```
년  월  일  시
戊  甲  癸  戊      乙丙丁戊己庚辛
子  子  巳  午      丑寅卯辰巳午未
```

이 사주는 신왕관왕사주이므로 용신은 시간의 戊土정관이 된다. 정관이 용신이므로 일찍이 등과하여 벼슬길에 들어섰고 대운이 잘 따르므로 그 직급이 판서의 자리에 올랐다. 음양으로 보나 오행으로 보나 조후로 보나 조화가 잘 되었고 대운도 잘 따라주었다. 고로 한평생을 부귀영화를 누리며 살았다.

14. 용신이 편인일 때

용신이 편인이거나 월지가 편인이면 독립사업이 길하다. 의사
나 약사 평론가 기사 운명가 인생상담소 기술계통 체육계통 예
술계통에도 능숙하며 언론계통에도 양호하다.

```
년  월  일  시
己  癸  丁  庚        壬辛庚己戊丁丙
未  酉  卯  子        申未午巳辰卯寅
```

丁火일주가 酉월생이므로 신약사주이다. 일지에 卯木편인이
용신이다. 木火운은 길하고 金水운은 흉하다. 용신이 卯酉상충
하여 약한 편이다. 서울에서 철학원을 차려 인생상담을 해 주는
것을 생업으로 살았다. 대운이 비교적 잘 따르므로 손님이 많았
다.

이 사주의 주인공의 경험담을 들어보면 일생을 역술업을 하여
왔지만 감정하면 할수록 어려운 것이 역학(易學)이라고 하였다.
정확하게 잘 감정하는 비결은 따로 없고 오직 찾아오는 손님입
장에서 문제를 해결하고자 하며 그 대처방안을 상의하며 복체의
금액에 대해서는 조금도 생각지 않으며 주면 주는대로 받고 안
주고 가도 그만이라는 생각으로 하는 것이라 하였다.

역학을 공부하는 근본 이유는 사람을 사랑하기 위한 것이다.
사람을 진정으로 사랑할 줄 모르면서 역학을 연구한다는 것은
강도가 칼날을 세우는 것과 흡사하나니 위험하다. 세상사(世上
事)에 흉난을 막는 방법을 연구하는 것이 역학인데 오늘날처럼
인심이 고르지 못할 때일수록 우리 역학도(易學徒)의 도우(道
友)들의 사명이 큼을 새삼 느낄 때이다.

15. 용신이 인수일 때

인수를 정인(正印)이라고도 한다.

용신이 인수이거나 월지가 인수이면 편인과 비슷하나 좀더 지식을 이용한 직업이 적합하다. 문학 학술 예술계통이나 종교계통이나 교육계통도 양호하며 학자로써 성공할 수도 있다.

```
년 월 일 시
戊 癸 己 丙        甲乙丙丁戊己庚
子 亥 丑 辰        子丑寅卯辰巳午
```

이 사주는 丙火인수가 용신이다. 고로 교육계통에 길을 택하였다. 대학교수가 되어 많은 학생들로부터 존경받는 스승이 되었다. 火土는 길하며 金水는 흉하다. 木은 木火가 동행하면 길하나 水木이 동행하면 대흉하다.

제3장 수명(壽命)

1. 장수(長壽)

사람은 누구나 오래 살고 싶어한다. 그러나 팔자에 타고나야 장수할 수가 있다. 장수할 사주를 열거해 보면 대충 다음과 같다.

①오행을 모두 구비하고 조화가 잘되어 있는 사주.

②사주에 상충이나 상극살이 없는 사주는 장수한다.

③용신이 왕성하고 한신과 합하면 길운으로 변하는 사주.

④사주내에 기신은 합이 되어 길신으로 변하는 사주.

⑤월주의 기운과 재관식의 기운이 비등한 사주.

⑥신강사주에 식상이 유통을 잘 시키는 사주.

⑦대운이 용신운으로 따르며 기신운은 사주내에 타육신과 합아
   되어 한신으로 변하는 사주 등은 대충 장수한다.

```
년  월  일  시
己  壬  癸  甲      辛庚己戊丁丙乙甲癸壬
丑  申  卯  寅      未午巳辰卯寅丑子亥戌
```

이 사주의 주인공은 110세를 장수하였다. 己丑土가 申金을 생하고 金이 壬水를 생하고 水가 甲寅卯를 생하여 사주가 막힘이 없이 물이 흐르듯 유통이 잘 되었다. 또한 사주에 상극이나 상충살이 없다 고로 장수하였다. 물론 사주도 잘 성격(成格)되었지만 본인이 섭생과 건강관리를 잘하며 마음 수양을 잘한 탓도 있겠다. 110세가 되었을 때에도 젊은 사람처럼 건강했다. 이처럼 사주에 오행을 골고루 구비하고 균형이 잘 맞으면 장수한다.

```
년  월  일  시
丙  戊  庚  丁      己庚辛壬癸甲乙丙丁戊
午  戌  申  亥      亥子丑寅卯辰巳午未申
```

이 사주의 주인공도 앞의 사주와 비슷하게 유통이 잘 되었다. 고로 100세를 넘게 장수하였다.

장수하는 사람들의 사주를 보면 대개 조후가 잘 되어 있다. 열

조한 木火의 오행과 한습한 金水의 오행이 비등하게 서로가 견제하고 있다. 이와같이 사주에는 음양으로나 오행으로나 조후(調候)로 보아 조화(調和)가 잘 되어야 장수하며 귀복(貴福)을 많이 받는다. 특히 조후가 잘 되어야 오래 살 수가 있다.

2. 단명(短命)

어린 나이에 요절하거나 젊은 40세 이전에 단명하는 것을 모든 사람들이 다 싫어하지만 사주팔자에 단명사주를 타고 나면 심히 위태롭다. 사람은 누구나 타고난 팔자대로 십중칠팔(十中七八)은 운명대로 살고 죽는다. 단명하거나 요사(夭死)하는 사주를 열거해 보면 대충 다음과 같다.

①일주가 심히 약하되 외격이 되지 않는 사주.
②용신이 심히 미약하고 기신운이 왕성한 사주.
③용신이 상충을 당하고 기신은 합이 되어 더욱 왕성해 지는 사주.
④인성은 태왕한데 일주가 태왕한 인성의 기운에 오히려 극을 당할 때의 사주인데 예를 들면 甲木일주가 충극을 당하여 약하고 비견이나 겁재가 없으며 인성은 태왕하면 많은 물에 나무는 떠내려 가게 되고 뿌리가 썩게 되기 때문이다.
⑤일주는 태왕하였는데 재관이나 식상이 미약하고 외격이 되지 않는 사주일 때 단명하기 쉽다.
⑥신약사주에 식신과 상관이 태왕하여 일주의 기운을 자꾸만 빼앗아 갈 때.
⑦조후가 잘되지 않아 한습한 오행인 金水가 태과할 때.

⑧반대로 열조한 木火의 오행만 태과하여 조후가 잘되지 않을 때.

⑨초년이나 중년의 대운이 용신과 상충되고 있을 때 등인데 이러한 사주는 대부분 요절하거나 아니면 단명한다. 요절은 20세 전에 죽는 것을 말하고 단명은 40세를 못넘기고 죽는 것을 말한다.

```
년  월  일  시
壬  丙  甲  庚        丁戊
子  午  子  午        未申
```

이 사주는 甲庚이 상충(相沖)하고 지지에도 子午충하여 사주가 심히 불길하다. 태어나면서부터 몸이 허약하여 신병이 그칠 날이 없더니 戊대운 庚午년에 17세의 나이로 요절을 했다.

```
년  월  일  시
丁  丙  甲  庚        丁
亥  午  午  午        巳
```

사주에 식상이 태과하여 일주의 기운을 너무 많이 빼앗아 가고 있다. 년지의 亥水가 있기 때문에 종격도 될수 없고 정격이 되었다. 정격이면 일주나 용신이 너무 약하다. 巳대운에 巳亥가 상충하여 12세의 어린 나이에 요절을 했다.

3. 흉사(凶死)

사람이 이 세상에 태어나면 언젠가는 반드시 죽게 되는데 타고난 수명을 다 살고 죽는 사람도 있고 타고난 수명대로 다 살지 못하고 비명횡사를 당하는 죽음도 종종 많이 본다. 즉 천수(天壽)를 다 누리지 못하고 물에 빠져 죽거나 아니면 불에 타서 죽거나 차에 치여 죽거나 아니면 폭력배들에게 몰매 맞아 죽거나 또는 큰 죄를 지어 형무소에 들어가서 사형을 당하는 등의 죽음은 흉사(凶死)이다.

이러한 흉사당할 운명도 팔자에 타고 나는 법이다. 그러나 인생살이가 꼭 팔자대로만 다 되어지는 것은 아니다. 팔자에 타고난 운명은 그 가능성을 말하는 것이다. 즉 흉사를 당할 사주를 타고 났다는 것은 그렇게 될 가능성이 많다는 뜻이므로 마음의 자세를 바로하여 조심을 많이 하면 피할 수도 있는 것이다.

그럼 흉사를 당할 사주를 열거해 보면 다음과 같다.

①신왕사주에서 양인살이 많이 있는 사주.
②신약사주에서 편관이 태왕한데 식상이 억제하지 못하는 사주.
③도화살과 양인과 편관이 모여 있다면 유부녀를 겁탈하다가 맞아 죽는다.
④역마살과 양인이 함께 있고 충살이 함께 모여 있다면 객지에 돌아 다니다가 비명횡사를 당한다.
⑤양인과 상관이 동주해도 흉사를 당한다.
⑥사주에 괴강살이 두개 이상이면 흉사를 당한다.
⑦대운에서 용신을 충하는데 타육신들이 말리지 못할 때의 사주도 비명횡사를 당한다.
⑧사주에 삼형살(三刑殺)이 있으면 비명횡사를 당한다.

⑨일주가 심히 미약한데 외격이 아닌 사주도 흉사를 당한다.
⑩일주가 심히 왕성한데 억누하는 육신이 부족하면 흉사를 당하기 쉽다.
⑪용신이 심히 미약해도 흉사를 당하기 쉽다.

```
년  월  일  시
壬  庚  丙  戊      辛庚己戊
午  子  子  子      亥戌酉申
```

　이 사주는 여자의 사주인데 많은 관살 水기운에 용신午火는 충극을 당하고 있다. 사주에 水기운이 태왕하고 억제할 기운이 무력하였다.

　水기운이 왕성하므로 음난한 기운이 많았다. 남편이 외국에 돈벌이 하러 나간 몇년간을 외간남자와 바람피우며 놀아나다가 돌아온 남편의 눈에 발각되어 남편손에 맞아 죽고 말았다.

```
년  월  일  시
戊  丁  壬  丙      戊己庚辛壬
寅  巳  申  午      午未申酉戌
```

　이 사주는 신약사주에 寅巳申 삼형살(三刑殺)이 들어 있다. 戊대운에 폭력배들의 패싸움에 참가하였다가 칼침맞고 비명횡사를 당했다.

```
년  월  일  시
戊  庚  庚  甲      辛壬
申  申  寅  申      酉戌
```

이 사주는 일주는 태강한데 이 강한 기운을 유출시키는 식상이 없다. 용신은 충극을 당하여 미약하다. 용신이 미약하므로 戌대운 庚申년에 16세의 꽃다운 나이에 자동차 사고를 당하여 황천객이 되고 말았다.

제4장 질병(疾病)

1. 질병

사람은 일생을 살아가면서 무병장수하기를 원하고 있다. 삼재(三災)중에서 질병에 재앙이 제일 무서운 것이다. 가난과 전쟁과 질병을 삼재라 하는데 과거에는 가난과 전쟁을 제일 무서워하였지만 지금에는 질병을 더 무서워하고 있다. 가난하여 굶어 죽는 것이 무섭고 전쟁으로 수많은 생명을 앗아 감으로 무서운 것이나 우주의 주인이신 천지부모님께서 자비의 손길을 펴사 가난과 전쟁의 재앙은 거두어 주셨다.

그러므로 요즘은 굶어죽는 사람은 드물고 전쟁의 재앙도 멀리 사라졌다. 그러나 과거 보다 더 지독한 병(病)이 생겨난 것이니 이는 사람들의 그 악한 마음을 바로 잡기 위하여 천지부모님께서 그 사람이 깨달아 죄를 씻을 때까지 병이라고 하는 매질을 하는 것이다. 고로 요즘은 누구나 병을 제일 무서워하는 것이다.

사주를 보면 그 사람이 어떤 병이 걸리기 쉬울까 하는 것을 알 수 있다. 병은 사주에서 기신(忌神)이나 구신(仇神)이 곧 병의 나타남이다. 즉 사주상 용신과 상극되는 모든 오행은 병에 걸릴 수가 있다.

기신이 土이면 위장병이나 위암 비장에 병이 걸리기 쉬우며
복부 피부 등에 병이 발생하기 쉽다. 고로 그 사람이 어떤 병에
걸리기 쉬운가를 알려면 먼저 일단 용신을 정해야 알 수 있다.
용신을 정해놓고 나서는 용신운과 상극되는 육신은 모두 병으로
나타날 수가 있는 것이다.

그럼 여러가지 병을 오행별로 나누어 보면 다음과 같다.

사주상 甲乙寅卯木이 기신이라면 간장(肝臟) 눈병 담(膽) 신
경계통 정신질환 두면(頭面) 등에서 병이 발생하기 쉽다.

사주에서 丙丁午巳火가 흉신이면 심장계통 소장 안목 혀(舌)
혈액 등에서 병이 발생하기 쉽다.

사주에서 戊己辰戌丑未가 흉신(凶神)이면 위장 비장 입(口)
근육 복부 피부 등에서 병이 발생한다.

사주에서 庚辛申酉金이 흉신이면 대장 폐(肺) 코(鼻) 피부 근
골 사지 등에서 병이 발생한다.

사주에서 壬癸子亥가 흉신이면 방광 신장 귀(耳) 혈액 등에서
병이 발생한다.

인생은 생노병사(生老病死)의 연속인데 자기의 사주팔자를
바로 알아서 질병에서 피하여 건강한 몸으로 살 수 있는 길을 찾
는 것이 현명하다.

지금까지는 사주상 오행에서 기신에 해당되는 곳을 병으로 찾
았으나 더 중요하고 원인적인 것이 마음이므로 마음가짐이 바르
지 못하면 질병이 발생한다. 즉 사람이 마음이 바르지 못하여 음
란한 생각을 많이 가지면 자궁이나 성기에 병이 발생한다.

그리고 시기심을 많이 내거나 질투심이 많으면 간이나 신경계
통에 병이 발생한다. 또는 무례한 마음가짐을 많이 가지면 심장
이나 안목(眼目)에 병이 발생한다. 또는 도적질하려는 마음이
가라앉지 못하면 위장이나 복부 등에서 병이 발생한다. 그리고

원망심을 많이 품으면 각종 암에 걸리거나 폐병에 걸리기가 쉽다.

이외에도 혈기를 많이 부리면 팔이나 다리가 부러지거나 썩어 들어가는 병이 발생하고 남을 모함하는 마음의 기운이 모이면 입이나 가슴에 병이 발생한다.

```
년  월  일  시
甲  丁  戊  甲      戊己庚辛壬癸甲
寅  卯  戌  寅      辰巳午未申酉戌
```

이 사주는 戊土일주가 卯월생이라 신약사주이고 용신은 인성과 비겁운인 火土이다. 기신은 식신 재성 관성 즉 金水木이다. 앞에서 논술한 것처럼 金水木 오행에 해당하는 병이 걸리기 쉬우나 이 사주에서는 木기운이 태과하므로 신경계통에 병이 발생한다.

壬申대운에 머리가 살짝 돌았고 정신병원에 다년간 치료하기도 하였다. 그로 인하여 온 집안에 근심꺼리가 되었다. 이와같이 木오행이 기신이면 간이나 담 신경계통에 병이 발생한다.

```
년  월  일  시
癸  丁  壬  丙      丙乙甲癸壬辛
酉  巳  午  午      辰卯寅丑子亥
```

이 사주는 신약이므로 木火土 즉 식상과 재관이 기신이다. 특히 사주에 재성 즉 火기가 태과하므로 심장병으로 다년간 고생하다가 癸대운에 와서 완쾌가 되었다. 사주에 火기가 기신이면 심장 소장 안목 등에 병이 발생한다.

```
년  월  일  시
戊  丙  己  壬        丁戊己庚辛壬
辰  辰  未  申        巳午未申酉戌
```

이 사주는 인성과 비겁운이 기신이다. 土가 기신이므로 위장병으로 고생을 많이 했다. 어릴 때부터 위장이 약하여 고생을 하다가 庚대운에 와서 용신운이 되니 병이 씻은듯이 회복되었다.

사주에 土가 기신이면 위장 비장 복부 피부 등에 병이 발생하기 쉽다.

```
년  월  일  시
丙  辛  丙  丁        壬癸甲乙丙丁
午  丑  申  酉        寅卯辰巳午未
```

이 사주는 木火가 용신이고 土金水는 기신이다. 金이 기신이므로 癸대운에 폐병에 걸려 다년간 고생하였는데 甲대운에 조금 회복되더니 乙대운에는 완쾌하였다.

이처럼 사주에 金오행이 기신이면 폐 대장 근골 사지 등에 병이 발생한다.

```
년  월  일  시
壬  壬  戊  壬        癸甲乙丙丁戊己
子  子  戌  子        丑寅卯辰巳午未
```

이 사주는 火土가 용신이고 金水는 기신이다 사주에 水기운이 태과하여 기신이므로 신장에 병이 발생하였으나 대운이 양호하여 얼마뒤에 회복되었다.

사주에 水오행이 기신이면 신장아니 방광 혈액계통에 병이 발생한다. 또는 대운이나 년운에서 기신운이 닦치면 병이 발생하는데 즉 신체가 허약하면 만가지 병이 달라들기 때문이다.

용신이 쇠약하면 기신년에 병이 발생한다. 木기신년에는 간담 신경계통에 병이 발생하고 火기신년에는 소화기계통이나 위장 피부 등에 병이 발생하는 것 등이다. 또는 용신을 충극하면 용신오행의 병이나 충극하는 기신의 병이 각각 발생할 수도 있다.

예를 들어 午火가 용신인데 子水가 침범하여 子午 상충이 되면 용신의 기운인 午火의 심장 소장 안목에도 병이 발생할 수 있고 충극하는 子水의 신장 방광 등에도 병이 발생할 수도 있다.

이 외에도 마음가짐이 바르지 못하면 만가지 병이 다 발생하며 또는 마음이 바르지 못하면 길운에도 병이 발생하기도 한다.

2. 무병자(無病者)

무병장수하는 것이 모든 사람들의 소원이나 팔자에 타고 나야 무병장수할 수가 있는 것이다. 사주에서 음양과 오행이 잘 조화되고 특히 사주에 열조한 기운과 한습한 기운이 잘 조화되어야 건강하게 살 수가 있다. 질병에 시달리지 않을 사주는 다음과 같다.

①사주에서 한습한 기운과 열조한 기운이 비등하게 균형을 잡고 있는 사주는 평생 무병한다.
②오행을 모두 구비하고 서로 균형을 이룬 사주도 무병의 팔자이다.

③사주에 상충 상극이 없는 사주도 건강하게 살 수 있다.

④일주가 왕성하나 재관이 이를 억제하거나 재관이 무력하면 식
  상이 있어 식상으로 유출시키는 사주도 병이 없다.

⑤대운이 용신운으로 따르면 병에 걸리지 않고 건강하게 살 수
  있다.

```
년  월  일  시
丙  乙  壬  辛        丙丁戊己庚辛壬癸甲乙
午  未  申  亥        申酉戌亥子丑寅卯辰巳
```

이 사주는 한습한 기운과 열조한 기운이 비등하여 조후가 잘
되어 있다. 고로 백세를 넘게 살면서도 아무런 병이 없이 건강하
게 살았다. 자녀도 많고 모두 효성이 있고 출세를 하였다. 칠십
세에 처가 죽자 젊은 과부를 만나 재혼하였는데 그 여인에게서
자식을 두명이나 더 낳았고 행복하게 밤마다 극락을 즐기며 살
았다.

```
년  월  일  시
戊  癸  癸  戊        甲乙丙丁戊己庚辛壬癸
申  亥  卯  午        子丑寅卯辰巳午未申酉
```

이 사주도 오행을 모두 구비하고 서로가 균형을 잘 이루고 있
다. 戊土가 申金을 생조하고 金이 癸亥水를 생조하고 水가 일지
의 卯木을 생조하고 木이 午火를 생조하고 火가 다시 戊土를 생
조하여 시냇물 흐르듯이 유통이 잘 되었다. 고로 평생에 병원이
나 약방을 한번도 찾는 일이 없었고 건강하게 살았다.

이 사람도 백세를 훨씬 넘게 살면서도 젊은 사람보다 기운이

더 왕성하였다.

```
년  월  일  시
癸  甲  丙  甲        乙丙丁戊己庚辛壬癸甲乙
酉  子  寅  午        丑寅卯辰巳午未申酉戌亥
```

이 사주는 115세를 장수한 어느 할머니의 사주다.

이 사주도 상극이나 상충이 전연 없고 열조한 기운과 한습한 기운의 조화가 잘 이루어져 있다. 남편복도 많았고 자녀복도 많았다. 남편은 어진 군자(君子)로 소문난 사람이었고 자녀는 9남매를 두었는데 모두 출세하고 효도를 잘 하였다.

이러한 사주는 기신이 없는 사주로써 오행 모두가 용신인 것이다. 사주가 음양오행이나 조후가 잘 조화되었기 때문이다. 평생에 병이란 거리가 먼 사람이었고 병원이 무엇을 하는 곳인지 약국이 왜 있는지를 의심할 정도로 건강한 노파였다. 또한 사람이 병없이 건강하게 살려면 사람의 주체는 마음이므로 마음을 바르게 사용하면 병마가 물러가는 것이니 건강하게 장수할 수가 있다.

3. 다병자(多病者)

평생을 통해서 여러가지 많은 병에 걸려 재앙을 당하는 사람은 실로 불행하다. 많은 재산이 있으면 무슨 소용이 있으며 권세가 높다한들 무슨 즐거움이 있겠는가? 평생을 통해 다병(多病)한 사주는 다음과 같다.

①사주에 조후가 전연 되어있지 않은 사주
②오행이 서로 배치하여 불순(不順)한 사주.
③사주의 간지가 서로 좌우상전(左右相戰)하거나 상하상전(上
下相戰)하는 사주.
④한 두개의 오행이 치우쳐져 있으며 외격이 아닌 사주.
⑤일주가 태왕하고 억누하는 재관이나 식상이 무력한 사주.
⑥대운이나 년운이 기신운으로 달리는 사주의 경우는 모두 병마
에 시달리게 된다.

병마(病魔)란 병을 앓게 해 주는 마귀를 말한다. 귀신들 중에
서 악독한 마귀들은 사람에게 병을 앓게 해 주는데 아무에게나
전해주는 것이 아니고 허약하거나 마음이 바르지 못하여 마귀와
기운이 통하는 사람에게 병을 전해 주는 것이다. 병에 걸리지 않
으려면 마귀와 기운이 통하지 말아야 하는데 그 방법은 마음의
자세를 바르게 하는 것이 건강비결의 첩경이 된다.

```
   년  월  일  시
   甲  庚  丙  戊        辛壬癸甲
   午  午  午  子        未申酉戌
```

이 사주는 火기운이 너무 강하고 水기운이 심히 미약하다.
무섭게 타오르는 불길에 한 그릇의 물은 말라버릴 지경인데
시간의 戊土마져 극해 오므로 매우 불길하였다. 조후가 전연 되
어있지 않았다. 고로 태어나면서부터 질병이 떠나질 않더니 평
생을 온갖 병에 시달리며 살다가 사십세에 한(恨)많은 생을 마
감했다. 사주에 조후가 잘 안되면 많은 병마가 달라붙게 마련이
다.

```
년  월  일  시
壬  丙  癸  丁      丁戊己庚
子  午  亥  巳      未申酉戌
```

이 사주는 子午가 상충하고 巳亥가 상충하여 사주팔자가 서로
충살을 이루어 매우 불길한 사주다. 이처럼 사주가 상충상극이
심하면 많은 병을 앓게 된다. 늘 병으로 고생하다가 戌대운에 황
천객이 되고 말았다.

사주에서 충극이 심하면 병마와 친하게 마련이다. 타고난 팔
자는 고칠 수가 없는 것이니 고칠 수 있는 마음을 바르게 함이
제일 좋은 길이다.

```
년  월  일  시
丙  戊  戊  壬      己庚辛壬
戌  戌  戌  子      亥子丑寅
```

이 사주는 土가 일색이나 시주(時柱)에 壬子가 자리하므로 종
격이 될 수 없다. 壬子水가 용신이긴 하나 많은 비겁이 심히 두
려운데 壬대운에 군비쟁재(群比爭財)가 되어 죽고 말았다. 죽기
전에도 많은 병으로 신음하였고 약주발이 옆을 떠나질 못했다.

이처럼 사주가 한 두 오행으로 치우쳐 있으면 병마가 달라붙
게 마련이다. 위장병으로 무척 고생을 하였고 또한 피부에는 온
갖 부스럼이 나서 많은 고통을 당하며 살다가 젊은 나이에 죽고
말았다.

제5장 성격(性格)

1. 일간 오행의 성격판단

사람의 성격은 여러가지로 종합적으로 판단해야 하는데 즉 일간 오행을 보아 그 성격을 판단하는 법과 용신이 어떤 육신에 해당하는가에 의해 성격을 판단하는 법이 있는데 사실상 이 두 가지를 종합적으로 판단해야 더 정확하다.

먼저 일간 오행별로 설명하면 다음과 같다.

① 목성(木性)

일주가 木이고 木기가 왕성하면 인자하고 자비심이 많다.

일주가 木이고 木기가 불급하면 어질지 못하며 시기 질투심이 많다.

일주가 木이고 木기가 태과(太過)하면 어질지 못하며 변덕이 많고 질투심이 많다.

년	월	일	시	
戊	乙	甲	戊	丙丁戊己庚辛壬
辰	卯	寅	辰	辰巳午未申酉戌

일간이 木이고 사주에 木기운이 왕성하므로 그 성격이 인자하였고 자비심이 많았다. 길가던 나그네가 하루밤을 묵고 가기를 청하면 두 말 않고 사랑에 자고 가도록 하였고 식사대접도 잘 하였다. 인심좋은 집으로 소문난 부잣집이었다.

2 화성(火性)

일주가 火이고 火기운이 왕성하면 예의범절이 있고 명랑하다.
일주가 火이고 火기운이 불급하면 무례하며 잔재주에 능하다.
일주가 火이고 火기가 태과하면 성질이 조급하며 역시 무례하
다.

```
년 월 일 시
壬 丙 丙 己        丁戊己庚辛壬溪
寅 午 辰 丑        未申酉戌亥子丑
```

丙火일주가 왕성하여 그 성격이 예의가 바르며 명랑하였다.
丙火일주가 午월생이라 좀 태과한 듯하나 식상이 왕성하여 설
기(泄氣)가 잘되어 그 사주가 조화되었다. 용신은 식상이며 재
성은 희신이다. 관성은 용신과 상충되기는 하나 신왕사주이므로
비교적 길한 작용을 많이 한다.

3 토성(土性)

일주가 土이고 土기운이 왕성하면 신심이 돈독하며 책임감이
강하고 효성도 많다. 불급하면 의심이 많으며 책임감이 없다.
태과하면 고집이 세고 사리판단이 분명치 못하다.

```
년 월 일 시
己 戊 戊 壬        丁丙乙甲癸壬辛
未 辰 申 子        卯寅丑子亥戌酉
```

戊土일주가 辰월에 출생하여 신심이 돈독하며 맡은 일에 책임
감도 강하였고 효성도 지극했다.

대운이 金水운으로 달리므로 대중음식점을 차려 크게 성공했다.

④ 금성(金性)

일주가 金이고 金기운이 왕성하면 의리가 강하며 용감하며 명예를 중히 여긴다. 불급하면 의리가 약하며 결단심이 없으며 잔재주에만 능하다. 태과하면 잔인하고 만용이 심하며 무모한 점이 많다.

```
년  월  일  시
癸  庚  庚  庚        己戊丁丙乙甲溪
卯  申  申  辰        未午巳辰卯寅丑
```

庚金일주인데 사주에 金기운이 태과하다. 고로 난폭한 점이 많고 용감하기는 하였으나 무모한 행동을 많이 하였다. 맨손으로 호랑이를 잡아 오겠다고 만용을 부리며 산에 들어간 후 그 뒤의 소식은 아무도 모른다.

⑤ 수성(水性)

일주가 水이고 水기운이 왕성하면 지혜가 뛰어나며 총명하다. 불급하면 지혜가 약하며 총명치 못하다. 태과하면 다방면에 재주가 많으나 음란한 생각을 많이 품는다.

```
년  월  일  시
戊  癸  壬  辛        壬辛庚己戊丁丙
辰  亥  子  亥        戌酉申未午巳辰
```

사주에 水기운이 너무 많다. 고로 다방면에 재주가 많았으나
음란심이 많았다. 젊은 시절부터 색(色)을 밝히더니 결혼하였으
나 남편하나로 만족치 못하고 자진하여 창녀촌에 뛰어들었다.

2. 육신(六神)에 의한 성격판단

용신이 어느 육신에 해당하느냐에 따라서 성격이 달라진다.
그리고 월지의 육신도 참작해야 한다.

① 비견(比肩)

비견이 용신이면 의지가 강하고 자존심도 많으며 독립정신이
강하다. 새로운 일이나 사업을 잘 시작한다.

```
년  월  일  시
癸  甲  戊  壬        癸壬辛庚己戊丁丙乙
卯  寅  辰  戌        丑子亥戌酉申未午巳
```

이 사주는 비견이 용신이고 왕성하므로 의지가 강하였다. 비
록 초년에는 고전을 많이 하였으나 강한 의지로 극복하였고 戌
대운부터 발복하기 시작하였다. 일생동안 몇번의 난관이 닥쳐
왔으나 독립정신이 강하여 무난히 극복하여 노년에는 유복하게
살았다.

② 겁재(劫財)

겁재가 용신이면 솔직한 면이 있고 외적으로 검소하다. 의지
가 강하며 자존심도 많다. 비견과 비슷한 면이 많으며 비견보다

더 강한 것이 특징이다.

```
년  월  일  시
乙  丙  壬  壬      丁戊己庚辛壬癸
未  戌  子  寅      亥子丑寅卯辰巳
```

신약이므로 子水겁재가 용신이다. 고로 대인관계에서 솔직하였고 명랑하였다. 고난속에서도 독립심이 상하여 무난히 헤치고 나와서 극복하였다. 金水는 길하고 木火土운은 흉하다.

③ 식신(食神)

식신이 용신이면 온후하고 식덕(食德)이 많다. 그리고 명랑하다. 풍류를 좋아하는 반면 여색(女色)을 탐하기도 한다. 고집이 세고 매사 여유가 있다.

```
년  월  일  시
丙  戊  戊  庚      己庚辛壬癸甲乙
戌  戌  申  申      亥子丑寅卯辰巳
```

戊土일주가 태왕하나 慶金식신 또한 왕성하여 조화가 된 사주이다. 고로 그 성품이 온후하고 명랑하며 인물이 풍부하며 식성이 좋았다 고집이 세고 매사 여유가 많았다.

금속공장을 경영하는 것이 비교적 호황을 누리기도 하였으며 많은 종업원들의 노사분규 때문에 애를 먹기도 하였으나 여유있게 잘 수습하였다.

④ 상관(傷官)

상관이 용신이면 총명하고 영리하다. 박학하며 다재다능하고 선견지명도 있다. 행동이 민첩하나 자존심이 강하며 교만심이 좀 있으나 감추는 것이 없으며 비교적 말이 많은 경향이 있다.

년	월	일	시	
甲	丁	戊	辛	戊己庚辛壬癸甲
辰	丑	辰	酉	寅卯辰巳午未申

이 사주는 시주(時柱)의 辛酉金이 용신이다. 상관이 용신이므로 어려서부터 총명하다고 칭찬을 많이 들었다. 학창시절에 공부로 늘 상위권을 지켰고 행동 또한 민첩하고 자존심도 강하였다.

⑤ 편재(偏財)

편재가 용신이면 매사에 빈틈이 없고 재주가 있다. 투기심이 강하여 재물에 대한 집착이 강한 면이 있다. 돈을 잘 벌기도 하고 또한 잘 쓰기도 한다.

년	월	일	시	
丁	壬	壬	丙	辛庚己戊丁丙乙
巳	子	子	午	亥戌酉申未午巳

시간의 丙火편재가 용신이다. 고로 매사에 민첩하고 재주가 많았다. 투기성이 강하여 거액을 노리고 사업을 벌였으나 초년에는 실패하였고 丁未대운부터 일어나기 시작하여 부자가 되었다.

기분이 내키면 돈도 잘 써며 또한 수완이 좋아 돈을 잘 벌기도

하였다.

6 정재(正財)

정재가 용신이면 정직하고 신용을 담보로 하는 면이 많다. 성실하기도 하고 조심성도 있다.

성격이 비교적 안정되어 있고 모험을 싫어하며 분명한 것을 좋아한다. 투기성과는 거리가 멀고 열심히 수고한 댓가만큼만 이루어지면 만족해 한다.

```
년  월  일  시
己  戊  戊  癸        丁丙乙甲癸壬辛庚
未  辰  申  亥        卯寅丑子亥戌酉申
```

신강사주이므로 시주의 癸亥가 용신이다. 정재가 용신이므로 그 성격이 정직하고 성실하며 세밀하고 부지런하였다. 사주격국이 잘 이루어지므로 거부가 되었다.

7 편관(偏官)

편관이 용신이면 의협심이 강하며 편굴하고 모험심이 강하다. 총명하며 과단성이 있고 승부에 집착하는 면이 강하다. 성격이 비교적 조급한 경향이 있으며 솔직한 면이 특징이다.

```
년  월  일  시
壬  癸  甲  庚        甲乙丙丁戊己庚
子  卯  申  午        辰巳午未申酉戌
```

이 사주는 시간의 庚金이 용신이다.

편관이 용신이므로 총명하고 과단성이 있었다. 의협심도 강하
며 모험을 좋아했다. 계획은 크게 잘 세우나 대운이 잘 따르지
않아 초년과 중년에는 무척 풍파가 많았고 申대운부터 본격적인
궤도에서 성공할 수가 있었다.

8 정관(正官)

정관이 용신이면 온후독실하며 지성적이며 정직하고 인자관
대하다. 평화적이며 인물이 미려하고 마음씨가 군자형이며 총명
준수하다.

```
년  월  일  시
癸  庚  壬  己      己戊丁丙乙甲癸
未  申  子  未      未午巳辰卯寅丑
```

정관己土가 용신이므로 온후독실하고 정직하며 매사에 지성
이 있었다. 평화를 좋아하며 군자적인 풍토가 있었다. 항상 의
관을 바르게 하였고 행동 하나하나에까지 신경을 썼다. 마음씨
가 정직하여 거짓말을 할줄 몰랐고 항상 온후하였다.

9 편인(偏印)

편인이 용신이면 성격이 활발하고 정신이 명랑하며 재능이 뛰
어난다. 팔방미인이라는 소리를 듣기도 한다.

```
년  월  일  시
辛  庚  己  丁      辛壬癸甲乙丙丁
亥  子  未  卯      丑寅卯辰巳午未
```

이 사주는 시간의 丁火편인이 용신이므로 성격이 활발하고 일
을 처리함에 있어 종횡무진하게 재능을 발휘하였다.

⑩ 인수(印綬)
인수가 용신이면 단정하고 인자한 면이 있다. 총명하며 지혜
도 많고 심신이 풍부하다.

```
년  월  일  시
丙  戊  乙  壬      己庚辛壬癸甲乙
子  戌  未  子      亥子丑寅卯辰巳
```

인수가 용신이므로 총명하고 단정하고 인자하였다. 사업이나
어느 분야에서도 일을 잘 처리하였고 많은 사람들로부터 존경을
받았다.

3. 종합판단

사람의 성격은 지금까지 설명한 오행과 육신을 종합적으로 판
단해야 하는데 사실상 이것도 한 부분에 불과할 따름이다. 더 중
요한 것은 그 사람 본인의 마음이므로 마음의 자세를 어떻게 가
지느냐에 따라서 많은 변동이 되기 때문이다. 사주에서 양간지
가 많으면 성격이 다소 강직하고 굳센면이 있고 음간지로 구성
되면 비교적 유순하고 부드러운 면이 많다. 그리고 외격에 속하
는 사주는 다르게 해석한다.

① 종강격(從強格)

종강격의 사주는 그 성격이 강건하며 용감하다. 때로는 잔인한 면도 있으며 어느 오행의 종강격인가에 따라서 다르게 나타나는데 木의 종강격은 인자하고 火의 종강격은 예의가 바르며 土의 종강격은 책임감이 강하며 신의가 있고 金의 종강격은 의리를 중히 요긴다. 그리고 水의 종강격은 지혜롭다.

```
년 월 일 시
戊 庚 庚 庚      辛壬癸甲乙丙丁
申 申 申 辰      酉戌亥子丑寅卯
```

이 사주는 종강격이다. 金으로 이루어진 종강격이므로 그 성격이 의리가 강하였고 명예를 중히 여겼다. 대운에서도 土金운이 길하며 水木火운은 흉하다.

② 종아격(從兒格)

종아격의 성격은 선량하며 온후하고 인품이 풍부하고 총명하고 영리하다. 木의 종아격은 인후하고 火의 종아격은 예의가 바르고 총명하며 土의 종아격은 신심이 강하고 金의 종아격은 영리하고 총명하다.

```
년 월 일 시
壬 壬 庚 丙      癸甲乙丙丁戊己
子 子 子 子      丑寅卯辰巳午未
```

이 사주는 庚金일주가 子월에 출생하고 사주에 水기운이 태과하므로 종아격이 되었다. 水가 많은 종아격이므로 그 성격이 총명하고 영리하며 온후독실하였다.

③ 종재격(從財格)

종재격은 선량하면서도 매사에 민첩하고 재주가 좋으며 정직하고 검소하다.

```
년  월  일  시
丁  丙  壬  丙        丁戊己庚辛壬溪
未  午  午  午        未申酉戌亥子丑
```

이 사주는 火가 왕성한 종재격이므로 예가 바르며 정직하고 성실하며 세밀하고 부지런하였다. 또한 土가 많은 종재격은 신의가 있고 金이 많은 종재격은 의리를 중히 여긴다. 이외에도 오행에 따라 같은 종재격이라도 그 성격이 차이가 다르게 나타난다.

④ 종관살격(從官殺格)

종관살격의 성격은 비교적 선량하며 총명하고 과단성이 있다. 온후독실한 면도 있으며 정직한 것이 특징이다.

木의 종관살격은 인자하고 火의 종관살격은 예의를 잘 차리며 土의 종관살격은 신심이 굳으며 金의 종관살격은 선량하며 의리가 강하다. 水의 종관살격은 선량하며 지혜롭다.

```
년  월  일  시
癸  甲  戊  乙        乙丙丁戊己庚辛
酉  寅  寅  卯        卯辰巳午未申酉
```

이 사주는 木이 많은 종관살격이다. 고로 그 성격이 인자하고 총명하면서 선량하였다. 정직하고 신임을 얻으며 살았다. 년지

(年支)에 酉金이 자리하여 병(病)이 되나 癸水가 유통시켜 무난하다.

이외에도 일주의 강약 및 억부의 차이에서 약간씩 달리 나타나고 있다. 신강하고 사주가 잘 조화를 이루면 성격이 명백하고 도량이 넓다. 신강하나 외격이 되지 않고 일주가 태과하면 재관이나 식상의 억누가 부족하면 그 성격이 황폭하며 변덕이 심하며 싸우기를 좋아한다. 사리에 둔하여 무례한 면이 많다.

```
년  월  일  시
丙  戊  戊  壬      己庚辛壬癸甲乙
子  戌  午  戌      亥子丑寅卯辰巳
```

이 사주는 戊土일주가 戌월에 출생하고 인성이 많고 비겁이 강하여 일주는 태과한 반면 년지의 子水와 시간의 壬水는 강한 土에 극을 당하여 무력하다. 용신이 무력하고 일주는 태과하므로 그 성격이 난폭하였다.

매사에 용맹을 자랑하더니 寅대운에 패싸움에 가담하여 다리가 부러져 병신이 되고 말았다. 그 이후로 지팡이에 몸을 의지하는 신세가 되고 말았다.

일주가 신약하나 생조하는 육신이 많아 조화를 이루면 그 성품이 검소하며 선량하다. 그러나 일주가 허약한데 외격이 되지 않고 생조하는 기운이 미약하면 그 성격이 게으르고 남에게 아첨을 좋아하며 결단심이 없다.

```
년  월  일  시
壬  壬  戊  壬      癸甲乙丙丁戊己
午  子  寅  子      丑寅卯辰巳午未
```

戊土일주가 子월생이라 신약인데 년지의 午火가 子午상충하여 일주를 제대로 돕지 못하고 있다. 고로 그 성격이 게으르고 남에게 아첨하기를 좋아했다. 火土운에는 길하나 金水운에는 흉하다. 木은 木火가 동행하면 길하나 水木이 동행하면 흉하다.

사주에 용신이 여러곳에 있으면 변덕이 심할 수도 있다. 용신이 여러개 있다함은 주인이 여러명이란 말과 같으므로 사공이 많으면 배가 산으로 올라간다는 것과 같은 이치이다.

```
년  월  일  시
壬  丙  壬  丙      丁戊己庚辛壬癸
子  午  子  午      未申酉戌亥子丑
```

이 사주는 신약이므로 壬子水가 용신인데 일주까지 포함하여 용신이 네개나 된다. 이처럼 용신이 많으므로 매사에 변덕이 심했다. 금방 이것을 하겠다고 약속해 놓고는 돌아서서는 또 다른 것이 좋다고 하여 변덕을 부리는 탓으로 주위에 관계된 사람들이 항상 불안해 하였다.

사주에서 용신이 미약하면 의심이 많고 무슨 일에 임해서도 결단을 잘 못내리는 나약한 성격이 있다.

```
년  월  일  시
壬  壬  壬  丙      癸甲乙丙丁戊己
子  子  子  午      丑寅卯辰巳午未
```

이 사주는 연해자평에 나오는 걸인의 사주이다. 많은 비겁에 눌린 용신火는 심히 미약하다. 고로 의심이 많고 결단성이 부족하였다. 무슨 일에도 용기내어 과감히 밀고 나갈 생각은 조금도 없고 오직 깡통만 들고 다녀야 사는줄만 알았다.

제6장 여명(女命)

1. 남편(男便)

◎ 여자의 팔자

고래로 여자의 팔자를 버드나무 팔자라고 하였다. 이 말은 어느쪽으로 바람이 부느냐에 따라서 나무가 기울어지니 이런 말이 생긴 것이다. 즉 좋은 남편 만나면 행복하게 잘살고 못난 남편 만나면 불행하게 산다는 뜻이다.

사주팔자에 남편궁이 불길하던가 아니면 관성이 기신이면 좋은 남편 만나기가 어렵다. 그러나 어디까지나 자신의 행실 여하에 많이 좌우되는 것이니 즉 부도덕한 짓을 많이 하는 여자가 자기의 귀한 정조를 마치 걸레조각처럼 사용하면서 마음으로만 백말타고 오는 왕자님을 고대한다고 해서 만날수 있을까? 한마디로 말해서 어림없는 소리다.

하늘은 어리석지 않고 천지의 법칙에는 빈틈이 없다. 요행으로 횡재할 생각은 아예 꿈도 꾸지 말아야 신상에 이롭다. 자기 정조를 함부로 사용하는 여자는 만나는 남자 또한 바람둥이를 만나도록 운명의 주인께서 섭리하신다. 진실로 좋은 사람을 남편으로 만나고 싶다면 자신의 정조를 생명보다 더 중히 지키며 덕을 쌓고 바른 마음을 지니면 소원이 이루어진다.

하늘은 어리석지 않고 천지 법칙은 빈틈이 없다. 자기의 정조와 마음을 지키고 닦은 만큼의 남자를 남편으로 만나도록 인도해 주신다.

천지의 법도는 호리도 틀림이 없다. 설사 하늘을 속이고 결혼을 했다하여도 쉽게 들통이 나며 또는 어떤 방면으로든지 응분의 댓가를 고통으로 치루어야 한다. 이것이 곧 천지의 법칙이다.

세상만사가 우연이란 것은 없는 것이다. 원인 없는 결과가 없고 자기가 짓지 않고 받는 것이라곤 없다.

여자팔자에 남편은 관성으로 표시하며 사주의 위치로는 일지의 동태를 본다. 즉 관성이 용신이면 남편복이 있고 일지에 길신이 자리하면 남편복이 있다. 또는 관성은 용신이나 일지에 흉신이 자리하면 남편복은 반길반흉이다.

```
년  월  일  시
戊  辛  庚  壬        庚己戊丁丙乙甲
申  酉  午  午        申未午巳辰苗人
```

이 사주는 庚金일주가 酉월생이므로 용신은 午火정관이다.

용신이 정관이고 또한 일지(日支)에 자리하므로 남편복이 많았다. 남편의 성품은 어질고 충직하며 일찍이 과거에 급제하여 벼슬길이 승승장구하더니 정승의 반열에 올랐다.

```
년  월  일  시
庚  甲  乙  丁
子  申  卯  亥
```

이 사주는 乙木일주가 申월생이긴하나 사주상 인성과 비겁이 왕성하여 신강사주가 되었다. 고로 용신은 庚申金이다. 정관이 용신이므로 남편복이 많았다. 일지 남편궁에 기신이 자리하므로 남편의 성질은 좀 강폭한 점이 있었지만 그래도 무관으로 출세하였고 가정은 화목하였다.

남편복이 없는 사주는 일지에 기신이 자리하거나 관성이 흉신이거나 용신이 미약하면 대개 남편복이 없다. 여자의 최대 행복은 좋은 남편을 만나 행복한 가정을 이루는 것이다. 그러나 팔자가 사나우면 좋은 남편을 모시고 살수 없는 여자들도 많다. 즉 남편복이 없는 것은 남편이 일찍 죽거나 또는 이별하거나 또는 남편이 병으로 시달리므로 뒷바라지를 평생동안 해 주어야 하는 것 등을 말한다.

```
년  월  일  시
丙  丁  甲  丙        丙乙甲癸壬辛庚
申  酉  申  寅        申未午巳辰卯寅
```

이 사주는 신약사주에 관살金이 3개나 되어 남편이 여러명임을 암시하고 있다. 남편이 여러명이란 것은 남편복이 없음을 말한다. 더구나 寅申이 상충하여 용신 또한 미약하다. 辰대운에 남편이 병으로 죽자 즉시 재혼을 하였으나 두번째 남편에게는 돈과 몸만 빼앗기고 쫓겨나게 되었고 세번째 결혼하였으나 남편이 직업도 없는 백수건달이었다. 또 헤어지고 혼자 살게 되었다. 여러 사람을 남편으로 만나다보니 한결같이 해(害)만 주는 사람들이었다.

```
년  월  일  시
癸  乙  戊  壬      丙丁戊己庚辛壬
卯  卯  寅  戌      辰巳午未申酉戌
```

이 사주도 관살은 태왕하고 일주는 미약하다. 일지에 또한 기신이 자리하므로 남편복이 없었다. 庚대운에 남편이 죽자 남은 여생을 혼자 살기에는 너무 외로와 재혼하였으나 일년만에 정신이상자가 되어 집을 나가 버렸고 또 재혼을 하였으나 세번째 남편은 손찌검이 많아 늘 얻어 맞기가 싫어 헤어졌다. 그 이후로 여러 사람을 만나 보았으나 모두 속을 썩이는 남자들 뿐이었다.

```
년  월  일  시
壬  壬  庚  丁      辛庚己戊丁丙乙
戌  子  子  丑      亥戌酉申未午巳
```

이 사주는 식상이 태과하고 丁火는 미약하여 용신이 될수 없고 土金만이 이로울 뿐인데 남편복이 없었다. 식상은 일주의 기운을 유출시키는 육신(六神)이므로 정조관념이 희박하였다. 고로 한 사람의 남편을 모시지 못하고 색욕을 채우기 위해서 창녀촌으로 자진해서 들어갔다.

2. 자식(子息)

여자팔자에서는 자식을 시주로 보며 육신으로는 식상을 본다.
시주에 길신이 자리하면 자식복이 있고 길신이면 자식복이 있다. 그리고 사주에는 길신이 자리하나 식상이 흉신이면 자식복은 반길반흉이다.

　　년 월 일 시
　　己 戊 戊 辛　　　己庚辛壬癸甲乙
　　丑 辰 申 酉　　　巳午未申酉戌亥

이 사주는 식상이 용신이고 시주에 자리하므로 자식복이 많았다.

자식을 11명이나 낳았는데 모두 장성하여 출세하였다. 효성도 지극하였고 일찍이 모두 등과하여 판서가 된 자식도 두명이나 되었고 다른 자식들도 모두 높은 관직을 찾이했다.

　　년 월 일 시
　　丁 戊 庚 丙　　　己庚辛壬癸甲乙
　　丑 申 子 子　　　酉戌亥子丑寅卯

이 사주도 신왕하고 식상이 용신이며 시지에 자리하므로 자식을 많이 두었다. 자식을 7명이나 낳았는데 모두 출세하고 효성이 있었다.

자식복이 없는 사주는 앞에서 논한 것과 반대되는 조건인데 즉 식상이 기신에 속하며 시주에 기신이 자리하면 자식복이 없다.

　　년 월 일 시
　　丁 癸 壬 壬　　　甲乙丙丁戊己庚
　　巳 丑 子 子　　　寅卯辰巳午未申

이 사주는 자식을 의미하는 식상이 없고 시주에 기신이 자리하므로 자식복이 없음을 암시하고 있다.

슬하에 딸만 두명을 두었는데 모두가 바람둥이였다. 고로 어미의 속을 썩이더니 결국 몸파는 곳으로 들어가고 말았다. 자식복이 없는 팔자였다. 그러나 이 사주의 주인공 자신도 원래 음탕한 여인이었고 바람둥이였다. 결국 모전여전(母傳女傳)이었다.

```
년  월  일  시
癸  己  戊  戊        庚辛壬癸甲乙丙
亥  未  午  午        申酉戌亥子丑寅
```

이 사주도 시주에 기신이 자리하고 자식을 의미하는 식상이 없으니 자식복이 없었다. 남편과의 사이에 아들 하나만 남겨놓고 남편은 멀리 사라져 버렸다. 하나있는 자식을 키워 보았으나 성질이 고약하고 주야로 여자사냥만 하러 다녔다. 자식이 인신매매범으로 구속되었고 어미의 애를 태웠다.

3. 정숙(貞淑)

여자에게 그 미덕을 논한다면 정숙함을 제일로 본다. 여자의 행실이 곧고 마음씨가 얌전하면 부덕(婦德)이 있는 여자이다.

사주에 부덕이 있는 여자와 부덕이 없는 여자를 구분한다는 것이 무리이긴 하지만 역학(易學)연구하는 것을 생명보다 소중히 여기는 여러 도우(道友)들이 연구에 연구를 거듭한 결과 엉성하나마 정숙한 여자의 사주와 부정한 여자의 사주를 구분하여 보았다.

여자사주에 오행이 안정되고 청순하다. 일주가 왕성하고 태과하거나 불급하지 않으며 정신기(精神氣) 삼자가 균등하게 조화되어 있다. 관살이 혼잡하지 아니하며 오행이 서로 조화를 이루며 충살이 없다. 조후가 특히 잘되어 있고 사주에 용신이 왕성하다. 이러한 사주를 구비하면 비교적 정숙한 여자사주가 된다.

```
년  월  일  시
戊  戊  丙  癸        丁丙乙甲癸壬
寅  午  子  酉        巳辰卯寅丑子
```

이 사주는 丙火일주가 午월에 출생하여 신강사주이고 癸子水 관살 또한 왕성하다. 왕성한 관살을 戊土 식신이 억제하여 신왕관왕식재하여 길한 사주가 되었다. 고로 남편복도 많았고 자식복도 많았으며 그 인품이 부덕을 잘 갖추었다. 조후로 보나 억부로 보나 오행으로나 모두 조화가 잘 되었다. 고로 그 정숙함이 모든 여인들의 귀감이 되었다. 전형적인 왕비(王妃)감의 사주였다.

```
년  월  일  시
乙  己  壬  戊        庚辛壬癸甲乙
丑  丑  寅  申        寅卯辰巳午未
```

이 사주는 壬水일주가 丑월 추운달에 태어났으므로 寅中丙火가 용신이다. 일주와 관성이 잘 조화를 이루었고 己丑土가 비록 왕성하나 寅木이 잘 억제하고 있다. 고로 그 인품이 매우 고상하며 정숙하였다. 다만 寅申이 상충하여 편안한 죽음을 못맞이할 염려가 있다.

이 사주는 육영수(陸英修) 영부인의 사주이다.

정숙하지 못한 여자의 사주를 보면 대개 사주가 조화를 잘 이루지 못하고 있다. 일주가 태왕하거나 아니면 일주가 태약하다. 또는 한 두 오행으로 치우쳐 있으면서 외격이 되지않는 사주도 정숙하지 못하다. 또는 사주가 너무 한습하거나 아니면 너무 열조하여도 정숙치 못하다. 또는 사주가 충극살이 많고 사주 구성이 편중되어 있는 사주는 대개 여자가 정숙치 못하고 예의도 없으며 어질지도 못하고 간사하며 변덕도 많다.

```
년  월  일  시
壬  丙  庚  丁        乙甲癸壬辛庚
子  午  子  丑        巳辰卯寅丑子
```

이 사주는 사주에 충살이 심하고 상극이 많다. 오행이 조화를 잘 이루지 못하여 성질이 날카롭고 정숙치 못하였다.

```
년  월  일  시
戊  癸  癸  癸        壬辛庚己戊丁
午  亥  亥  亥        戌酉申未午巳
```

이 사주도 水기만 태왕하고 재관은 미약하여 사주가 균형을 잃고 있다. 고로 이 여자도 무례하였고 정숙치 못하였다. 여자이면서도 여자다운 데가 한곳도 없었다. 마음으로는 늘 음탕한 생각으로 가득하였고 행동은 어느 남자를 꼬여볼까 하는 행동이었다.

4. 미모(美貌)

아름다운 여자를 보는 모든 사람의 눈은 즐거운 것이다. 여자의 생명을 아름다움이라고 해도 과언이 아니다. 여자에게 아름다움이 없다면 이는 여자의 본분을 져버린 무책임한 것이다. 미모는 팔자에 타고 나는 법이다. 여자자신이 스스로 거울을 보고 자신의 모습에 반하여 즐거워 할 정도의 미녀라면 대단한 것이다. 미녀의 그 모습은 모든 사람들을 기쁘게 해 준다. 특히 남자들에게는 구세주보다 더 좋아한다. 그래서 옛날에 왕들이나 고관대작들이 한결같이 미녀 사냥하는데 혈안이 되어 있었다. 요즘도 마찬가지다. 돈푼이나 여유가 생기면 어디 미녀가 숨어 있지나 않나하고 왕방울 눈을 하고 설치고 다닌다.

그러면 어떤 팔자를 타고 나면 미녀일까? 이 문제도 상당히 난해한 대목이긴 한데 세상에 흉난을 막을 방도를 연구하는 많은 역학도(易學徒) 도우(道友)님들이 밤낮을 가리지 않고 연구에 연구를 거듭한 결과 엉성하긴 하지만 몇가지 공통되는 부분을 골라 놓았다.

옛날 삼명통회(三命通會)란 책에 보면 양귀비(楊貴妃)의 사주가 나오는데 양귀비의 사주를 보면 도화살과 건록이 동주하고 있다고 하였다. 그리고 다른 많은 미녀들도 도화살과 건록이 함께 있는 점을 발견하고는 녹방도화(祿傍桃花)는 양귀비 버금가는 미녀라고 결정하였다.

(표40) 도화살

일지	子	丑	寅	卯	辰	巳	午	未	申	酉	戌	亥
도화	酉	午	卯	子	酉	午	卯	子	酉	午	卯	子

(표41) 건록살

일간	甲	乙	丙	丁	戊	己	庚	辛	壬	癸
건록	寅	卯	巳	午	巳	午	申	酉	亥	子

```
년  월  일  시
丁  壬  庚  丙        癸甲乙丙丁戊己
丑  寅  午  子        卯辰巳午未申酉
```

이 사주는 동양의 미인 배우인 김지미(金芝美)씨의 사주이다. 신약사주에 편인이 없고 식신이 왕성하며 寅木재성도 월지를 차지하여 왕성하고 丙丁午火 관살도 왕성하다. 寅木을 중심으로 水火가 잘 조화되었으므로 동양의 미모를 소유할 수 있었다. 다만 일지午火와 시지 子水가 상충하여 자식과 남편이 싸우는 형상이 흉하다. 子午상충만 없었다면 왕비의 사주다. 김지미씨의 사주에서 본 것처럼 水火가 잘 조화를 이루어도 미녀가 된다. 또한 식상이 왕하고 일주의 기운을 잘 유통시켜도 미녀라 한다.

```
년  월  일  시
壬  壬  甲  丙        辛庚己戊丁丙乙
午  寅  辰  寅        丑子亥戌酉申未
```

이 사주는 일주甲木을 중심으로 인성과 식상이 잘 조화를 이루고 있다. 고로 미인이면서 또한 정숙하고 인자하였다. 조용히 앉아있는 모습을 보면 마치 한폭의 그림과 같기도 하고 아름다운 인형처럼 보이기도 하였다. "말하는 꽃"이라 해도 과언이 아니었다.

지금까지 미녀들에 대한 사주를 중심으로 좀더 공통된 점을 열거해 보면 다음과 같다.

①신약사주에 인성과 식상이 조화를 잘 이룬 사주.
②신왕사주에 재성이 왕성한 사주.
③신강사주에 정관과 정재가 있는 사주는 미녀이다.
④일주가 庚辛金이고 월지가 水이며 사주에 水기운이 많은 사주에 관살火가 있는 사주.
⑤신왕사주에 식상이 왕성한 사주.
⑥일지에 도화가 있는 사주.
⑦사주에 도화살이 여러개 있으면 미녀이긴 하나 음란하다.
⑧사주에 건록살과 도화살이 동주해 있는 사주.
⑨일주가 木이고 사주에 木기운이 왕성한 사주 등은 모두 미녀들의 사주이다.

미녀들의 사주를 타고는 났지만 격국의 조화나 오행 및 조후가 잘 구성되면 귀부인(貴婦人)의 팔자이고 미녀사주는 타고 났으나 충극이 많으면 천녀가 되기 쉽다.

5. 음란(淫亂)

창녀가 되는 것도 아무나 되는 것이 아니고 사주에 타고 나야 되는가 보다. 창녀들을 수백명 사주를 조사해 본 결과 다음과 같은 공통점이 나왔으므로 열거해 본다.

①일주가 태왕하고 관살이 미약한 사주에 생조하는 재성이 없을 때.
②일주가 태약한데 식상이 태왕할 때.

③일주는 태약인데 관살이 태왕하고 인성이 없는 사주.
④일주가 태왕하고 식상이 없으며 재성이 미약한 사주.
⑤사주팔자에 인성이 태왕하고 억제하는 재성이 없는 사주.
⑥사주에 水기운이 왕성한 사주.
⑦사주에 도화살이 많을 때.
⑧간합, 육합, 삼합 등이 많을 때.
⑨사주가 혼탁하면 전형적인 창녀들의 사주이다.

```
년  월  일  시
甲  戊  己  甲        丁丙乙甲癸壬
戌  辰  未  子        卯寅丑子亥戌
```

이 사주는 일주는 태왕한 반면 관살이 미약하다. 사주에 水기
운 즉 재성이 약하므로 용신 甲寅木은 더욱 미약하다. 또한 甲과
寅이 거리가 너무 멀어 서로의 도움이 부족하다. 용신이 미약하
므로 자신의 정조를 별로 소중하게 생각지 않으므로 창녀가 되
었다.

```
년  월  일  시
庚  丙  己  辛        癸壬辛庚己戊
申  申  酉  未        未午巳辰卯寅
```

이 사주는 일주己土는 약하고 식상은 태과한데 인성이 없다.
이런 류의 사주는 전형적인 창녀사주이다. 사주의 대부분이 식
상으로 구성되었는데 종아격이 못되었을 때는 신약사주인데 정
격이면 나의 기운을 빼내가는 식상이 너무 많으면 자신의 정조
를 별로 귀중하게 생각지 않는다. 고로 창녀가 되었다.

```
년 월 일 시
癸 己 丙 戊        甲乙丙丁戊己
亥 亥 午 子        戌亥子丑寅卯
```

이 사주는 관살이 너무 강하다.

일지에 午火가 없었다면 종관살격이 되었을 것인데 午火 때문에 신약사주가 되었다. 신약사주이면 子午가 상충하고 水기운이 태과하므로 자기의 정조를 지킬 기운이 미약하여 창녀가 되었다.

```
년 월 일 시
癸 甲 庚 壬
酉 申 子 午
```

이 사주는 일주庚金은 태왕한데 관살午火는 미약하다.

午火 때문에 종강격이 되지 못하고 신강사주가 되고 말았는데 신강사주이면 용신午火가 너무 무력한 사주이다. 용신이 무력하므로 결국 자기 한몸을 지킬 기운이 부족하여 사창가에 스스로 뛰어들고 말았다.

```
년 월 일 시
戊 乙 癸 壬        壬辛庚己戊丁丙
戌 亥 亥 子        戌酉申未午巳辰
```

이 사주도 水기가 왕성하여 창녀가 되었다. 남녀 공히 水기운이 왕성하면 음란하다. 타고난 팔자는 어쩔수 없는가 보다. 특별한 신심(信心)이 없이는 운명의 길을 벗을 수가 없는가 보다.

제7장 대운(大運)

1. 대운

언제부터 발복하는가?

사람의 팔자에 부귀빈천이 타고나는 것이 사실이지만 태어나는 즉시 복이 오는 것이 아니라 찾아오는 시기가 있나니 그 오는 시기를 대운이라고 한다. 사실상 사주팔자는 좋은데 대운이 오지 않으면 좋은 기운을 받을 수 없으며 팔자는 보통인데 대운이 적시에 찾아오면 출세하는 법이다. 사주팔자의 길흉이 궁극적으로는 대운을 통하여 나타나는 것이다. 예를 들면 팔자에 부자될 운이 있다해도 생전에 대운이 들지 못하면 부자가 될수 없는 것이다.

대운은 간이 5년이고 지가 5년이다. 대운은 주기로 돌고 돌기 때문에 한번 기회를 잃으면 만나기가 어렵다. 간지가 십년이지만 통상 지에다 비중을 많이 둔다. 또는 절각이나 개두에도 참작해야 한다.

절각이란 지지가 천간을 극하는 것으로써 甲申 乙酉 丙子 戊寅 등을 말한다.

개두란 천간이 지지를 극하는 것으로써 甲戌 丙申 戊子 癸巳 壬午 등을 말한다.

```
년  월  일  시
戊  庚  丙  丁        丁丙乙甲癸壬辛
午  午  辰  酉        巳辰卯寅丑子亥
```

이 사주는 여자의 사주인데 丙火일주가 午월생이라 신강이고 용신은 시지의 酉金으로써 격이 잘 이루어 진 사주이다. 일견하여 재물복도 많고 일지에도 길신이 자리하므로 남편복이 있는 사주이긴 하지만 대운이 木火기신운으로 흘러 사실상 재물도 궁색하였고 여러 가지로 고전하며 살았다. 이처럼 대운이 중요하다.

팔자에 비록 재물복을 많이 타고 났다하더라고 대운이 용신운으로 따르지 못하면 발복하지 못하고 만다. 이 사주는 土金이 길운인데 죽은 뒤에나 오니 어찌 하겠는가?

```
년  월  일  시
壬  丙  辛  甲        丁戊己庚辛壬癸
戌  午  丑  午        未申酉戌亥子丑
```

이 사주는 격국으로 보아 앞의 사주보다 길함이 떨어진다. 火기가 강하여 용신은 년간의 壬水이다. 金기운은 길하고 木火는 흉한데 용신이 丙火와 戌土에 극을 당하므로 용신이 심히 미약하다. 그러나 대운이 金水운으로 흘러 감으로 申金대운부터 발복하여 출세하였다. 재물도 많이 불어나고 건강도 좋아졌다. 이처럼 대운이 중요하다. 다음은 대운의 길흉을 논해 본다.

①대운이 용신을 생조하면 길운이다. 그러나 사주팔자중에서 타육신에 의하여 극이 되거나 합이 되어 타육신으로 화하면 길운이 평운으로 변한다.
②대운이 용신을 파극하면 흉운이다. 그러나 사주팔자중에서 타육신에 의하여 극이 되거나 합이 되어 타육신으로 화하면 흉운이 평운으로 변한다.

③외격은 용신에 대운이 따르면 길하고 대운이 용신을 파극하면
흉하다. 외격도 일반사주 보는 법과 동일하다.

④사주의 대부분을 차지하고 있는 동일한 오행을 충하면 급한
흉사를 당한다.

⑤비겁이 태왕한 사주에 재성이 미약한데 식상이 없는 사주는
재운을 만나면 재운이 길운이라도 군비쟁재(群比爭財)라 대
흉을 당한다.

2. 연운(年運)

년운을 보는 법은 대운과 비슷하나 다만 대운을 참고로 해야
하는 점이 다르다. 년운의 길흉을 열거하면 다음과 같다.

①대운이 좋고 년운이 좋으면 대길한 운이다.

②대운이 길하나 년운이 흉하면 길한 중에 소흉함이 있다.

③대운은 흉하나 년운이 길하면 흉한 중에 소길함이 있다.

④년운이 흉하고 대운이 흉하면 대흉한 운이다.

⑤대운은 간이 5년이고 지가 5년이나 종합하여 볼 때는 지에다
비중을 많이 두고 년운은 간이 6개월 지가 6개월 동일하다.

⑥년운중에서 간은 길하고 지는 흉할 때는 그 해는 길사와 흉사
가 동시에 발생한다.

그리고 년운에서 어떠한 길흉사가 나타나는가는 그 육신을 보
고 판단한다.

①비겁운이 길운일 경우

비겁운이 길운이면 친구로부터 도움을 받게되고 육친과 화목

해지며 배우자간에 사이가 좋아지며 사업이 발전하며 건강도
좋아진다.

②비겁운이 흉운일 경우

비겁운이 년운에서 흉운이면 친구로부터 배신을 당하고 육친
과의 사이에서 불화가 생기며 배우자 사이에 언쟁이 일어나며
사업이 부도가 나고 질병이 발생한다.

③식상운이 길운일 경우

식상이 길운일 경우에는 재산이 불어나며 건강이 좋아지고 자
손이 태어나며 결혼을 하게 되며 신용을 얻는다.

④식상이 흉운일 경우

식상이 흉운일 때에는 재산이 손해가 나며 질병이 발생하고
자손에게 흉한 일이 생기며 파혼하기 쉽고 신용이 타락되는
흉사가 발생한다.

⑤재성이 길운일 경우

재성이 길운이면 재산이 불어나고 사업이 발전하며 건강도 좋
아지며 처녀총각은 결혼할 수 있는 시기가 되며 주머니에 돈
이 가득 차게 된다.

⑥재성이 흉운일 경우

재성이 흉운이면 재산이 줄어들며 사업이 부도가 나며 마누라
가 바람이 나서 도망을 가며 질병이 발생하고 이혼하는 등의
흉사가 발생한다.

⑦관성이 길운일 경우

관성이 길운이면 경쟁에서 승리하는 영광을 차지하며 건강이
좋아지며 소식 모르던 사람과 상봉의 즐거움이 있고 권력이
승진하며 신용이 높아지며 명예를 회복하며 자손이 번창하는
등의 길사가 벌어진다.

⑧관성이 흉운일 경우

관성이 흉운이면 투쟁하는 일이 발생하며 건강이 악화되어 이별의 슬픔을 맛보게 되며 권좌에서 좌천 당하며 신용이 떨어지며 명예를 잃게 되고 자손에게 불행한 일들이 발생한다.

⑨인성이 길운일 경우

인성이 길운일 경우에는 학술에 발전이 있고 명예가 들어나며 건강이 좋아지며 사업이 번창해지며 자식이 효도하며 부모에게 좋은 일이 생기며 집안에 경사가 일어난다.

⑩인성이 흉운일 경우

인성이 흉운이며 학술이 퇴보하며 명예가 떨어지며 질병이 발생하며 사업이 부도가 나며 자식에게 불행한 사고가 나며 부모에게도 우환꺼리가 발생하며 가정에 근심이 가득차는 흉사가 발생한다.

3. 월운 및 일운

월운과 일운도 모두 대운과 년운을 보는 법과 동일하다. 여러 행운(行運=대운, 년운, 월운, 일운) 중에서도 역시 대운과 년운의 힘이 가장 많이 작용을 한다. 월운이나 일운은 아주 미약하다. 즉 대운과 년운이 흉한데 월운이 좋다고 하여 길사를 바라서는 안된다. 또는 대운과 년운은 좋은데 월운이 흉하다고 해서 걱정할 필요는 없다. 어디까지나 대운과 년운의 힘이 강하기 때문이다.

그 힘을 쉽게 표현해 본다.

대운=50% 작용하며,

년운=30% 작용하며,

월운=15% 작용하며,

일운=5% 작용한다.

```
년  월  일  시
戊  丁  甲  丙        戊己庚辛壬癸甲
辰  巳  子  寅        午未申酉戌亥子
```

이 사주는 甲木일주가 巳월 즉 식신월에 출생하여 신약사주다. 신약이므로 용신은 인비가 되는데 水木은 길하며 火土는 흉하다. 金은 기신이나 金水가 동행하면 길하다. 행운을 종합하여 길흉을 비교해 보면 다음과 같다.

27세 庚대운은 흉운이므로 50%는 흉하다.

27세 庚대운 癸亥년은 대운은 흉하나 년운은 길하므로 흉한 중에서 소길함이 있었다. 결혼하여 월세방에서부터 새출발을 하게 된다(흉50% 길30%)

28세 庚대운 甲子년은 전년과 비슷하였다. 쥐꼬리 만한 봉급으로 두 사람이 살기가 어려운데 아들을 낳았다. 즉 흉한 중에 길함이 발생한 것이다(흉50% 길30%).

29세 庚대운 乙丑년은 乙木은 길하나 丑土는 흉운이다. 더구나 대운이 흉운중의 일이므로 부인이 병들어 누워 버렸다(흉65% 길15%).

30세 庚대운 丙寅년은 丙火는 흉하고 寅木은 길하나 이 해에도 고전을 당하였다. 아들이 집앞에서 차와 충돌하여 몇달간 병원신세를 지는 흉함이 일어났던 것이다.(흉65% 길15%)

31세는 庚대운 丁卯년도 전년도와 비슷한 흉운의 해이다. 다니던 회사가 도산하는 바람에 졸지에 실업자가 되고 말았다.(흉65% 길15%)

47세부터는 壬대운인데 이때부터는 평탄한 길이 열리기 시작했다.

47세 壬대운에 癸未년이다. 癸수는 길하고 未土는 흉하다. 그러나 대운이 길운이므로 일들이 잘 이루어 졌다. 부인과 함께 경영하는 식당에 손님이 많이 불어났고 수입이 좋았다. (흉15% 길65%)

48세 壬대운에 甲申년이다. 이 해도 전년과 같이 길함이 많은 해이다. 식당에도 손님도 많고 더 좋은 것은 아들이 벌써 성장하여 일류대학에 합격하였다. 온 집안에 경사가 난 것이다. (흉15% 길65%)

50세는 壬대운에 丙戌년이다. (흉30% 길50%)

51세는 壬대운 丁亥년(흉15% 길65%)

52세는 戌대운 戊子년 대운이 흉하다. (흉65% 길15%)

53세 戌대운 己丑년(흉80% 길15%)

54세 戌대운 庚寅년(흉65% 길15%)

55세 戌대운 辛卯년(흉65% 길15%)

56세 戌대운 壬辰년(흉65% 길15%)

57세 癸대운 癸巳년(흉15% 길65%)

58세 癸대운 甲午년(흉15% 길65%)

59세 癸대운 乙未년(흉15% 길65%)

이상과 같이 길흉이 좌우된다. 대운과 년운의 작용이 운명에 중추적인 길을 인도함을 볼 수 있다.

제8장 감정(鑑定)

1. 감정순서(鑑定順序)

사주를 감정할 때에 임해서는 순서가 있다.

①우선 만세력을 보아 사주팔자와 대운을 뽑아 놓는다.
②일주를 중심으로 해서 강약 및 왕쇠(旺衰)를 알아본다.
③월지를 중심으로 해서 격국을 정하고 외격(外格)에 속하는지
   여부를 판단한다.
④용신과 기신을 정한다.
⑤용신이 어느 위치에 있으며 어떤 육신인가를 본다.
⑥용신을 중심으로 부모운과 배우자운과 자녀운을 본다.
⑦직업과 성격을 본다.
⑧대운과 년운을 비교하여 길흉선악을 판단한다.

감정을 하였을 때 과거에 길흉사가 적중되었다면 미래의 길흉
사도 적중이 되는 것이다. 반대로 감정한 것이 과거에 일어났던
길흉사가 맞지 않는다면 미래도 틀리게 마련이다.

사주를 뽑아놓고 보면 먼저 일주를 중심으로 해서 어느달에
출생하였는가 하는 것을 제일 먼저 살펴야 한다. 다음에는 음양
오행으로 볼 때 어떤 오행이 이 사주를 조화시키는데 제일 필요
한 것인가를 살핀다. 또는 조후를 보아 사주가 열조한 사주인가
한습한 사주인가를 살핀다.

이러한 여러가지를 참고하여 제일 필요한 오행으로 용신을 정

한다. 용신을 정하지 못하고는 다른 어떤 길흉에 대해서도 결정
할 수가 없는 것이다. 용신(用神)은 화가가 용(龍)을 그릴 때 눈
을 그리는 것처럼 용신 찾기가 어려운 것이다. 사주연구에서 용
신만 정확하게 가려낼 줄 안다면 그 사람은 사주학에 아주 능통
한 사람이라고 할 수 있다.

  사주에서는 용신의 강약과 용신의 위치 등을 보아서 그 사람
의 그릇 크기를 정하는 것이다. 용신이 강력한 사람은 큰 인물이
고 용신이 무력한 사람은 작은 인물이다. 용신이 강력하고 충극
을 당하지 않아야 길하며 대운이 용신운을 따라야 발복할 수 있
는 것이다. 또는 용신이 충극을 당해도 타육신이 막아주면 무방
한 것이다. 예를 들면 甲木이 용신인데 대운에서 庚金이 돌아온
다면 甲庚이 상충하여 불길한데 사주에서 壬水가 있다면 강한
金기운을 壬水가 유통을 시켜 용신 甲木으로 돌리면 흉이 변하
여 길이 되는 것이다.

2. 실제감정(實際鑑定)

(예1)   년 월 일 시
         甲 乙 辛 庚   丙丁戊己庚辛壬
         申 丑 亥 寅   寅卯辰巳午未申

1 용신

  辛金일주가 丑월에 출생하였고 사주에 한습한 기운이 많으므
로 용신은 시지의 寅中丙火이다. 용신이 火이므로 희신은 木이
다. 土와 金은 기신이며 水는 水木이 동행하면 길운이나 金水가
동행하면 흉운이 된다.

2 육친(六親)

월주에 기신이 자리하고 인성이 기신에 해당하므로 부모의 덕은 적다. 寅木재성안에 용신이 자리하고 일지에 亥水가 寅木을 생조하므로 처는 현숙하고 인물이 수려하다. 시주에는 간은 기신이나 지는 용신이므로 자녀덕은 반길반흉이다. 자녀수는 적은 편에 속하나 용신이므로 총명할 것이다.

3 성격

일주가 辛金이므로 의리가 강하며 명예를 존중한다. 월지가 辰土이므로 신심이 굳으며 책임감이 강하고 약속을 잘 지킨다. 용신이 寅木안에 있는 丙火정관이므로 온후독실하고 정직하며 매사에 정성이 지극하다.

4 사업

용신이 정관이므로 성실과 정직과 신용을 요하는 모든 직업에서는 성공할 수 있다. 문화 교육계통에도 성공할 수 있다. 예술분야에도 능하다.

5 대운

대운이 간은 흉하고 지는 길한 운이므로 5년은 길하고 5년은 흉하다. 그러므로 승패의 기복이 심하다. 巳午未년에는 사업이나 모든 일에 발전할 수 있으나 庚辛壬운에는 고전할 것이다.

(예2)　년　월　일　시
　　　　己　戊　戊　壬　　　丁丙乙甲癸壬辛
　　　　丑　辰　寅　子　　　卯寅丑子亥戌酉

1 용신

사주에 한습한 기운이 많기는 하나 土기운이 태왕하므로 寅中
丙火를 용신으로 삼을 수가 없다. 고로 조후는 잘 조화되지 않더
라도 寅木을 용신으로 쓸 수 밖에 없다. 木이 용신이므로 水는
희신이다. 火土金은 기신이며 다만 金은 金水가 동행하는 庚子
년이나 壬申년 등에는 오히려 길운이 따라온다.

2 육친

인성이 기신이며 월주에 戊辰土가 자리하므로 부모덕은 적다.
비겁은 왕성하므로 형제는 5~6명 정도이다. 일지에 용신이 자
리하고 재성이 길운이므로 처는 용모가 단정하며 미모이며 정숙
하고 인자할 것이다. 시주에 희신이 자리하므로 자녀는 총명하
고 효성이 있을 것이다. 아들과 딸을 여러명 둘 수 있을 것이다.

3 성격

일주가 戊土이므로 신의가 돈독하며 효성이 있고 책임감도 강
할 것이다. 용신이 寅木관성이므로 인자하며 자비심이 많을 것
이다. 다만 조후가 좀 부족한 편이라 가끔 혈기를 내면 심할 것
이다.

4 사업

관살이 용신이므로 벼슬길도 좋으며 특히 재정을 맡아 보는
분야가 좋을 것이다. 개인 사업을 하려면 용신이 木이므로 木에
해당하는 목재소나 가구점 목공소 산림업 화원집 등이 길하며
대운이 순순히 따르므로 무엇을 하더라도 성공할 것이다.

5 대운

水木운이 길한데 대운이 비교적 양호하게 잘 따르므로 과거에 응시해도 등과하여 상당히 높은 벼슬을 할 수 있을 것이고 또한 사업을 하여도 비교적 성공할 수 있는 확률이 높다. 그러나 戌대운부터는 내리막 길이므로 은퇴하는 것이 안전할 것이다.

(예3)   년 월 일 시
      戊 辛 壬 庚   甲乙丙丁戊己庚
      子 亥 子 戌   子丑寅卯辰巳午

① 용신

사주에 水기운이 태왕하므로 용신은 戊土밖에 달리 도리가 없다. 庚金이 土기운을 설기시키므로 용신이 매우 미약하다. 년간의 戊土와 시지의 戌土와는 거리가 너무 멀어 서로의 도움이 되지 못한다. 이 사주에서는 土가 용신이며 火는 희신이 되지 못한다. 그 이유는 많은 비겁이 왕성하므로 화운 즉 재운이 오면 군비쟁재(群比爭財)가 되기 때문이다. 이 사주는 격이 많이 떨어지며 하격(下格)에 속한다. 土는 용신이며 金水木火는 모두 흉하다. 土오행 중에서도 丑土는 흉하다.

② 육친

월주에 기신이 자리하므로 부모덕이 없다. 비겁이 왕성하므로 형제는 여러명이나 별로 도움을 받지 못한다. 일지에 기신이 자리하므로 처가 정숙치 못할 것이다. 일주가 태왕하고 용신은 미약하므로 아들은 하나만 두게 될 것이다. 몸이 좀 허약할 것이다.

③ 성격

壬水일주가 태왕하므로 의지가 약하며 질투심이 많을 것이다.
또한 여색(女色)에 대하여 바람기가 많을 것이다. 용신이 土이
나 무력하므로 책임감이 없으며 용기가 미약할 것이다.

④ 사업

용신이 무력하므로 회사나 공장에 들어가서 봉급자 생활을 하
면 아무탈이 없을 것이다. 투자가 많이 하는 사업은 실패하기 쉽
다. 자영업을 하되 소자본으로 하면서 노력을 많이하는 직종이
좋을 것이다.

⑤ 대운

대운이 대체로 고르지 못함으로 무슨 일에나 조심을 많이 해
야 좋을 것이다. 특히 신심(信心)을 굳게 가지고 살아가면 무사
히 천수를 누릴 수 있을 것이다. 천문(天文)을 많이 암송하면 안
심입명(安心立命)을 할 것이다.

천문(天文)
천지부모래조아(天地父母來助我)
수호신령래조나(守護神靈來助我)
옴~급급여율령(옴~急急如律令)

(예4) 년 월 일 시
　　　　甲 乙 癸 癸　　　戊己庚辛壬癸甲
　　　　午 卯 酉 丑　　　辰巳午未申酉戌

① 용신
癸水일주가 卯월에 출생하였으므로 신약사주다. 고로 인성과

비겁이 길운이다. 비견이 용신이며 인성은 희신이다. 재관은 기신이며 식상도 기신에 해당한다. 용신이 왕성하므로 일견하여 길명임을 짐작할 수 있으나 卯酉가 상충하는 것이 흉하다.

② 육친

월주에는 기신이 자리하나 인성이 길운이므로 부모덕은 반길 반흉이다. 즉 보통이다. 재성이 흉신이긴 하나 일지에 희신이 자리하므로 처는 비교적 양호하나 卯酉가 상충하므로 처가 종종 질병을 앓을 것이다. 시주에 용신이 자리하나 식상이 기신이므로 자녀는 총명한데 가끔 자녀로 말미암아 속을 상하는 일이 많을 것이다.

③ 성격

일주가 癸水이므로 지혜가 많으며 총명하고 재주가 많을 것이다. 월지가 卯木이므로 인자하며 자비심이 많을 것이며 용신이 시간의 癸水 비견이므로 고집이 세며 의지가 강할 것이다. 독립정신이 강하여 남에게 의존하기를 싫어할 것이다.

④ 사업

용신이 癸水이므로 자존심이 강하여 남의 밑에서는 일할 수가 없으니 자영업을 하는 것이 길하다. 식당이나 다방이나 술집을 하여도 성공할 수 있다. 용신이 왕성하므로 재물이 많이 따를 것이다.

⑤ 대운

金水운은 길하며 木火운은 흉하다. 土는 土金이 동행하면 길하나 火土가 동행하면 흉하다. 초년은 火土운이므로 비교적

고전을 많이 당할 운이나 壬대운 이후부터 발복하여 큰 부자가
될 것이다. 사주가 비교적 조화가 잘 되었다. 특히 조후가 잘 되
므로 일생을 건강하게 살 것이다.

(예5) 년 월 일 시   己戊丁丙乙甲癸
       乙 庚 戊 癸   卯寅丑子亥戌酉
       未 辰 申 丑

1 용신

일주는 왕강하고 재성은 미약하므로 식신申金으로 재를 생조
해야 될 운이다. 즉 식신생재격(食神生財格)이다. 용신은 金이
며 水는 희신이다. 火土는 기신이며 木도 용신과 상극하므로 흉
하나 신강사주이므로 반길반흉이나 비교적 한신의 역활을 많이
할 것이다.

2 육친

인성이 기신이고 월주에 기신이 자리하므로 부모덕은 없을 것
이다. 비겁이 왕성하므로 형제는 5~6명이 될 것이다. 비겁이
기신이므로 형제가 비록 많으나 별로 형제덕이 없을 것이다. 일
지에 용신이 자리하고 재성이 길운이므로 처는 현숙하며 인자할
것이다. 시주에는 길운이 자리하고 식신이 용신이므로 자녀는
여러명 둘 것이며 모두 총명하고 효성이 있을 것이다.

3 성격

일주와 월지가 土이므로 책임감이 강하며 신심이 돈독하고 충
성심이 강하며 효성이 있을 것이다. 식신이 용신이므로 성격이
온후하고 도량이 넓을 것이다.

④ 사업

식신申金이 용신이므로 무과에 등과하거나 경찰계통에도 적합하다. 자영업을 할 경우에는 쇠소리가 나는 직업이 좋은데 기계금속조립이나 철공소 철물점 제철공장 기사도 좋으며 운송업도 좋을 것이다.

⑤ 대운

초년은 대운이 기신으로 흐르므로 고전을 많이 당하겠으나 子대운부터 발복하여 부자가 될 것이다. 甲戌대운에 조심을 해야 할 것이며 노복이 많을 사주이겠다.

(예6) 년 월 일 시

丁 乙 己 壬   丙丁戊己庚辛壬

酉 巳 丑 申   午未申酉戌亥子

① 용신

巳酉丑이 합하여 金局을 이루므로 종아격(從兒格)임이 틀림없다. 종아격이므로 용신은 金이며 희신은 水이다. 土운도 흉하지는 않다. 木火운은 기신이다.

② 육친

외격은 정격과 보는 법이 다르다. 외격은 위치보다 육신에 중점을 두어야 한다. 용신이 식상이므로 인성은 기신이므로 부모덕은 받을 수가 없다. 관살이 기신에 해당하므로 남편덕이 적을 것이다. 식상이 용신이므로 자녀덕은 많을 것이다.

③ 성격

金이 왕성한 종아격이므로 의리가 강하며 총명하고 지혜가 능숙할 것이다. 선량한 면이 많으며 책임감도 많을 것이다.

4 사업

식상이 용신이므로 의, 식, 주에 관계한 직업이 좋을 것이나 金기운의 식상이므로 쇠붙이 계통에도 무난할 것이다.

5 대운

대운이 비교적 양호하므로 어느 분야에 처하더라도 성공할 것이다. 木火운에만 조심을 하면 흉함은 없을 것이다.

제4부

사주의 점지

제1장 사주의 점지

1. 사주의 점지

사주를 잘 타고나야 부귀와 영화를 누릴 수 있다는 것을 누구나 다 알고 있기 때문에 사람들은 좋은 사주팔자를 타고나서 잘 살아 보고 싶어하는 것이 공통된 소망이다. 그러면 이러한 사주팔자를 누가 점지하는가? 이 문제가 가장 궁금한 내용이면서도 지금까지의 많은 역서(易書)에서는 그 결과만 놓고 인생의 길흉문제를 논술하였고 그 원인의 문제에 대하여서는 감히 손도 대어보지를 못했다.

사실상 운명학에서는 이 원인을 규명해 보는 것이 가장 중요한 것이다. 지금까지 수천년을 내려 오면서 인간의 손이 닿지 않은 부분인 이 원인문제를 놓고 필자는 과감하게 도전을 하였다.

사주팔자가 정해지는 그 원인을 파헤쳐 보기로 결심한 것이다. 실상 이 책자의 참된 내용은 지금부터 전개되는 것이다.

앞부분에서 논한 여러가지의 음양오행이나 용신의 결정 등이나 제살 제합과 육신이나 대운 등을 논한 것은 어디까지나 사주운명의 결과를 알기 위한 기본지식이었고 지금부터 전개되는 내용이 진짜 이 책자의 골자인 것이다. 그럼 인생의 길흉화복과 생사문제를 나타내는 사주팔자는 과연 누가 점지하는가?

이 문제를 알기 위해서는 먼저 이 우주의 존재모습과 이치를 알지 않고는 풀 수가 없다. 그럼 이 우주는 어떻게 구성되어 있으며 존재하는가? 모든 존재물은 인간을 기본으로 하여 창조되었으므로 이 우주도 사람의 몸과 같은 부분인 자연계가 있고 사람의 마음과 같은 부분인 영계가 있다.

이 자연계를 우리는 이승이라고 부르고 저 영계를 저승이라고 부른다. 또는 이승세계를 지상세계라고 부르며 저승세계를 천상세계라고 부른다. 사람은 누구나 지상세계에서 살다가 육신이 노쇠하면 육신을 벗어버리고 저 천상세계(天上世界)에 가서 영혼만으로 영원히 산다. 영혼의 모습은 육신의 기본형의 모습이며 영원성을 지닌 개성체이다. 육신이 생존하려면 공기와 태양열과 음식과 물을 먹어야 생을 영위할 수가 있다.

그리고 육신의 본능은 의식주(衣食住)와 성적(性的)인 본능을 가지고 살아간다. 그러나 영혼은 다르다. 영혼이 생존하려면 우주의 주인이시며 영혼의 주인이신 천지부모님께서 내려 주시는 "생명의 요소"와 육신으로부터 오는 "진리의 요소"의 두 가지의 양식으로 살아간다.

이 두 가지의 양식을 섭취하지 못하면 영혼은 성장하거나 생존할 수가 없는 것이다. 그리고 이곳 지상세계는 시간과 공간의 제약을 받으며 살지만 저 곳 천상세계는 시간과 공간을 초월하는 세계이다. 예를 들어 본다.

지상세계에서는 서울에서 부산까지 가는 데는 얼마간의 시간이 소요된다. 그리고 공간적으로 막힌 곳은 돌아가기도 하고 기다렸다 가기도 한다. 그러나 천상세계인 영계는 시간과 공간의 제약을 받지 않는다. 즉 영혼은 서울에서 부산까지 가는 데는 단 1초도 걸리지 않는다. 생각하는 순간에 목적지에 도착한다. 또한 사람이 육신을 쓰고는 저 북극성까지 가려면 인간이 만든 비행기 중에서 최고로 빠른 속도로 간다해도 천년(千年) 이상이나 걸린다고 하는 데 영계에서 영혼으로는 그 멀고 먼 거리에도 단 1초안에 도달하는 것이다. 이것이 지상세계와 천상세계와의 시간과 공간의 차이점이다. 또한 육신과 영혼과의 시간과 공간에 활동할 수 있는 차이다. 또한 지상에서는 누구나 열심히 노력하면 인격에 성장을 할 수가 있다. 그러나 영계에서는 인격에 성장을 할 수가 없다. 즉 육신을 떠나서는 영혼에 어떤 성장이나 변화가 있을 수가 없다.

이것은 나무와 과일을 비유할 수 있다. 과일이 나무에 달려 있을 때 성장해야 하는데 다 성장하지 못하고 도중에 떨어지면 그 과일은 더 이상 자라질 못하는 것이다. 사람의 영혼도 마찬가지인데 영혼이 육신을 쓰고 있을 동안에 인격성장이나 지은 죄를 속죄해야 하는데 다 성장하지 못한 영혼이 육신을 벗어버리면 그 영혼은 더 이상 성장할 수가 없다. 영혼 혼자서는 성장할 수가 없는 것이다. 즉 육신이란 옷을 벗어버리면 죄지은 것도 씻을 수가 없는 것이다. 그러므로 육신은 영혼의 뿌리가 되며 영혼은 육신의 주인이 된다. 실상 이 영혼이 인간에게 있어 본래적 자기이며 인간의 주체적 부분이다.

사람이 이 세상에 살다가 천수(天壽)가 다 되어 육신을 벗고 영계에 들어가면 처음에는 자신이 죽었는 것인지 살아있는 것인지 잘 구분을 못한다. 한동안은 어리둥절한다. 시간이 지남에 따라서 먼저 돌아가신 부모나 조부모나 조상들이 주위에서 영계에 대한 내용을 소개하여 주면 그 때서야 정말 자신이 지상과는 인연을 끝내고 천상에 와 있는 것을 깨닫게 된다.

정신을 차리고 나면 저승사자들이 와서 데리고 가는데 제일 처음 데리고 들어가는 곳이 심경실(心鏡室)이며 그 안에 들어가면 심경대(心鏡台)라고 하는 대형 거울이 있다. 염라대왕을 비롯한 열두대왕들이 함께 지켜보는 앞에 심경대 앞을 들어서면 그 사람의 지상에서 생활한 모든 것이 마치 영화의 필름처럼 지나가 보인다. 선하게 산 생활도 나오고 죄를 지은 부분도 다 나온다. 그 사람의 일생로정이 터럭만큼도 숨김없이 다 나타난다. 지상에서는 죄를 범하고도 증거가 없으면 사법처리를 면할 수가

있지만 영계에서는 증거가 필요없고 핑게가 필요없다. 지상의
재판에서는 정직한 사람보다 증거를 잘 대는 사람이 승소하지만
영계에서는 증거는 아무 소용 없고 정직하고 선하게 산 사람만
이 승소할 수 있다.

진리의 심판을 하는 영계의 심경대 거울은 한치의 오차도 없
이 그 사람의 선악간 업보를 정확하게 나타내 보인다. 지상에서
살 동안에 뒷집 숙이 엄마와 간통을 했을 때는 주위에 본 사람이
아무도 없었으므로 단 두 사람만이 음란한 밀애를 즐겨 왔지만
심경대는 이런 비밀도 다 소상히 들추어 낸다. 또는 아무도 모르
게 자기 혼자 범한 죄도 심경대는 다 나타난다. 영계에서는 비밀
이 없다. 그 사람의 일생동안에 선악간 지은 바 업보의 기록이
그대로 나타나는 것이다.

이렇게 심경대를 통하여 일생동안의 선악간 기록조사가 끝나
면 그 영혼은 자기에게 해당되는 영급(靈級)의 처소로 자리가
정해진다.

제일 위로는 천국(天國)에서부터 제일 아래 있는 지옥(地獄)
까지는 수천 계단의 처소가 있는데 덕을 많이 쌓은 영혼일수록
천국 가까운 곳으로 자리가 정해지고 죄를 많이 지은 영혼일수
록 지옥 가까운 곳으로 자리가 정해진다.

이제 이렇게 자리가 정해진 영혼의 그 자리는 자체로서는 영
원히 변하지 않는다. 그리고 그 영혼의 선악간 업보의 기록을 보
아 그 후손이 태어날 때 사주의 길흉을 정해주는 것이다. 공덕이
많은 영혼의 후손에게는 사주팔자가 길하며 복을 많이 받게 태
어나도록 해 주며 반대로 죄업이 많은 영혼의 후손에게는 사주
가 불길하게 태어 나도록 정해 준다.

이것은 조상의 선악간 업보가 진리의 심판으로 정해주는 것이
므로 한치의 오차도 없이 후손에게 사주로 나타난다.

이처럼 영계에서 조상들의 선악간 업보가 원인이 되어서 길흉과 명지장단과 빈부의 결정과 귀복과 빈천으로 정해지는 것인데 후손은 아무 영문도 모르고 이미 정해진 팔자에 따라서 또 다시 일생을 살아가는 것이다.

한 사람의 사주가 정해지는 데는 부모에서부터 조상7대까지의 업보가 반영이 되는 것이다. 물론 특별한 사람에게는 조상15대까지의 업보가 반영이 되기도 하지만 드문 일이고 보통 7대까지가 사주에 영향을 주게 되는 것이다.

예를 들어 태어나는 아기가 손자일 때 조부모의 업보가 죄악이 많았다면 손자의 사주에서 관살이 기신(忌神)으로 나타나는 것이며 재성이 길신이면 증조부모의 업보가 선하였음을 나타낸다. 식상이 용신이면 고조부모의 선한 업보의 기운을 받은 것이 되고 인성이 흉신이면 6대조부모가 악하게 살았음을 뜻한다. 이처럼 육신의 길흉은 조상들의 선악기운을 나타냄인 것이다.

다음과 같이 나타내어 볼 수 있다.

(표42)

비 겁	인 성	관 성	재 성	식 상	비 겁	인 성	관 성
자 신	부 모	조 부	증 조	고 조	현 조	6 대	7 대

사주상으로 보아 일주는 나 자신인데 나를 생조하는 육신은 인성이므로 인성은 부모를 나타낸다. 인성을 생조하는 육신은 관성이므로 관성은 조부(祖父)를 나타낸다. 관성을 생조하는 것은 재성이므로 재성은 증조(曾祖)가 된다. 재성을 생조하는 것은 식상이므로 식상은 고조(高祖)가 되는 것이다. 식상을 생조하는 것은 비겁이므로 비겁은 5대조가 된다. 5대조는 현조(玄祖)

이다. 비겁을 생조하는 것은 인성이므로 인성은 6대조(六代祖)가 되는 것이다.

이러한 원리로 거슬러 올라 간다면 백대 조상까지도 올라 갈 수가 있지만 실상 사주에 반영되는 조상의 선악간 업보(業報)는 7대까지가 유력하며 그 이상은 무력하다.

그러나 사람이 일생을 살아가면서 어떤 시기에는 선하게 살 때도 있었고 또 어떤 시기에는 악하게 살 때도 있었기 때문에 한 사람의 업보안에는 선업과 악업이 혼합되어 있는 것이다. 그러므로 한 사람의 조상을 놓고도 선한 부분의 업보를 타고 나는 후손도 있고 악한 부분의 업보를 타고 나는 후손이 있는 것이다. 형제를 보아도 다 같이 한 부모의 몸을 통해서 태어났지만 사주상 길흉선악에 많은 차이를 나타내는 이유는 여기에 있다.

결론적으로 말한다면 사주팔자의 길흉선악은 조상들의 선악간 업보를 원인으로 해서 정해지는 것이다.

세상의 말에 잘되면 자기탓이고 못되면 조상탓이란 말이 있는데 실상은 잘되나 못되나 모두 조상탓이라고 해야 옳은 말인 것이다.

(예1)　년　월　일　시
　　　乙　庚　己　乙　　　　辛壬癸甲乙丙丁
　　　未　辰　酉　亥　　　　巳午未申酉戌亥

이 사주는 신왕관왕에 상관이 관성을 잘 억제하므로 대길한 사주이다. 고로 조상덕을 많이 타고 난 사람이란 것을 짐작할 수 있다. 용신이 관성이므로 조부모와 7대 조상이 공덕을 많이 쌓았음을 알 수 있다. 관성이 木이므로 인자하고 자비의 공덕임을 알 수 있다. 즉 어려운 사람들에게 물심양면으로 은혜를 주었음을 사주를 보아서 알 수 있는 것이다.

재성은 희신이므로 증조부모님 때도 선하게 살면서 공덕을 많이 쌓았음을 나타내고 있다. 즉 재성이 水이므로 깊은 강에 다리를 자비(自費)로 놓아 월강공덕(越江功德)을 하였음을 알 수 있다.

비겁은 기신이므로 5대조상은 별로 공덕을 쌓지 못하였고 오히려 악업이 더 많음을 알 수 있다. 비겁이 土이므로 땅을 빼앗은 죄업이 있음을 나타낸다.

이상에서 본 것처럼 사주를 통하여 조상들의 업보를 알 수 있는 것이다. 그리고 죄업에 대해서는 그 후손이 갚아야 한다는 암시인 것이다. 즉 비겁이 기신인 것을 보아 5대 조상이 죄업을 지은 것을 알 수 있고 오행으로 보아 비겁이 土이므로 땅과 관계된 죄업을 후손이 탕감해야 하는 것이다. 조상이 지은 선악간 업보는 후손이 반드시 갚아야 그 죄업이 소멸되는 것이 천리원칙이다.

부모와 자식은 공동의 운명이다. 즉 자식의 성공은 부모의 성공이고 자식의 실패는 부모의 실패인 것이다. 이것이 확대되어 조상의 죄업은 시간과 공간을 초월하여 후손에게 그 빚을 받으러 나타나는 것이다.

내 당대에 그 조상이 진 빚을 못갚게 되면 자녀에게도 더 가중된 빚이 넘어가게 되는 것이다. 사주를 본다는 것은 조상들이 저질러 놓은 죄업의 빚을 얼마나 갚아야 하며 어떻게 갚아야 된다는 것을 알려주는 것이다. 좀 더 자세히 오행별로 나누어서 살펴보면 다음과 같다.

①木이 기신이면 조상이 인자하지 못하고 시기질투를 많이 한

죄를 범했음을 알수가 있다. 즉사촌이 논을 사면 배가 아파서 질투심을 낸 죄이다. 고로 사주에 木이 기신이면 조상의 죄 중에서 시기질투한 죄가 많으므로 시기심을 내지 말고 질투심을 억제해야 업보가 소멸된다는 암시이다.

②火가 기신이면 조상이 무례한 짓을 많이 했음이니 즉 불법(不法) 행하기를 밥먹듯 하였고 인류도덕을 짓밟은 죄를 지은 것이니 이 죄업을 소멸시키려면 예의범절을 잘 지키며 나라에 법을 잘 지키고 더 나아가서는 인류도덕을 중요하게 여겨야 하는 것이다.

③土가 기신이면 조상이 수고없이 남의 재물을 훔쳐먹은 죄이므로 이 죄를 소멸기키고자 한다면 정당한 사업에서 정당하게 돈을 벌어야 하며 정당하게 번 돈으로 공익사업에 헌금을 하여야 죄가 소멸되는 것이다. 지상에 있는 후손이 조상이 지은 죄를 소멸시켜 주면 영계에 있는 그 조상은 지옥에서 해방되어 진급(進級)하는 것이다. 진실로 알고 보면 조상의 죄를 소멸시키는 길을 가는 것이 가장 큰 효성이며 한 문중이 사는 길이기도 한 것이다.

④金이 사주에서 기신이면 조상이 남의 돈을 훔친 죄를 범했거나 또는 칼이나 무기로 사람을 상하게 한 죄가 있음을 나타내는 것이니 그 죄업을 소멸시키는 방법이라면 정당하게 번 돈으로 많은 사람이게 이익을 주는 곳에 희사할 것이요, 또는 싸움을 하는 것을 보면 위험을 무릅쓰고 말려서 화평하게 만드는 공덕을 쌓아야 하는 것이다.

⑤사주에서 水가 기신이면 그 조상이 음란한 짓을 많이 했음을 나타내는 것이니 그 죄를 소멸시키는 방법은 음란한 짓을 하지 말 것은 물론이며 열남열여(烈男烈女)의 도리를 생명보다 중하게 지켜야 할 것이다. 죄 중에서는 간음(姦淫)죄가 가장

무서운 것으로 영계의법에서는 정해져 있다. 간음죄가 중죄(重罪)인 것은 사랑과 생명과 혈통과 가정을 파괴하는 죄이기 때문에 보통의 정성이나 공덕으로는 그 죄가 소멸되기 힘든 것이다. 성인(聖人)들께서도 다른 죄는 다 도력(道力)으로써 소멸시켜서 구원을 해 주시지만 간음죄만은 업보소멸이 불가능한 것이다. 즉 성인의 도력으로도 간음죄 소멸은 어려운 것이다. 고로 간음죄의 업보소멸을 위해서는 정성도 갑절이상으로 드려야 한다.

2. 이승과 저승

년	월	일	시							
庚	壬	乙	甲	乙	丙	丁	戊	己	庚	辛
申	申	卯	申	酉	戌	亥	子	丑	寅	卯

관살은 태왕하고 일주는 미약하다. 庚辛金관성이 기신이므로 그 조부와 7대조상이 많은 죄를 지었음을 알 수 있다. 기신의 기운이 왕성하면 조상의 죄도 많음을 의미하고 기신이 약하면 조상의 죄도 가벼운 것임을 짐작할 수가 있다.

이 사주에서는 기신의 기운이 왕강하므로 조상의 죄업이 무거운 것을 알 수 있다. 이렇게 관살金 기신이 무거운 것을 보아 살인죄나 큰 도적질을 하였거나 간음죄를 범한 것이 분명하다. 지은 바의 죄는 반드시 누군가 갚아야 소멸이 된다. 영계 들어간 조상들은 육신이 없으므로 갚을래야 갚을 도리가 없다. 고로 육신을 입고 있는 후손에게 의지할 수 밖에 없는 것이다. 조상이 지은 죄는 수십년후에나 아니면 수백년이 지난 뒤에도 반드시 후손에게 나타나서 그 빚을 받아가고야 마는 것이다.

이승과 저승에 대하여 좀 더 자세히 이해를 하므로 업보소멸에 도움이 되기에 설명을 해 본다.

사람이 살아 있는 세상을 이승이라 하고 사람이 죽어서 영혼만이 가는 세상을 저승이라 한다. 이승과 저승을 다른 말로는 현세상과 내세상(來世上)이라고도 한다.

사람은 삼생(三生)을 산다. 첫번째 생은 어머니 모태(母胎)에서의 열달 동안 사는 것이 한 생이다. 두번째는 이 세상에 태어나서 육신을 중심으로 살아가는 이승의 생활이 한생인 것이다. 그리고 세번째는 육신을 벗고 영혼만이 들어가서 영원히 사는 영계의 저승이 한생인 것이다.

어머니 모태에서 열달동안 살면서 아기는 다음생인 지상생활에 필요한 준비를 한다. 즉 지상에서 살기 위한 준비로써 팔과 다리며 눈과 코와 입 등을 준비한다. 이러한 이목구비나 사지백체는 사실상 모태 속에서는 필요하지 않지만 장차 지상에 태어나서 잘 살기 위한 것이기 때문이다.

만일 어떤 일로 다리를 준비하지 못하고 태어났다면 모태 속에서는 그 불편함을 모르고 살았지만 이 땅에 나와서는 다리가 없으니 얼마나 고통을 당하며 살아가겠는가? 또한 눈(目)을 준비하지 못하고 태어났다면 일생을 장님으로 살아가야 하는 그 생활이 얼마나 큰 비극이며 고통스러운 인생일 것인가.

이와 마찬가지로 사람이 이 세상에 살면서도 장차 육신을 벗고 영혼만으로 들어가서 살곳인 천상세계를 위해서 준비를 해야 하는 것이다.

그 준비란 것은 구체적으로 말하면 바른 마음을 가지는 준비이며 모든 일에 감사하는 마음을 가지는 준비이며 또한 모든 사

람과 모든 만물에 대하여 은혜를 생각하는 마음을 준비해야 하
는 것이다.

　이러한 마음을 준비하여야 영생길이 영원히 행복한 것이다.
만일 이러한 귀하고 복된 마음을 준비하지 못하고 반대로 남을
원망하는 마음이나 시기질투하는 마음이나 증오하는 마음이나
음란한 마음 등을 가득히 담아서 장차 저 영계로 들어간다면 그
영혼은 영생길이 한없이 고통스러운 것이며 말할 수 없이 많은
괴로움에서 헤어나질 못하고 영원히 어두운 곳에서 살아가야 하
니 이것이 곧 지옥인 것이다. 또한 조상이 지은 업보는 반드시
후손이 갚아야 그 앞길이 평탄하게 열리기 때문에 사주를 보는
이유는 조상이 지은 죄를 어떻게 갚아야 하는가를 알기 위함인
것이다. 바꾸어 말하면 후손은 조상이 지은 죄를 소멸시키지 않
고는 결코 행복한 지상생활과 행복한 영생길을 보장받을 수가
없는 것이다. 이처럼 자신의 사주를 보면 자신이 해야할 사명과
책임분담이 상세하게 나타나 있는 것이다.

```
년  월  일  시
癸  辛  壬  戊       甲乙丙丁戊己庚
亥  亥  戌  申       子丑寅卯辰巳午
```

　이러한 사주팔자를 타고난 사람의 사명과 책임분담은 壬癸水
가 기신(忌神)이므로 5대 조상과 6대 조상이 간음죄를 많이 범
하였음을 나타내고 있다. 고로 이 간음죄를 청산하기 위해서는
자신은 절대로 간음을 하지 말아야 하며 더 나아가서는 열녀(烈
女)의 도리를 생명보다 더 소중하게 일생동안 지켜 나가야 그 죄
업이 소멸되어 지는 것이다. 이렇게 죄업이 소멸되면 영계의 지
옥에서 고통 당하는 조상은 한단계씩 부활되어 진급(進級)을 함

으로 그 후손을 구주(救主)로 생각하고 그 앞길을 협조하여 도
와주는 것이다. 상부상조하는 것이다. 그러나 반대로 이 사주의
주인공 여자는 타오르는 음욕을 억제하지 못하여 스스로 자진해
서 창녀로 뛰어 들어가서 죄를 더 가중시켜 놓고 말았다. 이렇게
되면 조상은 후손이 저지러는 간음하는 죄악의 기운이 조상을
더 깊은 지옥으로 쳐박는 경우가 되기 때문에 그 조상은 이를 갈
며 그 죄짓는 후손을 저주하며 병(病)이라고 하는 벌을 내리는
것이다. 이렇게 되면 조상과 후손이 서로가 크게 손해를 보며 또
한 지상인은 조상보다 더 무거운 죄를 짊어지고 지옥에 들어가
게 되는 것이다.

그러면 이승은 우리가 현재 살고 있는 세상인데 왜 저승인 영
계는 우리의 눈으로 볼 수가 없는가?
우리가 저영계를 볼 수 없는 것은 사람이란 영혼과 육신의 이
중구조로 되어 있는데 타락으로 말미암아 그 영혼에 눈이 어두
워 졌기 때문이다. 타락하기 이전의 사람은 영적(靈的)인 눈이
밝았으므로 지상에 살면서 천상세계를 다 내다보며 살 수가 있
었다. 그러므로 죽음이란 것이 두렵고 무서운 것이 아니라 본 고
향을 찾아가는 영광스러운 길이란 것을 잘 알고 있었다. 그러나
사람이 타락으로 그 영안이 어두워 지므로 말미암아 없는 죽음
을 있는 죽음으로 착각하게 되었다.
사실상 죽음이란 없는 것이다.
사람이 살다가 육신이 노쇠하면 벗어버리고 영혼만으로 저 영
계에 가서 영원히 살도록 본래부터 창조되었던 것이다. 천지부
모이시며 우주에 주인이신 창조주께서 이렇게 만드셨던 것이다.
세상에 영안이 열리지 못한 사람들은 대부분이 이처럼 없는
죽음을 있는 죽음으로 착각하며 살아가고 있는 것이다. 이제 이

러한 죽음에 대한 문제를 확실히 알므로 말미암아 지상생활을
더욱 바르고 참되게 살아야 할 것이다.

이제 이승과 저승의 관계를 이해하였다면 저승갈 준비를 잘하
는 것이 가장 복된 삶이 되는 것이다. 학생들이 학교에서 열심히
공부하는 것은 장차 사회생활을 할 때에 잘 살기 위한 것이다.
이와 마찬가지로 우리가 영원히 행복하게 잘 살기 위해서는 이
땅에 살동안에 천상세계에 들어갈 준비를 잘 해야 하는 것이다.

다시 말해서 지상생활은 영계에 들어가서 잘 살기 위한 수련
과정이라고도 할 수가 있다. 우리가 사주를 연구하고 운명길을
알고자 함도 궁극에는 영생길 준비에 뜻이 있는 것이다.

조상들이 지은 죄업이나 자신이 지은 죄업을 청산하지 않고는
결단코 천국(天國)에 못 들어간다. 이미 지은 죄는 회개하여 다
씻어야 할 것이요 앞으로는 죄를 짓지 말고 선업(善業)을 쌓아
야 할 것이다.

3. 삼악(三惡)

죄중에 제일 무거운 죄가 살인죄와 도적질한 죄와 간음을 한
죄인데 이 세가지 죄를 삼악이라고 한다. 이 삼악의 죄중에 하나
만이라도 범하고 보면 결단코 천상천국에 못들어간다. 천국에
들어가려면 지상에 살 동안에 도력(道力)의 힘을 길러 바른 마
음으로 지상천국생활을 할수 있어야 한다. 지상에서 천국생활이
란 남을 위해서 사는 생활이며 남과 세상에 이익되는 사업을 하
는 것이다. 그리고 마음으로는 우주에 주인이신 천지부모님을
지극히 사모하여 모시고 사는 마음이다. 또는 역경을 당하나 순
경을 당하나 변함없이 모든 일에 감사하며 사는 마음이다. 그리

고 주위의 모든 사람이나 모든 만물에 대하여 은혜를 느끼며 사는 생활이다. 이러한 복된 마음들이 장차 육신을 벗으면 그 영혼은 천국에 들어가는 것이다.

이와 반대로 원망하는 마음을 많이 가지면 그것이 곧 죄짓는 마음이다. 원망하는 마음의 기운에는 만가지 병마(病魔)가 다 따라 붙는다.

다음은 시기하고 질투하는 마음이다. 사촌이 논을 사면 배가 아파하는 그 마음이 시기질투심이다. 이 마음을 씻어 버려야 한다. 그리고 증오하는 마음도 죄짓는 마음이다. 주위 사람들을 미워하고 세상에 모든 일을 미워하는 것은 죄이다.

이처럼 원망심이나 시기질투심이나 증오심이나 교만한 마음 등은 모두 죄악의 마음이다. 이러한 나쁜 마음을 가지면 만가지 병이 달라 붙게 마련이다. 병마에 시달리는 사람은 자신을 조용히 한번 뒤돌아 보면 반드시 삼악의 마음이 있을 것이다.

죄악의 마음을 소멸시키지 않으면 결코 병마는 떠나지 않는다. 죄악의 마음이란 곧 병마와 파장이 통하므로 병이 들어오는 것이다.

이렇게 볼 때 사실상 병을 불러 들이는 것도 자신의 마음이고 병마를 물리치는 것도 궁극에는 자신의 마음이다. 사주팔자를 보면 어떤 병마가 침범하려고 하니 미리 마음을 바르게 하여 막으라는 안내문인 것이다.

년	월	일	시							
壬	戊	庚	甲		己	庚	辛	壬	癸	甲 乙
申	申	子	申		酉	戌	亥	子	丑	寅 卯

이 사주를 보면 丑대운에 가서 시기질투심이 많이 솟아나서 폐병에 걸릴 수 있으니 미리 수희공덕(隨喜功德)을 쌓아 병마를 물리쳐야 된다고 안내하고 있다. 수희공덕이란 남이 성공하여 기뻐할 때 함께 따라서 기뻐해 주는 마음의 공덕을 말한다. 즉 사촌이 논을 사면 시기질투심을 낼 것이 아니라 진정으로 감사하며 기뻐해 주는 마음의 공덕을 말한 것이다.

이처럼 하늘은 사주를 통하여 그 사람의 길흉선악과 사명과 책임을 알려 주시는 것이다.

그러나 본인이 책임을 다하거나 다하지 않는 것은 자신에게 달려 있는 것이다.

죄악의 마음을 옷과 비유되는 육신을 입고 있을 때 소멸시키지 못하고 영혼에 그대로 기록한 상태로 영계에 들어가면 자진해서 지옥으로 들어가게 되는 것이다. 이처럼 사람이 다음에 육신을 벗고서 천국으로 들어가거나 지옥에 들어 가는 것은 이미 지상생활을 어떻게 살았느냐 하는데서 결정이 나는 것이다. 그러므로 자기가 장차 어디로 갈 것인가 하는 것은 어느 누구보다도 자기자신이 제일 잘 알고 있는 것이다. 즉 자기 마음은 자기만이 아는 유일한 비밀이기 때문이다.

그럼 우리는 이승에서 어떻게 살아야 할까? 답은 저절로 나와 버린다. 그 답을 좀 더 순서있게 정리하여 보면 다음과 같다.

첫째는 우주의 주인이신 천지부모님을 지극히 사모할 것이요,

둘째는 육신을 낳고 길러주신 생육(生育)의 부모님께 효성을 다할 것이요,

셋째는 바른 마음을 가지고 공덕을 많이 쌓을 것이요,

넷째는 모든 일에 감사하며 자기 수양에 힘쓸 것이요,

다섯째는 늘 은혜를 생각하여 은혜에 보답하는데 노력을

할 것이요,

여섯째는 역경과 순경을 통하여 오래 참는 공부에 공덕을 쌓을 것이요,

일곱째는 남이 잘될 때 함께 기뻐해 주므로 수희공덕을 쌓을 것이요,

여덟째는 사주학을 많이 연구하여 사람들의 길흉사를 미리 알려주어 흉난을 피하도록 인도할 것이다.

이러한 생활을 하면 지상에 살 때에도 지상천국생활이 될 것이요 또한 지상에서 천국의 즐거움을 마음에 기록한 영혼이라야 다음에 육신을 벗으면 천상천국(天上天國)으로 들어갈 수 있는 것이다. 이처럼 지상천국이 먼저이고 천상천국은 다음이다. 반대로 지상에서 죄를 짓고 살면 영혼에 죄업이 기록이 되므로 그 영혼은 장차 천상에 가서 지옥에 들어갈 것은 뻔한 사실이다.

지상생활의 기간은 백년(百年)이내인데 오직 선행만을 쌓고 공덕만 짓는다해도 천국에 들어 가기에는 부족한 부분이 많은데 하물며 죄악짓기를 중단하지 않는다면 그 앞날이 심히 걱정이 되는 것이다. 잠시 왔다가는 이 세상인데 그 사이를 못참아서 죄를 좀 더 지으려고 발악을 하는 것을 보면 참으로 안타까울 뿐이다. 사주팔자를 보면 자신의 책임이 무엇이며 닦아야 할 죄업이 무엇인가를 훤하게 잘 나타나서 알려주고 있건만 이런 것은 생각지 않고 행운(幸運)이 오기만을 기다린다니 참으로 한심한 일이다.

이승에서 선행을 닦아야 저승길이 순탄하다. 반대로 이승에서 악행을 쌓으면 저승길이 험악하다. 저승길만 험악할 뿐 아니라 자녀나 후손들에게도 흉한 사주를 타고나게 하는 원인이 된다.

이러한 원리에서 볼 때 부모와 자식은 일체(一體)의 운명이며 조상과 후손은 끊을래야 끊을 수 없는 공동의 운명인 것이다. 또한 조상이나 부모가 지은 모든 죄업은 후손이나 자식이 반드시 갚아야 하는 것이 원리원칙으로 정해져 있다 천리에 법(法)은 고칠 수가 없다. 조상이 지은 업보가 무겁다하여 피하고 싶어도 피할 도리가 없다. 내 당대에 그 업보를 소멸시키지 못하면 자식에게로 내려가고 후손에게로 내려간다. 가장 현명한 사람은 자신의 사주를 정확히 알아서 자신에게 부여된 조상의 죄업을 소멸시키고 덕을 쌓아서 이승에 살 동안은 저승에 갈 준비를 차근차근 해 두는 것이 사람이 진실로 복된 사람이다.

죽음을 앞에 놓고 준비를 많이해야 저승길에 바쁜 걸음을 치지 않는다. 저승갈 준비를 해 놓지 않고 마치 남의 일처럼 생각하다가 막상 저승사자가 구속영장을 내밀 때는 눈앞이 캄캄할 것이다. 그러나 저승갈 준비를 많이 해 둔 사람에게는 저승사자들이 꽃가마를 가지고 모시어 간다. 이처럼 어차피 가는 저승길이라면 꽃가마 타고 환영받으며 가야 승리한 인생인데, 반대로 죄인이 되어 오라줄에 묶인 몸으로 끌려가는 그 모습이 얼마나 처절하겠는가! 더구나 한번가면 다시는 올 수 없는 저승길인데 ……

4. 조상들의 몸부림

년	월	일	시							
甲	己	辛	丁		戊	己	庚	辛	壬	癸 甲
寅	卯	卯	酉		辰	巳	午	未	申	酉 戌

이 사주를 보면 증초부가 악도에 떨어져 몸부림치고 있음을 알 수 있다. 그러므로 이 사주의 주인공은 증조부를 악도에서 건져내야 할 책임이 있다. 木기운이 태과하므로 시기질투심이 많아 범죄하였으므로 탕감할 수 있는 길은 반대로 감사함과 수희공덕을 쌓아야 본인도 구원을 받게 되고 그 조상도 악도의 고통에서 조금씩 벗어나는 것이다.

지금까지 이 지상을 거쳐서 저 영계인 저승으로 들어간 영혼의 수는 약 오백억 정도가 된다. 이 중에서 천국에 들어간 영혼은 극소수에 불과하고 대부분의 영혼들이 지옥에 들어가서 고통을 당하며 그 고통에서 벗어나고자 몸부림을 치고 있다.

지상에서 살 동안에 우주의 주인이신 천지부모님을 몰랐고 믿지 않았으며 또한 인생이란 것이 지상의 육신생활만이 전부라고 하며 자행자지하였고 특히 간음죄를 많이 범했으며 도적질도 많이 하였기 때문에 그 죄로 인하여 악도에 떨어져서 고통을 당하며 몸부림을 치고 있는 것이다. 육신이 없으므로 아무리 몸부림을 쳐 보았자 소용이 없는 것이다. 다만 후손들이 업보를 소별시켜주면 그 공덕으로 고통의 멍에를 벗게 될 뿐이다. 그러므로 지금도 영계에서는 자기의 후손들을 지켜보면서 간절히 애원하고 있다. 부디 자신의 죄업을 소멸시켜 달라고 하고 있다 그 죄업을 알 수 있는 유일한 길은 사주를 보면 금방 알 수 있고 소멸시킬 수 있는 방법도 알 수 있다.

대부분의 영혼들은 지상에 살 동안에 누가 영계에 대하여 알려준 안내자도 없었고 또한 자신이 생각하기를 지상생활이 마지막이라고 생각하였기 때문에 죽기전에 죄악을 조금이라도 더 지으려고 몸부림을 쳤기 때문에 다들 영계에 들어가서는 고통을 당하고 있는 것이다. 그토록 내생(來生＝靈界)은 없는 것이라고 주장하며 큰소리 치며 살다가 막상 죽기 전에 싫은 죽음을 당하고 보니 지상에서 가지고 있던 잘못된 생각을 후회하였으나 이미 때늦은 일이다. 영혼에 기록된 내용은 너무나 형용하기 어려울만큼 가득한 죄악을 저지른 내용들 뿐이니 이 많은 죄악의 보따리를 어떻게 할 것인가. 후회해도 소용없고 원망해도 쓸데 없다. 지옥이란 무서운 곳이다. 죄지은 업보따라 들어가는 지옥의 고통이 여러가지이다.

독사지옥 칼산지옥 화탕지옥 등등 수 없이 많은 지옥이 있는데 그 고통 당하는 기간도 끝이 없이 장구한 기간이다.

육신없는 영혼으로서는 죄를 씻을래야 씻을 길이 없다. 영혼의 발전이나 속죄 등은 육신을 터전으로 하여서만이 변화될 수가 있고 성장할 수가 있는데 육신 없는 영혼은 안타까울 뿐 달리 도리가 없는 것이다. 다만 한가지 희망이 있다면 지상에서 후손들이 공덕을 쌓아주면 그 기운으로 지옥에서 조금씩 해방되어 진급이 되는 것이다. 이처럼 영계의 지옥에 있는 우리들의 조상들은 한결같이 지상에서 살아 활동하고 있는 후손들이 바른 길로 삶으로 공덕을 쌓아 그 정성의 기운을 고대하고 있는 것이다. 그러나 막상 지상의 후손들이 이러한 조상들의 애달픈 사연을 모르고 자행자지하며 또 다시 조상들이 지상에 살 때처럼 죄를 지으며 삼악(三惡)을 행하고 있다.

이렇게 후손들이 지상에서 죄를 지으며 살다보니 그 죄악의 기운이 영계에 있는 조상에게 까지 올라가서 조상들을 더 고통 속으로 몰아넣고 있다. 이렇게 되면 화가 난 조상들은 후손에게 벌을 내린다. 이것이 병이나 비명횡사 등의 사고다. 병이나 불상사를 당하도록 벌을 내리는 것은 그 후손이 바로 깨닫고 돌아설 때까지 매질하기를 멈추지 않고 계속 때리는 것이다. 때문에 지상에서는 병자가 많은 것이며 사업의 부도나 교통사고나 기타 여러가지로 삼재팔란의 흉사가 닦치는 것이다. 이 때문에 지상에서는 열사람이 모이면 그 중에서 칠명이나 팔명은 병고에 시달리고 있는 것이다. 사실상 지금 저 영계에서는 우리들의 조상들이 몸부림치고 있다. 제발 좀 살려달라고 하는 소리가 천지를 진동하고 있다.

조상들을 구원할 수 있는 길은 오직 지상에 있는 후손들 뿐이다. 지상에 있는 후손들이 바른 마음으로 공도에 충성하며 덕을 베풀고 선행을 쌓아 그 공덕의 기운을 영계에 있는 자기 조상에게 올려보내 주는 수 밖에 달리 도리가 없다. 그러므로 지옥에서 고통 당하는 조상을 구원하기 위해서라도 우리는 바른 마음으로 살아야 한다.

모든 일에 감사해야 한다. 자기 사주를 다시 한번 더 살펴 보아야 한다. 사명이 무엇인가를 알기 위해서이다.

5. 영적인 병(病)

년	월	일	시		
癸	甲	庚	壬	辛壬癸甲乙丙丁	
酉	申	午	午	酉戌亥子丑寅卯	

이 사주는 여자의 사주인데 영적인 병에 많이 시달렸다. 병원에 가서 진찰을 받아보면 아무런 병명(病名)이 나타나지 않으니 참으로 안타까울 뿐이었다. 이병원 저병원으로 여러 곳을 다녀보았으나 한결같이 병명이 나오지 않으므로 어떻게 치료를 해야 좋을지 몰라 고민하면서 몸져 누워 있어야 했다.

이것을 사주상으로 보면 사주에 金오행이 태과하므로 대장이나 폐나 기관지 계통에 병이 발생할 수 있다고 나온다. 그리고 더 원인적인 것은 5대 조상이 폭력을 너무 많이 행사하여 많은 사람들에게 원성을 사서 그것이 죄가 되어 후손에게는 병으로 나타났던 것이다.

영적으로 나타나는 병에 대한 치료는 마음치료를 해야하는 것이다. 즉 신심을 굳게 가지고 새로운 마음으로 전날의 죄업을 회개하며 바르게 살고자 하는 참된 마음을 가져야 한다. 그리고 천지부모님을 지극히 사모하며 삶의 자체를 놓고 감사와 감격의 눈물속에 살 때에 그 선한 마음의 기운이 병을 치료하는 것이다.

흔히들 기도를 받고 병이 나았다고 하는 이유도 여기에 있다. 영적인 병은 조상이 후손에게 깨닫게 하기 위한 채찍의 댓가이므로 빨리 깨닫고 조상의 업보를 소멸시킬 때 그병도 거두어 가는 것이다. 고로 병에서 회복되고 싶다면 먼저 조상의 죄업을 소멸시킬 일이다. 죄업을 소멸시키는 가장 빠른 방법은 자신의 마음을 바르게 가지는 것이다.

조상들이 내린 병은 영적인 병이며 대부분이 불치의 병이다. 온갖 약을 다 쓰고 온갖 노력을 다해도 좀처럼 회복되지 않는다.

조상이 내린 불치의 병은 조상의 소원을 들어주어야 한다. 그 소원은 후손이 공덕을 들여서 정성의 기운을 올려 보내주는 것이다. 그 정성의 기운으로 영계의 조상은 한단계씩 부활되어 진급하는 것이다. 조상과 모든 선악간 업보는 후손이 책임지고 갚아야 하는 천리원칙을 깨달아야 한다.

필자가 잘 아는 친구 한 사람이 영적인 병에 걸려 투병중인데 병문안을 간 적이 있었다. 그 친구와 대화를 조금 나누어 보니 처음부터 원망하는 소리가 시작되더니 끝까지 원망하는 말로써 연속되는 것이었다.

필자는 그 친구가 왜 이런 중병에 걸려 투병하는가를 짐작할
수가 있었다. 그리고 병이 회복되려면 지금 그마음 상태로는 불
가능할 것도 짐작했다. 매일 주사를 맞고 약을 복용하고 야단법
석이지만 근본적으로 원인치료를 하지 않는데 무슨 회복을 바랄
수가 있겠는가. 몇달간 중병에 시달리다가 보니 지푸라기라도
잡는 심정으로 필자를 찾았다. 이번에는 앞전과는 달리 죽지않
고 살 수 있는 방법을 좀 알려 달라고 했다. 이 친구가 이렇게까
지 구조의 손길을 요청하는 상태가 된 것을 보니 아마 죽음직전
까지 거의 다 왔기 때문인가 싶었다.

필자는 진심어린 충고를 했다.

"이보게 친구"

"마음의 자세를 바르게 가지도록 하게. 원망하는 마음을 감사
하는 마음으로 돌리며 은혜를 생각하여 보은(報恩)하는 생각을
가져 보게. 그리고 우주의 주인이신 천지부모님을 믿어 보도록
하게."하였다. 이어서 "작은 병은 한약 두첩이면 나을 것이요,
큰병은 마음을 바르게 가져야 낳는다"고 하지 않았나. 이렇게
말해 주고 돌아왔다.

그 친구가 이처럼 심한 중병에 걸린 것은 우연이 아니다.

그 조상이 내린 것이다.

영계에서 조상이 고통 당하는 것을 깨닫지 못하고 죄만 지으
며 살아가니 깨닫게 하기 위해 병이라고 하는 매를 든 것이다.
후손이 바른 길로 살아가야 조상이 고통을 적게 당한다. 지금도
우리의 조상들은 무척 많은 고통속에서 몸부림치며 후손을 인도
하고 있다. 때로는 달래기도 하고 때로는 위협도 한다. 그래도
정 말을 듣지 않으면 매를 드는 것이다.

그러나 막상 지상의 후손들은 모두 영안이 어두워서 조상들의
이러한 애달픈 사정을 모르고 살아가고 있다. 그러므로 언제 큰

날벼락이 떨어질지 모른다. 무서운 벌을 받고도 깨닫지 못하면 그때는 더 많은 죄를 짓기 전에 목숨을 거두어 가 버린다.

조상들이 내린 벌을 받고는 깨닫고 참된 마음으로 돌아온다면 다행히 전화위복이 되는 것이다. 그러나 더 중요한 것은 벌을 받기 전에 깨달아서 바른 마음을 가지면 더 기특하고 복을 많이 받는 것이다.

이제 지상의 모든 사람들은 모두 자기 조상들을 구원해야 겠다는 사명감으로 거듭나야 할 시기이다. 지옥에서 구원해 달라고 몸부림치는 조상이 있음을 확실히 깨달아서 정도(正道)의 길을 걸어 가야 한다.

조상들의 죄업을 소멸시킬 수 있는 길이라면 어떤 역경속에서도 감사하는 마음이 변치 말고 헌신하며 조상을 대신해서 회개하며 그 죄업을 소멸기키는데 최선을 다해야 한다. 목숨을 걸고 우리 조상들의 죄를 소멸하여 조상들을 편안히 모시겠다고 노력할 때 저 영계의 조상들도 감동하여 협조하는 것이다. 이렇게 되면 조상과 후손이 다 함께 구원받고 복락을 누리며 살 수 있는 길이 열리게 된다.

제2장 업보(業報)

1. 업보

업보란 자신이 지은 것을 갚아야 하는 운명의 빚을 말한다. 이 업보는 조상이 지은 것도 공동운명의 인연 때문에 후손이 또한 갚아야 하는 빚인 것이다. 조상이나 부모나 자신이 지은 업보는 반드시 갚아야 행복을 약속 받을 수가 있다. 그 업보를 갚지 못하면 자녀나 후손 중에서 불구자나 걸인이나 기타 불치의 병을 가지고 태어나게 된다. 태어날 때부터 불구자는 자신의 죄가 아니고 부모와 조상의 업보 때문이다. 이 죄악의 업보는 조상과 후손을 사이에 두고 몇십년이나 또는 몇 백년을 걸쳐서 시공을 초월하여 갚으라고 독촉장을 보낸다. 호리도 남김없이 다 갚아야 하는 것이다. 그 갚는 방법도 가지가지이다.

때로는 재산이 손해나게 하여 업보를 소멸시키기도 하고 때로는 병고에 시달리게 함으로 소멸시키기도 한다. 때로는 비명횡사나 불행한 사고를 당하게 하므로 업보를 소멸시키기도 한다. 그러나 꼭 고통을 당해서만이 업보소멸이 되는 것이 아니다. 즉 스스로 깨달아서 마음을 바르게 가지므로 공도에 헌신하므로 그 업보를 소멸기키기도 하는 길이 많이 있다.

조상이 지은 죄중에 어떤 업보가 있어 내가 갚을 빚인가는 사주를 보면 쉽게 알 수 있다.

```
년  월  일  시
丙  戊  乙  庚        己庚辛壬癸甲乙
申  寅  酉  辰        卯辰巳午未申酉
```

이 사주는 乙木이 寅월에 출생하였으나 관살이 왕성하므로 용신은 년간의 丙火로 삼아야 한다. 즉 木火는 길하고 土金은 흉하다. 水는 木과 동행하면 길운이 되나 金水가 동행하면 흉운이 된다. 관살이 흉신이므로 조부모가 지은 죄업을 갚아야 한다. 조부모가 지은 죄는 권세를 남용하여 재물을 빼앗았고 또는 남의 유부녀를 훔쳐와서 음란죄를 많이 지었음을 짐작할 수가 있다.

그리고 寅巳申 삼형살(三刑殺)이 들어 있는 것을 보아 남에게 벼락같은 큰 죄업이 있음을 알 수 있다. 삼형살이 들어있다면 비명횡사를 당할 기운이 늘 주위를 감도는데 辰대운에 폭력을 행사하여 살인한 죄를 범하고 말았다. 감옥에 들어가서 십년을 옥살이 하고 풀려 났다.

대운이 木火운으로 흐를 때는 평범하게 별 사고 없이 지내다가 申대운에 寅申이 상충하므로 황천객이 되었다. 이처럼 일생에 풍파가 많았던 것은 조부모님의 지은 죄를 탕감하느라고 역경을 당했던 것이다.

사주의 격국이나 길흉선악은 모두 조상들의 업보에 의해서 정해진다고 했다. 사주팔자는 업보를 갚아야 한다는 내용이므로 변동시킬 수가 없는 것이지만 그러나 자신의 마음의 자유선택 여하에 따라서 그 결과는 상당히 변동을 보게 되는 것이다. 이것을 수치로 나타내 보면 대충 이 정도일 것이다.

(표43)

사주의 기운 70%	+	사람의 노력 30%	=	새로운 운명 100%

여기에서 사주의 기운은 조상이 물려준 업보이므로 70%의 강력한 빚독촉을 해오고 있다.

그리고 사람의 노력은 30%라고 하였지만 사람에게는 100%에 해당한다는 것을 알아야 한다. 즉 최선(100%)을 다해야 사람노력 부분은 기운이 변동되기 때문이다.

위에서 본 사주의 주인공이 갚아야 되는 업보는 사주에 나타나 있듯이 인사신 삼형살이 들어있는 것은 조부모님이 폭력으로 많은 사람에게 죄를 지었기 때문이므로 이 업보를 소멸시키기 위해서는 참는 공부를 많이 해야 한다. 남이 이유없이 고통을 주며 시비를 걸어온다 해도 복수하지 말고 조상이 지은 죄를 소멸시키는 탕감조건이라 생각하고 참고 나가면 그 업보는 소멸되는 것이다. 그리고 조부님이 권세를 남용하여 남의 재물을 많이 취한 업보가 있으므로 그 빚을 갚는 방법으로는 많은 재물을 공익사업에 헌물해야 그 업보를 탕감시킬 수가 있는 것이다.

이처럼 누구나 사주를 보면 자기 조상들의 지은 바를 알 수가 있다. 즉 사주란 것은 조상들의 업보를 갚아야 한다는 채무용지와도 같은 것이다.

이처럼 우리가 사주를 연구하는 목적은 내가 갚아야 하는 업보는 무엇이며 어떻게 갚아야 되는가를 알 수 있는 거울같은 것이다. 누구에게나 배당된 채무독촉의 사주업보를 바로 알므로 나에게 배당된 업보를 소멸기키는데 최선을 다해야 할 것이다.

나에게 배당된 업보를 다 갚지 않으면 못갚은 부분만큼은 나의 사랑하는 아들딸에게 넘어가게 된다. 우리가 진정으로 자녀와 후손을 사랑한다면 이 업보를 내 당대에 다 소멸시키고 다시는 아들 딸들에게 넘어가 불행한 일을 당하지 않도록 최선을 다하는 것이 진정 훌륭한 사람인 것이다.

이러한 사람은 반드시 천국에 들어가게 되어 있다. 혈통의 인연을 타고 내려오는 업보를 소멸시키지 못하고 영계에 들어가게 되면 먼저 가 있는 부모나 조상들이 얼마나 원망하겠는가. 고개를 못들고 그들을 대할 수가 없는 것이다.

지금까지는 사주보는 것이 앞날의 길흉선악 정도를 점치기 위한 방편으로 보아온 것에 불과하였지만 그러나 사주가 본래 인간 세상에 들어오게 된 근본 목적은 이처럼 조상들의 모든 죄악에 업보를 청산지어야 한다는 안내자로써 나왔다는 것을 알아야 하겠다.

이제 우리는 사주를 대할 때 그 보는 관점을 달리 해야 하겠다. 조상들이 지은 죄업이 과연 무엇이며 내가 갚아야 할 것은 무엇인가를 알아서 업보를 탕감시켜 나갈 때 그 사람이 진실로 참된 군자(君子)인 것이다.

이처럼 업보를 갚지 않고는 결단코 참된 인생의 행복을 찾았다고 할 수 없는 것이다. 이 업보를 소멸시키기 위해서 어떠한 수난이나 어떠한 역경도 감사하는 일념(一念)으로 나갈 때 그 업보는 소멸되는 것이다. 업보가 소멸되면 영계에서 고통 당하던 조상들은 고통의 멍에를 벗고 해방을 맛볼 수 있는 것이다.

어찌되었거나 이 땅에서 후손이 풀어주지 않고서는 조상들의 죄업은 풀리지가 않는 것이다. 그래서 예수님께서도 말씀하시기를 "무엇이든지 땅에서 풀면 하늘에서도 풀리고 무엇이든지 땅에서 매면 하늘에서도 매인다"고 하셨는데 바로 이러한 이치를 두고 하신 말씀이다.

이제 우리는 무엇보다 먼저 조상들의 업보를 풀어주어야 하겠다. 다시는 죄를 지어서 도로 매는 일은 없도록 해야 하겠다. 매든지 풀든지 결국은 지상에 사는 인간의 책임 여하에 좌우될 일이다. 조상의 업보를 풀어서 복락을 장만하든지 아니면 도로 매어서 화를 장만하든지 이는 오직 내 자신에게 자유선택으로 남아져 있는 것이다. 살고 싶은가 죽고 싶은가.

2. 음란한 업보

```
년  월  일  시
癸  辛  丙  甲        甲乙丙丁戊己庚
亥  亥  子  午        子丑寅卯辰巳午
```

이 사주는 어느 창녀의 사주이다.

사주에 水기운이 태왕하고 子午는 상충하여 일주 및 용신은 약하다. 고로 자기의 정조를 지킬 의지가 약하여 창녀가 되었다. 관살이 기신이므로 조부모와 7대 조상이 생전에 간음을 많이 범하였기 때문에 그 음란한 기운이 후손의 사주에 나타난 것이다.

그러나 운세의 비중이 확정된 것은 아니다. 그 사람의 노력 여하에 따라서 좌우될 문제이다. 다만 이상과 같은 사주 명식을 타고 난 여자는 창녀가 될 확률이 70%라고 추정할 뿐이다. 그러나 그 여자의 노력에 따라서 면할 수도 있는 것이다. 물론 다른 사람보다 음란한 기운을 많이 타고 났기 때문에 음부(陰部)가 많이 가렵기는 하겠지만 어디까지나 자신의 의지에 달려 있다고 하겠다.

사주가 이렇게 구성되어 있는 것은 너의 조상은 이렇게 음란하게 살다가 지옥에 떨어졌으므로 너는 그러한 전철을 밟지 말라는 내용이 있고 더 나아가서는 조상이 지은 업보를 소멸시켜야 한다는 내용이며 선업을 쌓으라는 암시라고 할 수 있다.

그로므로 이 사주의 주인공도 생명을 걸고 정조를 지켜야 조상이 지은 음란한 죄업이 소멸되는 것이다. 그러나 결과적으로 보면 이 여자는 죄업소멸은 고사하고 자신이 오히려 한술 더 떠서 창녀가 되었기 때문에 업보를 더 크게 가중시켜 놓고 말았다.

죄중에는 삼악이 무서운 죄이나 삼악의 죄중에서도 간음죄가 제일 큰 죄이다.

왜 간음죄가 무서운 죄인가하면 하늘이 여자에게 내려준 가장 귀중한 것이 음부(陰部)인데 귀(貴)하고 복된 곳이라 하여 궁(宮)이라 하였다. 궁이란 귀한 것을 의미한다. 그런데 궁(宮)중에서도 가장 중요하고 근본된 궁이라 하여 그 이름을 영계에서는 본궁(本宮)이라 부르고 있다.

이처럼 본궁(本宮=陰部)은 사랑의 본궁이며 생명의 본궁이다. 이보다 귀한 것은 천지간에 없다. 억만금을 주고도 살수 없는 귀한 본궁인데 그 귀한 가치를 모르고 돈 몇 푼에 팔아 먹고 사는 여자는 얼마나 죄가 많겠는가.

이 간음죄는 어떤 성인도 함부로 관여하지를 않으신다. 어떤 성현의 능력으로도 구제해 줄 수 없는 죄악이다. 너무나 무서운 죄이기 때문이다. 장차 천상세계에 들어가 보면 간음죄를 많이 범한 사람을 가장 무서운 지옥에 밀어 넣는다. 지상에서는 이러한 내용을 잘 모르다보니 간음죄의 무서움을 못느껴서 함부로 살고 있지만 하늘의 법에는 제일 무서운 죄로 규정지어 놓았다.

또한 사람이 마음속에서 불같이 일어나는 음란한 생각은 좀처럼 소멸시키기가 힘이 든다. 음란한 생각을 많이 하고 또 많이 자행자지하면 간음죄가 성립되어 무서운 죄고의 종자가 심어지는데 대부분 중병(重病)을 앓고 있는 사람 중에는 간음죄를 범한 사람이 많다. 또는 사람이 음란한 생각을 많이 가지면 만가지 병마가 따라 붙는다. 사람에게 성기(性器)에 병이 발생하는 것이나 자궁에 병이 생기는 것도 조상 중에서 간음죄를 많이 범했기 때문에 나타나는 것이다.

이러한 병을 근본적으로 치료하려면 그 마음속에 음란한 기운을 소멸시켜야 하는 것이다. 마음속에 음란한 기운을 소멸시키지 않으면서 외적으로 아무리 약을 많이 사용해도 완쾌는 보기가 어렵다. 사람이란 배부르고 따뜻하면 음란한 생각이 나게 되어있다. 그러나 이 음란한 기운을 억제할 줄 알아야 진정한 군자(君子)라 할 수 있고 참된 수도인(修道人)이라 할 수 있다.

간음죄는 모든 죄의 근본죄이기도 한다. 그러므로 음란의 기운은 상당히 강하다. 나라가 망하거나 영웅들이 멸망하는 것도 모두 음란하였기 때문이다. 역사적으로 음란한 왕이나 영웅들치고 자기 명대로 다 산사람은 없다. 음란한 죄를 범한 자는 하늘이 용서하지 않는다. 가정을 파괴하는 것도 음란 때문이며 사회가 혼란하고 질서가 파괴되는 것도 음란 때문이며 또한 세상에서 가장 큰 문제이며 골치꺼리도 음란인 것이다.

인간세상에서 음란의 문제가 해결되고 나라의 질서가 확립된다면 진정한 평화가 올 것이다. 선진국일수록 더 강하게 나타나는 음란죄는 죄의 주체인 마왕(魔王)이 본래 음란한 마귀이기 때문이다.

과거에는 여자에게만 정조를 지키도록 강조하여 열녀(烈女)가 많이 태어났지만 이제 새시대에는 열남(烈男)어 되어야 진실한 사람이 될 수 있는 것이다. 장차 육신을 벗고 영계에 갈 때에 무엇을 자랑거리로 가지고 갈 것인가? 이것은 남녀 모두 열남 열녀(烈男烈女)의 도리를 생명보다 더 중요하게 잘 지킨 공덕이다. 이것이 복된 선물이다.

이처럼 간음죄를 범하면 만가지 죄를 범한 것과 같다. 세상에서 아무리 선한 사업에 공로가 많다해도 간음죄를 범하면 아무 소용이 없는 것이다. 천벌을 받는다.

요즘 한창 번지고 있는 성병(性病)들은 대부분이 불치의 병이다. 이러한 병들이 천벌인 것이다. 하늘이 내린 벌은 고칠 수가 없다. 고치는 비결은 오직 바른 마음을 가지고 정도(正道)를 걸어가야 한다. 열남열녀가 되어야 불치의 병들이 회복이 될 수 있다. 사주에서 보면 우리들의 조상들은 대부분이 음란한 죄를 많이 지어 왔음을 볼 수 있다. 그러므로 그 업보가 후손들의 사주에 나타나기를 음란한 명식이 많은 것이다.

옛날에는 명문집의 여인들에게는 은장도(銀粧刀)라는 칼을 품고 다니면서 정조를 지키게 했다. 이것이야말로 정말 오늘날 본받을 만한 풍습이다. 이렇게 좋은 풍습이 사라진 것이 실로 안타깝다.

요즘 청소년들이나 젊은 층의 세대를 보면 순결에 대한 관념이 무력해진 듯한데 실로 통탄할 일이다.

영안이 열린 입장에서 지상과 천상을 함께 보면 지상에 사는 나 한사람이 간음죄를 범하면 그 죄악의 기운은 천상에 있는 조상들을 한 단계씩 더 깊은 지옥으로 강급(降級)시킨다는 사실을 깨달아야 할 것이다. 또한 내가 범한 간음죄는 다음에 자녀에게나 후손에게도 나쁜 음란한 사주를 타고 나므로 정말 조심할 일이다.

결론적으로 말하여 생명을 걸고서 남녀 공히 정조를 잘 지켜야 하며 열남열녀의 정도(正道)를 걸어가야 그 공덕으로 조상들의 업보를 소멸시킬 수가 있고 조상들을 구원할 수가 있는 것이다.

또한 음란죄가 모든 종교마다 가장 큰 죄로 규정해 놓고 있는 것은 이 죄가 모든 죄의 근본이 되기 때문이다 종교나 정치가 부패할 때를 보면 음란한 사건들이 많이 발생하는 것을 볼 수 있다. 이처럼 음란죄를 막기 위해서는 철저한 정신무장이 잘 되어

야 하며 내 한사람의 실수가 위로는 부모와 조상들을 망치는 길
로 인도하게 되고 아래로는 자녀와 후손을 망하게 한다는 것을
깊이 깊이 깨달아야만이 범죄를 막을 수가 있는 것이다.

음란한 사람치고 병에 걸리지 않은 사람이 드물다. 모든 병은
음란한 기운에서 나오기 때문이다. 성욕은 인간 육신의 본능이
긴 하지만 부부사이 이외의 성관계는 모두 간음이며 저주받는
범죄이다.

3. 탕감(蕩減)

사주팔자를 보면 조상들의 선악간 업보가 다 들어난다. 조상
들의 업보는 혈통의 인연 때문에 후손이 갚아야 하는데 어떻게
갚아야 하는가. 그 갚는 방법에 대하여 알아본다. 갚는 방법을
크게 세가지로 나누어 볼 수 있다.

첫째는 동일한 탕감법이다. 탕감이란 말은 빚을 갚는다는 뜻
이다. 동일한 탕감법은 동일하게 갚는 방법을 말한다.

즉 조상이 소(牛)를 한 마리 훔친 죄를 범했다면 그 후손이 갚
을 때는 소 한 마리를 갚으면 되고 말(馬)을 두 마리 훔친 죄라
면 말 두 마리를 갚으면 되는 것이다. 즉 지은 죄만큼 동일하게
갚으면 되며 그 업보는 소멸된다는 말이다. 또는 조상이 사람을
한명 때려서 죽인 살인죄를 범했다면 갚아야 할 후손은 남에게
매를 맞아 죽으면 그 업보는 소멸되는 것이다. 또는 조상이 폭력
을 행하여 사람을 병신으로 만들었다면 후손은 동일하게 병신이
되도록 얻어 맞으면 그 업보는 탕감이 되는 것이다.

그럼 누구에게 갚아야 할까?

이미 조상이 지은 죄의 상대자는 죽고 없으므로 그 상대자를 대신하여 공도(公道)를 대상으로 하여 갚으면 되는 것이다. 즉 조상이 소를 한 마리 갚을 죄가 사주에 나타나면 소 한 마리 갚을 국가(國家)나 공익단체나 자선단체에 헌금하면 그 업보는 소멸되는 것이다.

그럼 조상이 폭력으로 사람을 병신을 만든 죄는 어떻게 갚아야 할까?

이것도 그 피해자가 병신이 되므로 자신의 수입과 부양가족의 부양하는데 드는 비용 등을 환산하여 공익단체에 헌금을 하면 그 업보는 소멸되는 것이다.

둘째는 보다 작은 탕감법이다.

이것은 조상이 소를 한 마리 훔친 죄가 업보로 사주에 나타난다면 그 후손이 갚을 때 마음의 자세가 바르고 모든 일에 감사하며 우주의 주인이신 천지부모님을 잘 믿고 참된 사람이었다면 작은 탕감조건으로 소 대신 송아지를 한 마리 갚는 것으로 업보가 탕감될 수 있는 것이다.

또는 조상이 과거에 산적 노릇할 때에 지은 죄가 쌀로 계산하여 백가마 정도를 빼앗은 죄가 있다면 그 후손이 갚을 때 마음이 바르고 선하였다면 보다 작은 탕감조건으로 쌀을 열가마 정도로 줄여서 갚는 것으로 탕감하는 방법인 것이다.

또는 조상이 살인죄를 범했다면 그 후손이 갚을 때에 마음 자세가 바르고 선하였다면 보다 작은 탕감조건으로 폭도들에게 어느정도 가벼운 폭행을 당하는 것으로 업보는 소멸되는 것이다.

이처럼 후손이 갚아야 할 시기에 마음자세가 얼마나 진실하냐에 따라서 그 업보를 10분의 1로 줄여서 탕감시킬 수도 있고 또는 20분의 1로 줄여서 탕감시킬 수가 있는 것이니 바른 마음을 가지면 얼마나 혜택을 보는가를 알 수 있다.

세번째로 업보를 소멸시키는 방법인데 이것은 보다 큰 것으로 갚는 방법이다. 이것은 갚아야 하는 후손의 마음자세가 바르지 못하고 원망심이나 시기질투심이 많거나 교만한 상태이거나 감사할줄 모르거나 은혜를 모르고 사는 무례한 처지이거나 천지부모님을 믿지 않고 자기 주먹만 믿는다고 큰소리 치고 다니는 상태일 때는 보다 큰 것으로 가중된 빚을 갚아야 하는 것이다.

즉 조상이 소를 한 마리 훔친 업보가 있을 경우 그 후손이 갚아야 할 시기에 마음이 바르지 못한 상태이므로 갚을 때는 보다 큰 탕감조건으로 소를 열 마리나 또는 스무 마리로 갚아야 하는 방법을 말한다.

또는 조상이 한사람을 살인한 업보가 있는 경우게 그 후손이 갚을 때는 마음이 바르지 못하고 자신도 죄를 범하고 있는 상태일 때는 보다 가중된 탕감법에 적용이 되어서 일가족 다섯명이 모두 몰살죽음을 당하는 탕감법이다.

이처럼 보다 큰 탕감조건으로 갚아야 하는 경우는 갚아야 하는 후손의 마음씨가 바르지 못할 때 본래 조상이 지은 업보의 양보다 두 배나 또는 열 배나 또는 스무 배로 갚아야 하는 탕감방법인데 그 마음자세가 바르지 못함으로 큰 손해를 보는 것이다.

그리고 보다 큰 탕감방법은 하늘이 강제로 갚게하는 방법이다. 즉 본인 자신으로서는 스스로 갚을 생각을 조금도 하지 않고 있으므로 사업을 부도나게 해서 그 빚을 받아 가기도 하고 또는 병고에 시달리게 함으로 그 빚을 받아 가기도 한다. 그리고 그 빚을 받아 가는 방법도 여러가지이다. 심지어는 노예로 팔려가게 하여 그 빚을 갚을 때까지 멍에를 벗지 못하게 하기도 하고 또는 위장을 아프게 만들어서 음식을 제대로 못먹게 함으로 그 빚을 받아가는 것도 있다. 하늘의 법은 호리도 틀림 없이 계산이 분명하므로 업보가 없는데 빚을 갚으라고 하지는 않는다.

이러한 천지에 오묘한 법칙을 이해한다면 마음의 자세를 다시 정립(定立)해야 할 것이며 자신을 다시 한번 돌아 볼 기회를 가져야 할 것이다.

그리고 자신의 사주를 분명히 알아서 용신(用神)은 어느 것이며 기신(忌神)은 어느 것인가를 알고 조상이 지은 업보가 무엇이며 얼마정도를 갚아야 업보가 소멸될 것인가하는 것을 바로 알아서 새 인생을 개척해야 할 것이다.

이처럼 사주를 보는 것이 점을 치는 그런 시시한 것이 아니다. 조상을 어떻게 구원해야 되는가 하는 것을 알려주고 후손을 어떻게 인도해야 좋다는 것을 알려주는 것이 "사주팔자"이다.

내 한 사람의 행동여하에 따라서 저 영계에 있는 조상들이 7대까지가 생사가 죄우되며 그리고 나의 자녀와 나의 후손 7대까지 길흉이 좌우된다는 사실을 분명히 안다면 심각하지 않을 수가 없는 것이다.

많은 사람들 중에서 마음씨가 평범한 사람은 조상의 업보를 갚을 때 동일한 탕감법에 적용을 받게 되고 마음씨가 바르고 착한 사람은 조상의 업보를 갚을 때 보다 작은 탕감법의 혜택을 받게 되는 것이다. 그리고 마음씨가 검은 사람은 조상의 업보를 갚을 때 보다 큰 탕감법의 손해를 보게 되는 것이다. 이 탕감법은 천법(天法)으로 정해져 있지만 갚는 사람 자신의 마음가짐 여하에 따라 그 해당부분이 달라지는 것이다.

여기에서 보는 바처럼 세가지 방법이 있지만 우리는 두 번째 방법인 보다 작은 탕감법을 택할수 있도록 마음 가짐을 바르게 하여야 할 것이다. 사주를 연구하고 공부하는 역학도우(易學道友)님들은 특히 이 점을 많이 연구하여 사람들을 감정할 때 흉난을 피하고 길복(吉福)의 길로 갈수 있도록 인도할 사명이 있음을 알고 무거운 책임감으로 세상에 모든 흉사를 막는데 앞장서야 할 것이다. 그리고 머지 않아 역학을 공부 많이 한 사람이 존경받는 시대가 온다는 것도 알아야 겠다.

그럼 지금까지의 탕감법에 대하여 실례를 들어본다.

(예1) 년 월 일 시
　　　甲 庚 丁 庚　　　辛壬癸甲乙丙丁
　　　午 寅 酉 午　　　卯辰巳午未申酉

이 사람은 5대 조상이 남을 모함하는 죄를 범하였는데 이 사람이 갚을 때는 그 마음씨가 평범하여 동일한 탕탕감법에 적용이 되었다. 고로 남들에게 모함을 당하여 정계에서 쫓겨났고 또한 모함으로 많은 곤욕을 치렀다.

(예2) 년 월 일 시
　　　壬 甲 己 乙　　　己庚辛壬癸甲乙
　　　子 申 未 亥　　　酉戌亥子丑寅卯

이 사주는 증조부님이 뒷집 유부녀와 간통하는 등의 간음죄를 많이 저질렀는데 그 음란한 업보는 무거우나 이 사주의 주인공은 마음씨가 착하였고 천지부모님을 믿는 신심이 독실하여서 그 업보를 갚을 때는 보다 작은 값으로 탕감하였다. 늘 신심(信心)으로 살았으므로 조상들의 전철을 밟지 않고 많은 여인들의 유혹도 뿌리치며 오직 하늘만 믿고 모든 일에 감사함을 지켰으므로 그 죄업이 가볍게 탕감되었다.

대부분 하늘을 믿고 바른 마음으로 감사하는 생활을 많이 하

는 사람들은 이처럼 가벼운 탕감으로 업보가 소멸되는 것이니
이 길을 가야 하겠다.

　년　월　일　시
　甲　庚　丙　甲　　　　癸甲乙丙丁戊己
　申　申　子　午　　　　酉戌亥子丑寅卯

　이 사주는 조부모와 증조부모 때에 권력을 남용하여 남의 재
물을 많이 빼앗은 업보가 나오는데 대충 쌀로 환산하면 약 오천
가마 정도인데 이 사람이 갚을 시기에는 마음이 바르지 못하고
사도(邪道)의 길을 걸어 가다보니 하는 사업이 부도가 나서 도
산하여 알거지가 되고 말았다. 그 손해난 것을 계산하면 업보보
다 수백배에 해당한다. 마음이 바르지 못한 것이 원인이었다.

4. 능력의 한계(限界)

　사람이 사주팔자를 타고 나는데는 그릇의 크기가 다르다는 것
을 말하고 싶다. 실제 사람의 수가 많은 만큼 그 격상도 수만계
단이 되겠지만 알기 쉽게 일곱계단으로 구분하여 보았다.

←최상격(最上格)
←상격(上格)
←중상격(中上格)
←중격(中格)
←중하격(中下格)
←하격(下格)
←최하격(最下格)

상격은 정신기(精神氣) 삼자가 충만하며 조후가 조화를 잘 이루고 일주도 왕성하며 재관도 왕성하여 용신이 왕강(旺强)한 사주를 말한다.

중격(中格)은 비교적 격국은 무난하나 조후가 조화를 잘못이루어 열조하거나 아니면 한습한 기운이 많고 용신이 보통으로 왕성한 사주를 말한다.

하격(下格)은 오행의 구성으로 보나 조후로 보나 전연 조화를 이루지 못하고 충극이 많아 용신이 아주 미약한 사주를 말한다.

사람은 누구나 타고난 그릇대로 살아간다. 하격에 속한 사람이 아무리 노력을 많이 한다해도 상격이 되지는 못하는 법이다. 다만 최선을 다하면 한단계 정도 올라가고 중하격(中下格)정도까지는 오를 수가 있을 것이다. 그러나 사실상 이렇게 한단계 올라간다는 것은 극소수의 사람에 불과할 따름이다. 대부분이 타고난 자리에 머물고 만다.

빈천한 팔자를 타고난 사람이 열심히 노력을 한다고 해서 큰 부자는 될수 없는 것이고 말직에 머물러야 될 사람이 노력한다고 해서 정승이나 판서는 될 수가 없는 것이다.

이처럼 사람에게는 능력의 한계가 있다는 것을 알고 자기 분수와 능력에 알맞게 살아가는 것이 현명한 처세가 되는 것이다. 자기의 능력도 헤아리지 않고 무조건 욕심만 앞세워 가지고 허둥댄다고 해서 좋은 결과는 볼 수 없는 것이다. 그러므로 자기의 능력을 알아서 노력도 자기 능력 안에서 최선을 다할 때 소망이 달성되는 것이다. 분수도 모르고 욕심만 앞세워 가지고 날뛰다가는 타고난 복도 다 못찾아 먹고 실패하는 인생이 되고 마는 것이다. 사주를 보면 자신의 능력과 분수를 알 수가 있는 것이다.

```
년  월  일  시
庚  辛  壬  丙        壬癸甲乙丙丁
子  亥  子  午        子丑寅卯辰巳
```

일주는 태왕하고 용신은 미약하고 무력하다. 하격(下格)에 속하는 사주이다. 이러한 사람은 남의 집 하인 노릇할 팔자인데 그러므로 나서지 말고 현세상에서는 막노동꾼으로써 부지런히 일하며 더 이상 욕심 부리지 말고 굶어죽지 않는 것을 감사하게 여기며 살아가야할 신세이다. 이러한 사람이 분수를 모르고 높은 벼슬 자리를 넘어본다거나 큰 부잣집 주인이 되겠다고 아무리 소리 질러 봐도 소용이 없는 것이다. 타고난 팔자가 남의 집 하인 팔자인데 어찌 상전이 되려고 하면 제명대로 못살고 요절하는 것이다. 이 사람이 최선을 다하면 하인에서 집사 정도까지는 올라갈 수 있는데 집사의 자리가 능력의 한계인 것이다.

```
년  월  일  시
己  戊  壬  辛        丁丙乙甲癸壬辛
未  辰  申  亥        卯寅丑子亥戌酉
```

이 사주는 격국이 비교적 양호하나 사주가 대부분 한습한 기운으로 이루어져 열조한 기운이 부족하다. 조후가 불량하여 중격사주에 속하게 된다. 용신이 왕성하여 수산업계통에서 성공하였다. 5대와 6대의 조상들이 협조하고 있음을 알 수 있다.

```
년  월  일  시
丙  戊  壬  辛        己庚辛壬癸甲乙
戌  戌  申  亥        亥子丑寅卯辰巳
```

이 사주는 앞의 사주와 비슷하나 조후가 잘되어 있다. 한습한 기운과 열조한 기운이 조화를 잘 이루고 있고 음양오행으로도 생조와 억제의 조화가 잘되어 상격(上格)에 속하는 사주가 되었다. 고로 일찍이 등과하여 그 벼슬길이 잘 열려 승승장구하더니 정승의 반열에 올랐다.

이 사주는 어디를 보나 상격이며 충살이 없는 것이 귀(貴)하다. 사주가 이처럼 조화가 잘 되어야 길복을 많이 타고 난다. 이러한 사주는 재관이 흉신이지만 실상은 대운에서 재관운이 와도 별로 흉하지 않고 평안무사하게 잘 지나간다. 이는 일주가 강력하고 조화를 잘 이루었기 때문이다.

앞에서 논하기를 사주의 기운이 70% 작용하고 자기 노력의 기운이 30%작용하여 새로운 운명이 결정(100%)되어져 간다고 하였다. 그리고 30%의 자기 노력이라고 정하였지만 실은 인간에게는 100%에 해당할 만큼 힘겨운 부분이다. 즉 최선을 다해야 노력의 기운이 움직이기 때문이다.

"마음이 운명을 결정한다"는 이 말도 30% 한도 안에서 해당하는 말이다. 아무리 노력을 해도 30%의 자기노력 부분을 능가할 수는 없는 것이다. 이것을 강(江)에다 비유한다면 강줄기를 사주의 기운에 비유할 수가 있고 그 강에다 작은 돗단배 한척을 띄워 놓았으니 곧 자기 노력으로 비유해 본다.

강줄기가 곡선을 그리면 배는 곡선으로 따라갈 수 밖에 없다. 배가 강줄기를 무시하고 지름길로는 갈 수가 없는 것이다. 다만 그 배가 강줄기를 따라 가면서 우편(右便)을 따라서 행복하게 내려갈 것인가 아니면 좌편(左便)을 따라 내려가면서 불행을 당하는가는 자기노력 30%에 해당하는 부분이다. 이것을 볼 때 노력으로써 강줄기는 바꿀 수가 없는 것이며 또한 노력을 하지않으면 좌편 강줄기를 따라 내려가다가 벼랑에 충돌하기도 하고 암초에 걸리기도 하여 고전을 당하게 되는 것이다.

결론을 내려 본다.

사주가 좋고 노력도 열심히 하면 100% 길(吉)한 인생이 된다. 둘째는 사주는 좋은데 노력을 하지 않거나 또는 노력은 최선을 다해 열심히 하나 사주가 나쁘면 50%길하고 50%흉한 인생이 된다. 셋째는 사주도 나쁜데 노력도 전연 하지 않으면 100% 흉한 인생이 되고 만다.

제5부
___

저　승

제1장 조상들의 소원

1. 조상들의 소원

영계(靈界)에 있는 우리들의 조상들은 지금 어디에서 무엇을 하고 있으며 그들의 소원은 무엇일까?

대부분의 조상들은 지옥과 가까운 곳에서 머물러 있으며 소수의 무리가 천국이나 천국 가까운 곳에 머물러 있다. 그들이 바라는 것은 자기들은 육신이 없으므로 더 이상 영혼에 덕(德)을 쌓을 수도 없고 지은 죄를 속죄할 수도 없는 것이다. 자기가 육신을 벗을 때 당시의 감정이나 생각이나 느낌과 지식 등을 그대로 변하지 않고 영원히 간직하고 있다.

죄를 지어 마음에 고통을 지니고 왔다면 그 고통이 영원히 계속되는 것이다. 그리고 지상에 살 때에 느끼지 못한 감정을 영원히 느끼지를 못하는 것이다.

예를 들어 어린나이에 요절하였다면 부부간의 즐거움을 느끼지 못하였으므로 영계에 가서는 영원히 부부간의 즐거움을 느끼지 못하며 살아간다. 또는 자녀를 낳아서 키워보지 못한 영혼은 영계에서는 영원히 자녀의 사랑을 느끼지 못하는 것이다. 그리고 지상에서 감사하는 생활이나 은혜를 생각하는 마음을 가져보지 못하면 영계에 들어가서는 영원히 감사하는 마음이나 은혜를 생각하는 마음을 소유하지를 못하는 것이다. 또한 지상에서 죄를 범하였을 때 받는 양심의 고통은 육신을 벗고 영혼으로만 있을 때는 더 자극적이며 진하게 나타나서 고통을 영원히 당하는 것이다.

사람은 누구나 본심과 양심이라는 선한 마음이 잠재하여 있으므로 천리법도에 위배되는 일을 하면 즉시 고통으로 나타나서 경고하는 것이다.

이처럼 영계에 있는 조상들은 죄를 소멸하여 고통에서 해방되고 싶어한다. 그러나 육신이 없으므로 더 이상 영혼의 성장이나 고통에서의 해방을 스스로는 할 수 없다는 것을 잘 알고 있다. 다만 지상의 후손들이 공덕을 쌓아서 정성을 들여 준다면 그 기운으로 조상은 죄도 소멸시키고 덕도 쌓고 하면서 점점 지옥의 고통에서 해방되어 가는 것이다. 그러므로 조상들의 소원은 한 마디로 말해서 지상에 사는 육신을 가진 후손들이 바른 마음의 기운으로 수도(修道)를 하고 헌신이나 헌금을 하여 정성의 기운을 올려보내 주기를 간절히 바라고 있다. 그런데 고대하던 공덕의 기운은 올라오지 않고 죄를 지은 죄악의 기운이 올라오니 조상들은 그 악의 기운 때문에 더욱 더 괴로운 지옥으로 들어가게 되는 것이다,

이렇게 고통 당하는 조상들은 이를 갈며 노려보고 있다가 기회를 보아서 후손에게 벌을 내리는 것이다. 그 벌로 나타난 것이 병이나 사고 당하는 흉사가 벌어지는 것이다.

지상인의 입장에서 보면 갑자기 태산같은 중병에 걸리거나 또는 생각지도 않았던 불행한 사고를 당하게 되는 것이다.

이러한 이치에서 볼 때 지상인이 마음 한번만 바르게 돌리면 그 앞날의 전도가 창창하게 밝을 수도 있고 조상들의 소원도 이루어 주며 조상들을 구원도 해 주므로 이러한 사람은 만사가 형통하게 이루어 지는 것이다.

그러므로 누구나 사주를 보면 조상님들이 무엇을 해 달라는가를 알 수가 있다. 즉 조상들의 소원이 무엇인가를 알 수 있는 것이다.

```
년  월  일  시
庚  庚  甲  戊        辛壬癸甲乙丙丁
申  辰  寅  辰        巳午未申酉戌亥
```

이 사주를 보면 조부모와 증조부모가 지은 업보를 소멸시켜 달라고 나타나 있다. 조상들이 권력남용의 죄와 재물을 빼앗은 죄가 업보로써 나와 있기 때문에 이 사주의 주인공이 업보를 탕 감하려면 권력남용을 하지 말고 정도에 길로 행할 것이며 또한 재물 빼앗은 업보를 탕감하기 위해서는 자기의 재산일부를 공익 사업에 바쳐야 하는 것이다. 이렇게 하면 영계에 있는 조상들은 지은 죄업이 소멸되므로 고통에서 해방되는 것이다. 또한 지상 에서는 인간 책임분담을 완수하게 되는 것이다.

이와 같이 우리가 사주를 보는 것은 앞날의 길흉을 점쳐 보는 것도 중요하지만 더 중요한 것은 과연 내가 하늘앞에 자신의 책 임분담이 무엇이며 무슨 일을 얼마 동안이나 헌신과 헌물을 바 쳐야 하는가를 바로 알므로 조상을 구원하고 내 자신이 구원받 을 수 있는 바른 길을 걸어갈 때 여기에 인생의 참된 목적이 있 는 것이다.

2. 좋은 시기(時期)

```
년  월  일  시
丙  己  戊  壬        庚辛壬癸甲乙丙
戌  未  申  子        申酉戌亥子丑寅
```

이 사주는 金水 즉 재관이 길신이며 火土 즉 인성과 비겁은 흉

신이다. 비겁이 흉신이므로 5대 조상이 지은 업보를 갚아야 한
다고 나타나 있다.

5대조상이 지은 죄업도 토기운이 왕성하므로 토지나 사업 등
에서 관계된 죄를 범하였고 또한 믿음 생활을 하다가 도중에 타
락되었음을 나타내고 있다. 그러므로 이 사주의 주인공이 갚아
야 하는 업보는 자기가 피땀 흘려 정당하게 번 돈을 공익사업에
남모르게 헌금하면 그 업보를 탕감할 수가 있고 또한 믿음생활
을 하다가 도중에 타락한 업보를 갚으려면 이 후손은 천지부모
님을 믿는 그 신앙이 일생을 두고 도중에 변하지 말며 또한 도중
에 어떤 유혹이 닥쳐와도 승리하여야만이 조상이 지은 불신의
업보를 탕감할 수가 있는 것이다.

대운이 일로 용신운으로 흐르므로 평생을 평안하고 유복하게
살았는데 이처럼 대운이 잘 들어온다는 것은 업보를 소멸시킬
수 있는 길이 많이 열려있다는 뜻인데 이 시기에 갚지 않고 허송
세월을 보내다 보면 다음에 기신운이 닦치면 그 때는 탕감할 수
있는 길이 더욱 어렵게 되어지는 것이다.

그러므로 길운이 왔을 때 교만하거나 오만방자하지 말고 부지
런히 그 빚을 다 갚고 나면 흉운이 왔을 때도 큰 흉을 면하고 무
난히 지낼 수가 있는 것이다. 그러나 실상 대부분의 사람들을 보
면 길운이 왔을 때는 조상들이 지은 업보를 갚을 생각은 조금도
하지 않고 자기가 잘나서 하는 일이 잘되는 줄로만 알고 교만하
며 음란한 생각을 억제하지를 못하여 음탕한 밤낮을 가리지 않
고 죄만 짓다가 좋은 세월 다 보내고 나면 다음에 흉운이 닥치면
큰 벼락이 떨어지는 것이다. 고칠수 없는 불치의 병이 발생할 것
이며 그토록 탄탄한 사업으로 믿었던 것이 하루 아침에 부도가
나서 도산이 되고 만다. 마누라는 바람이 나서 도망을 가게 될
것이며 믿었던 사람으로부터 배신을 당하는 등의 흉운이 닥치는

것이다. 이처럼 흉운이 닥치면 조상들의 업보을 갚기는 너무나
어려워 진다.

그러므로 길운을 맞이 했을 때 정신을 차려 부지런히 업보소
멸에 주력해야 그 가정이 평안해 지는 것이다.

3. 열남(烈男)의 길

```
년  월  일  시
壬  壬  庚  乙        癸甲乙丙丁戊己
戌  子  午  酉        丑寅卯辰巳午未
```

이 사주는 식상이 태강하고 일주는 무력하다. 식상이 흉신이
므로 고조부모님이 음란한 죄를 많이 지었으니 그 죄업을 탕감
하라고 나타나 있다. 즉 고조부님이 생전에 재물이 넉넉할 때 생
각나는 것이라곤 밤낮으로 솟아오르는 간음죄를 지은 것이 이
사주의 주인공 운명에 나타나 있는 것이다. 고로 이 사주의 주인
공은 그 고조부님의 업보를 갚아야 할 책임을 지고 이 땅에 태어
난 것이다. 그러므로 절대적인 정신무장을 하여 간음죄를 범하
지 말며 열남(烈男)의 길을 걸어야 간음죄의 업보가 소멸되는
것이다.

그러나 이 사람은 오히려 조상의 전철을 밟고 말았다. 돈이 몇
푼이라도 여유가 생기면 여자 사냥하는 것을 낙으로 삼고 살아
갔으니 조상죄의 소멸은 고사하고 조상죄의 업보를 더 크게 만
들어 놓고 말았다. 고로 노년기에 태산같은 병이 들어 십여년을
고통 당하며 살다가 허망하게 육신을 벗고 말았다.

이렇게 살면 그 인생은 아무 가치 없는 인생이 되고 마는 법이

다. 사람이 태어나는 것은 조상들의 지은 바 업보를 갚아야 한다
는 사명과 책임을 짊어지고 태어나는 것인데 업보 소멸은 못할
망정 업보를 더 크게 만들어 놓고 간대서야 무슨 보람을 가지겠
는가. 다음에 영계에 들어가서는 지옥에 들어가지 말라고 하나
님이 말려도 스스로 지옥으로 들어갈 수 밖에 없는 불쌍한 인생
이 되는 것이다.

　이렇게 볼 때 우리는 지상에 살 동안에 함부로 살 수가 없으며
정신을 차려야 하는 것이다. 나를 대하고 있는 조상님의 소원이
무엇인가를 항상 생각하면서 그 업보소멸을 위해서 바른 마음을
가지며 선한 사업에 노력해야 할 것이다.

4. 저승문

　사람이 이 세상을 살다가 육신이 노쇠하면 그 육신을 벗어 버
리고 영혼만으로 저승길을 가게 된다. 저승에 가게 되면 제일 먼
저 통과하는 것이 저승문이다. 이 문을 통과할 때에 일생동안 선
악간 지은 모든 것이 나타난다. 여기에서 천국으로 갈 것인가 아
니면 지옥으로 갈 것인가 갈라지는 곳이다. 저승문은 열두 대문
으로 되어있다. 문 하나를 들어설 때마다 시험을 치른다.

　첫째 문에서 넷째 문까지는 주로 공덕을 얼마나 지었느냐 하
는 것을 시험한다. 그리고 다섯째 문에서부터 여덟째 문까지는
주로 얼마나 양심대로 살았느냐하는 양심문제를 놓고 시험한다.
아홉째 문에서 열두대문까지는 얼마나 진리에 합당한 모습으로
살았느냐 하는 진리시험을 하는 것이다.

　첫째 문에 들어서면 시험을 하는데 그 시험도 이러하다. 즉 세

상에 살 때에 가장 크게 원수 맺었던 사람이 나타난다. 그 원수
맺은 사람이 나타나서 참소하며 물고 늘어지면 첫째문을 통과하
기 어렵다. 남모르게 원한을 맺어 놓은 사연이 있다면 이 첫째
문에서 걸리게 된다. 은혜를 입고서 배신하였다든가 살인을 하
여 원수를 맺었다면 이 문을 통과할 수가 없다. 첫째 문을 통과
하지 못하면 그 영혼은 곧바로 지옥으로 직행하게 된다. 많은 수
의 영혼들이 이 첫째 문에서 실격하여 지옥으로 떨어져 가는 것
을 볼 때 남의 이야기가 아님을 알아야 한다. 좀더 자세히 열거
하여 보면 다음과 같다.

살인을 한 사람,

도적질을 많이 한 사람,

간음을 많이 한 사람이다.

이 세가지 죄가 곧 삼악(三惡)이라 하여 가장 무서운 지옥으
로 떨어진다.

다행히 지상에 살 동안에 크게 원수를 맺었거나 도적질을 많
이 한 일이 없다면 무사히 첫째 문을 통과한다.

다음은 둘째 문에 들어간다.

둘째 문에서 시험하는 것은 다음과 같다. 술을 많이 마시고 방
탕하며 남에게 피해를 많이 주었거나 악한 말을 많이 하였거나
폭력을 많이 사용하였거나 직장에 다닐 때 공금을 감추었거나
남의 돈을 빌려 쓰고는 갚지 않은 자는 모두 이 둘째 문에서 다
걸린다.

다음은 세번째 문이다.

세번째 문에서의 시험은 다음과 같다. 즉 공공기물을 부수거
나 친한 사이를 이간질하거나 돈버는 일이라면 인류도덕도 무시

하고 살았거나 사치를 많이 하였거나 신용을 지키지 않았거나 말은 비단같이 잘 꾸며대나 그 행동은 엉망인 사람이거나 음란한 노래나 이야기를 많이 하면 이 문을 통과하지 못한다.

다음은 넷째 문이다.
넷째 문을 통과하려면 다음과 같은 시험을 거쳐야 한다.
교만심이 없어야 한다.
시기심이 없어야 한다.
질투심이 없어야 한다.
이 세가지를 지킨 사람은 이 넷째 문을 통과할 수가 있다. 넷째 문을 통과한 사람은 다섯째 문에 들어가서 시험을 칠 수 있는 자격을 부여 받는다.

다음은 다섯째 문에 들어선다.
이곳의 시험은 주로 지상에 살 동안에 얼마나 양심을 바르게 하여 살았느냐하는 시험이다. 모든 일에 임해서 양심과 사심이 싸울 때 양심이 많이 승리한 것일 때 이 문을 통과할 수 있다.

다음은 여섯째 문이다.
여섯째 문에서 시험하는 것은 모든 일을 할 때에 양심에 부끄러움이 없고 더 나아가서는 하늘을 우러러 한 점 부끄럼이 없어야 이 문을 통과할 수가 있다.

다음은 일곱째 문이다.
이곳 일곱째 문에서 시험하는 것은 양심보다 더 선한 본심(本心)의 시험이다. 즉 세상에 살 동안에 본심대로 살았느냐 하는 시험이다. 만약 지상에서 살 동안 본심대로 산 사람은 이 문을 통과할 수 있다.

다음은 여덟째 문이다.

이 곳 여덟째 문에서 하는 시험은 중생을 얼마나 많이 제도하였느냐하는 시험이며 진리가 무엇인가하는 진리의 시험이다. 이곳 여덟째 문까지 통과한 사람들은 영혼의 급수가 상당히 높은 고급영혼들이다. 여덟째 문을 통과한 영혼들은 대부분이 낙원이라는 영계에 들어가서 편안히 지낸다.

다음은 아홉째 문이다.

이 곳 아홉째 문에서는 시험하는 것이 최고의 높은 시험이다. 공자님과 예수님과 석가님이 나와 계시고 문답을 통하여 시험하는 것이다. 이곳 아홉째 문에 들어서는 영혼들은 그 영급(靈級)이 성위(聖位)에 오른 영혼들이다.

공자님이 질문하시기를 무엇을 인(仁)이라 하느냐? 하늘(天)은 무엇이냐? 사람(人)은 무엇인가? 하는 등의 문답식의 시험이다.

예수님께서도 질문을 하신다. 하나님은 어떤 분이신가? 무엇이 죄(罪)인가? 하나님을 믿고 죄사함을 받은 사람이 왜 또 죄있는 자식을 낳는가? 예수님은 지금 어떤 심정으로 기독교인들을 바라보고 계실까? 장차 이 지구는 어떻게 되겠는가? 예수님은 장차 어디로 어떻게 언제 재림하실까? 하는 등의 질문을 하신다. 실로 기독교의 진수를 물어 보시는 것이다.

석가모니 부처님께서도 질문하시는데 주로 의두요목(疑頭要目)을 중심으로 질문하신다. 유아독존(唯我獨尊)의 참뜻은 무엇인가? 일체가 다 마음에서 짓는다 하였으니 그것이 무슨 뜻이냐? 마음이 부처라 하였으니 그것이 무슨 뜻인가? 성불(成佛)

한 다음에는 무엇을 해야 할까? 등의 시험을 하신다.

다음은 열번째 문이다.

이 곳까지 올라온 영혼은 거의 없다. 백년에 한 사람이나 올라올까 말까 한다. 물론 이곳의 시험관은 예수님과 부처님과 공자님이시다.

이곳에 시험은 우주의 주인이신 천지부모님에 대한 질문이다. 천지부모(天地父母)님은 어떤 분이신가? 천지부모님은 어떤 한(恨)이 맺혀 있는 분이신가? 천지부모님의 한(恨)을 어떻게 풀어 드릴 수가 있을까? 하는 질문이신데 너무나 감당키 어려운 물음이시다. 주로 한(恨)에 대한 질문이다. 역사적으로 지금까지 이 질문을 통과한 사람은 아무도 없다. 그리고 열한번째 문과 열두번째 문에서는 아직도 한 사람도 들어가 보지를 못했다. 고로 시험도 칠 수가 없었다. 응시자가 없는데 누구를 상대로 시험을 하겠는가? 이렇게 열두 대문을 다 통과해야 천국에 들어가는데 역사적으로 아무도 통과하지 못했다. 그러므로 천국에 들어간 영혼은 한 명도 없다. 다만 천국 근처 낙원이라는 곳에 까지 올라간 성인이 몇 분 있을 뿐이다.

지금까지의 저승문을 대문 별로 정리해 보면 열두 대문을 다 통과한 영혼은 천국이란 곳에 들어가서 영원히 복낙을 누리며 산다. 그리고 여덟째 문 이상 통과한 영혼은 낙원으로 들어간다. 낙원은 천국과 다르다. 아직도 천국 들어가기는 부족한 점이 있다.

그리고 넷째 문 이상 통과한 영혼은 승마궁(勝魔宮)이란 곳에 들어간다. 이곳은 마귀와 싸워서 승리한 면이 많은 영혼이 들어

간다. 즉 낙원보다 아래이다.

그리고 셋째 문 이하에서 불합격한 영혼은 지옥(地獄)에 들어 가서 많은 고통을 당한다. 지옥도 천층 만층이 된다.

이처럼 저승문은 미리 알아 본다면 과연 나 자신은 어느 문에 서 머물게 될 것인가 또는 어느 문까지 통과할수 있을 것인가 한 번 생각해 볼 일이다.

이 문제는 누구 보다도 자기 자신이 잘 안다.

이제 지상에서 육신을 가지고 있을 때 열심히 마음공부 잘하 고 공덕을 많이 쌓아 저승문을 통과할 때 자신있게 지나갈 수 있 는 준비를 해야 할 것이다.

한번가면 다시 올수 없는 이 저승길을 갈 때 과연 우리는 무엇 을 선물로 가지고 갈 것인가 한번 생각해 보면 우리는 촌분(寸 分)도 허송세월을 보내지 말고 마음공부를 잘해야 할 것이다. 마음공부란 곧 참사랑 공부라고도 할 수가 있다.

세상사람들을 참으로 사랑하는 것이 참마음 공부다. 참마음 공부를 실천하는 것은 다음과 같다. 즉 내 가정을 중심으로 비교 해 보아서 나의 부모님과 연세가 비슷한 어른을 대할 때는 내부 모님처럼 공경하며 또한 나보다 나이가 많은 사람을 대할 때는 나의 친형님이나 누님처럼 진심으로 공경하며 손아래 사람을 대 할 때는 친동생처럼 사랑으로 대하여 주고 어린아이를 보면 나 의 친 아들딸처럼 사랑하고 보실피는 마음, 이것이 참사랑이며 참마음이다.

이처럼 참사랑과 참마음이 나의 인격을 성장시켜주는 공부가 되며 수양이 되는 것이다. 이제 우리는 저승문을 늘 생각하면서 열두 대문을 무사히 통과할 수 있도록 지상에서 수련을 많이 해

야 할 것이며 저승길 보따리 챙기는 준비를 많이 해야 저승길에
바쁜 걸음을 치지 않는다.

또한 먼저 가 있는 조상들이 후손에게 간절히 바라는 것은 부
디 마음공부 잘하여 열두 대문을 잘 통과하는 후손이 되어 주기
를 학수고대하고 있는 것이다.
영계에서도 후손중에 누구 한 사람이 마음공부를 잘하여 높은
영계에 가게 되면 낮은 영계에 머물러 있는 많은 친척들이 도움
을 보게 되는 것이다.

5. 살인자(殺人者)

지상에 살 동안에 자기의 이익을 생각하여 사람을 죽였다면
이 사람은 장차 육신을 벗고 저승문을. 통과할 때, 첫째 문에 지
옥으로 떨어지게 된다. 그러나 지상에서 살 동안에 회개하여 속
죄함을 받으면 다행히 통과할 수가 있다. 사람의 본래 존재목적
은 천지자녀(天地子女)의 가치로써 창조되었다. 즉 사람은 천지
자녀인데 이처럼 귀중한 사람의 목숨을 죽이는 살인죄를 범한다
면 하늘이 용서하지 않으신다.

```
년  월  일  시
辛  丁  甲  戊      壬辛庚己戊丁丙
亥  巳  午  辰      辰卯寅丑子亥戌
```

이 사주는 甲木일주가 巳월에 출생하여 신약사주이다. 고로
水木은 길하고 火土는 흉하다.

庚대운에 상거래하던 사람과 다툼이 생겨 그것이 원인이 되어 싸우다가 살인죄를 저지르고 말았다. 그리고는 도망다니는 신세가 되었는데 숨어서 살았다. 언제 체포될지 모른다는 불안속에서 양심의 가책을 느끼며 괴로와 해야 했다. 늘 불안한 마음으로 숨어다니는 신세가 오죽하겠는가. 넓고 좋은 길로는 다니지 못하고 늘 산길이나 외길을 숨어 다녀야 했다. 밝은 대낮에도 다니지 못하고 어두운 밤에만 숨어 다녀야 했다. 늘 양심에 가책을 느끼며 살 수 밖에 없었다.

어느날 밤길을 가다가 낭떠러지에 떨어져 왼쪽 다리가 부러지고 말았다. 엄청난 고통을 당하고 있지만 살려 달라고 소리도 지를 수가 없었다. 경찰들이 달려올까 겁이 나서다. 부러진 다리를 치료하지도 못하고 끌며 기어 다니다시피 하는 그 고통을 당해야 했다. 많은 날을 굶고 추위에 떨고 있는 중에 기한도 되기 전에 저승사자가 잡으러 왔다. 저승사자에게 잡히는 순간 그토록 통증을 느끼던 다리의 고통이 일시에 사라져 버렸다. 즉 육신을 벗어버리므로 육신을 중심한 다리의 통증이나 배가 고프던 고통이나 추위에 떨던 고통들이 다 끝나 버린 것이다.

그런데 이제부터 새로운 고통이 따르기 시작했다.

사람을 죽였다는 그 양심의 고통이 크게 살아난 것이다. 물론 육신을 입고 있을 동안에도 조금씩 느끼기는 하였지만 그래도 육신이라는 탈속에 있는 영혼으로서는 많이 감추어져 있었다. 이제 육신을 벗어버리니 어디 한곳도 감출 곳이 없었다. 육신속에 있을 때는 선악간 지은 바가 잘 알 수가 없지만 육신을 벗어버리면 모든 마음의 자세가 다 들어나는 것이다. 영혼에 색깔이 다르기 때문이다. 선한 업을 많이 쌓은 영혼은 발광체(發光體)를 띄고 있고 악업을 많이 쌓은 영혼은 무광체(無光體)의 영혼이기 때문이다. 죄많은 영혼일수록 색깔이 검다.

이처럼 얼굴에 색깔의 차이가 다르게 나타나므로 쉽게 알 수 밖에 없다.   살인죄를 저지른 영혼은 지옥의 무서운 고통을 받으며 살아가야 한다. 영계에서는 한번 결정되면 영원히 그 자리에서 벗어날 수가 없는 것이다. 그 영혼은 후회를 하고 있다. 차라리 지상에 있을 때 자수를 하여 응분의 댓가를 치르던지 아니면 체포가 되어 그 댓가를 치르렀다면 차라리 좋았을 것이다. 아무튼 지상에서 지은 죄는 육신을 벗기전에 다 씻어야 현명한 방법이다.

사람을 사랑하는 것이 도(道)의 완성인데 사람을 죽인다는 것은 천리에 역행하는 범죄인 것이다. 살인죄를 범하면 다음에 후손의 사주에 살인을 당할 수 있는 그러한 사주가 엮어지게 된다. 업보를 갚아야 하기 때문이다.

육신 없는 영혼으로서는 속죄할 길이 없기 때문에 후손을 통하여 속죄할 수 있도록 사주를 엮어줄 수 밖에 없는 것이다. 이렇게 되면 후손은 조상 잘못만난 탓으로 불길한 사주를 타고 나게 되는 것이다. 그렇다고 해서 조상을 원망하면 그 죄만 더 크게 하는 결과를 초래하는 것이니 원망심을 감사하는 마음으로 돌려야 한다.

6. 삼형살(三刑殺)

년	월	일	시	
丙	己	庚	戊	庚辛壬癸甲乙丙
寅	巳	申	寅	午未申酉戌亥子

이 사주는 木火가 기신이다. 그리고 寅巳申 삼형살이 들어 있

고 寅申이 상충하여 흉악한 죽음을 당할 것을 암시하고 있다.

이러한 사주가 구성된 것은 조부와 7대조상이 살인죄를 지었음을 알 수가 있다. 그러므로 그 조상의 업보를 갚으라는 내용이 삼형살로써 사주에 나타나 있는 것이다.

그러므로 이 사람은 믿음을 세우고 늘 기도하는 마음으로 살아야 한다. 선업(善業)을 지어야 한다. 어떤한 억울함을 당한다 해도 복수를 한다거나 혈기를 부리는 일은 일체 삼가야 한다. 조상의 업보를 소멸시킨다는 심정으로 참고 또 참아야 조상의 업보가 소멸되는 것이다.

그러나 이 사주의 주인공은 조상의 업보를 소멸시키기는 고사하고 한술 더떠서 범죄조직에 가담하여 폭력과 살인방화며 살인강도 짓을 서슴치 않고 행하였다. 이러한 행위를 보는 영계의 조상은 탄식하는 것이다.

지상에서 후손이 범한 그 악한 기운이 영계에 있는 조상들에게 전해져서 영향을 주게 되므로 조상들은 후손이 지은 죄의 양에 따라 점점 더 깊은 지옥으로 강급(降級)하게 되니 얼마나 불효(不孝)한 짓이겠는가.

조상들이 가만히 있지 않는다. 이를 갈며 후손을 원망하며 벌을 내린다. 불치의 병이나 불행한 사고나 사업이 부도나게 하는 것이다. 이처럼 조상들이 신벌을 내려서 당하는 재앙은 인력으로 막기가 어렵다.

불치의 병이나 불행한 사고를 당해 놓고도 회개할 줄 모르고 깨닫지 못하면 그 목숨을 거두어 가는 것이다. 이렇게 죽음을 맞이하는 그 사람은 실패한 인생이며 보나마나 지옥가는 영혼이 되는 것이다. 이러한 저승에 비밀을 이제 알았으므로 지상에서 육신을 쓰고 활동하고 있는 사람들은 새로운 마음가짐으로 살아가야 한다.

바른 마음을 가지고 살아야 한다. 모든 일에 감사하는 마음이 중요하다. 그리고 공도(公道)에 헌신하는 생활을 해야 한다.

오늘의 나 한사람이 태어나기 까지에는 인연이 멀고도 멀다. 먼 조상으로부터 그 인연의 줄이 이어져 내려 오고 있으므로 현재의 내 속의 피살 안에는 온갖 죄악이 얼룩져 있다. 살인자의 피도 섞여 있고 강도짓을 한 조상의 피도 함께 있으며 간음죄를 범한 조상의 피도 함께 있다.

이 모든 죄업을 청산하는 비결은 마음을 바르게 가지는 것이며 모든 일에 감사하며 은혜를 생각하는 것이다.

사주를 보아 자기의 가장 단점을 보완하고 장점을 더욱 키우므로 업보소멸하는데 큰 도움을 얻게 된다.

7. 그리운 육신(肉身)

영계의 지옥에 머물러 있는 조상들은 그 소원이 지상 인간의 육신이다. 육신이 있어야 복을 더 짓던지 죄를 씻던지 할 수 있기 때문이다. 조상 자신이 지상에 살 동안에 가졌던 생각이나 행동은 모두 잘못된 것 뿐이였다. 하늘을 모르고 자행자지하면서 죄를 범하였고 또한 육신생활만이 전부라고 생각하며 살았으므로 동정(動靜)간에 모두가 죄짓는 것 뿐이였다.

뒷집에 유부녀간통도 하였고 옆집에 들어가서 도적질도 하였고 폭력도 행하며 알게 모르게 지은 죄가 너무나 많았다. 막상 육신을 벗고 영계에 들어와 보니 새로운 세계가 있고 저승문을 통과할 때 첫째 문에서 걸려 지옥으로 들어가고 말았다.

일단 영계에 들어가서는 아무리 후회해 봐도 소용이 없다. 영

혼에 기록되어 있는 죄를 씻으려면 육신을 터전으로 하지 않고
는 지울 수가 없는 것이다. 또한 영혼에 덕을 쌓거나 복을 장만
하는 것도 육신을 터전으로 하여야 가능한 것이다. 육신이 없는
영혼은 사람이 마음뿐이고 실행은 할 수 없는 것과 비슷하다.

지옥에 들어간 영혼들은 모두 탄식하고 있다. 내가 왜 지상에
서 육신을 쓰고 살 동안에 이러한 영계의 법칙을 올랐을까. 왜
뒷집 숙이 엄마하고 남몰래 동침을 했을까. 왜 건너 마을 삼돌이
네 집의 소를 훔쳐 팔아 먹었을까. 왜 뒷동네 만복이에게 폭행을
하여 다리를 부러지게 하는 악행을 범했을까. 모두 생각하면 할
수록 후회스럽고 탄식할 일들 뿐이다,

또한 부모님께 왜 그토록 불효하였을까. 그리고 마누라는 왜
그토록 심하게 구박하며 살았을까. 생각하면 할수록 그 지은 죄
가 많으나 육신이 없으므로 씻을 수가 없다. 그래서 영혼들은 모
두 지상에서 활동하고 있는 인간의 육신을 그리워 한다.

저 육신만 다시 한번 더 입을 수만 있다면 정말 바르게 살면서
죄를 짓지 않고 이왕 지은 죄는 깨끗이 청산하여 고통을 면할 수
있는데 생각하면서 육신을 그리워하고 부러워할 뿐이다. 그러다
보니 어떤 영혼들은 천지의 법칙을 무시해 가며 지상에 육신 쓴
사람에게 접근을 하는 것이다. 그러다가 지상인이 어떤 괴로움
이나 자살하고 싶은 충동이 생길 때 영혼과 지상인과의 사이에
기운의 파장이 통하여 그 지상인에게 달라 붙는 것이다. 끈질기
게 달라 붙어 있다가 지상인이 지치면 지상인의 영혼을 밀어내
고 영계에서 내려온 악령이 그 사람의 주인행세를 하는 것이다.

이렇게 남의 육신을 빼앗아 쓰고는 자신이 지은 죄를 씻기 위
해서 육신을 희생기킨다. 겨울철인데 삼베옷 하나만 걸치고 다
니면서 추위의 고통에 떨게 하므로 그 고통을 댓가로 하여 자신
의 죄를 씻으려 하는 것이다. 또는 육신에 상처를 내어 스스로

고통을 당하기도 한다. 이 악령은 자기의 육신이 아니므로 육신
이야 병신이 되든 말든 상관치 않고 악령 자신의 죄만 씻으려고
육신을 무자비하게 희생기키는 것이다. 이때 지상에서 주위 사
람들이 보기에는 완전히 미친 사람으로 취급하게 되는 것이다.

이와 같은 일 때문에 요즘은 세상에 정신이상자들이 수없이
많이 나타나는 것이다. 이처럼 영계의 악령들이 겁탈하는 일들
이 자꾸만 늘어 가기만 한다.

그러나 악령들이 지상인을 덮쳐서 육신을 빼앗는데도 아무에
게나 달라 붙는 것이 아니고 비교적 악령 자신과 상대 기준이 비
슷한 사람을 택하게 된다. 탐욕이 많은 사람을 노린다. 사람을
속이려는 사기(詐欺)심이 많은 사람을 악령은 노린다.

자기에게 이로운 것만 생각하고 남이야 죽던지 말던지 상관않
는 이기심(利己心)이 많은 사람은 악령의 표적이 되기 쉽다.

공연히 세상과 사람을 미워하는 증오심(憎惡心)이 많은 사람
을 악령은 친구처럼 가까이 온다. 조그마한 일에도 혈기를 부리
며 분노를 자주 폭발시키는 분노심(忿怒心)이 많은 사람을 악령
은 쉽게 접근을 한다. 세상을 원망하거나 부모를 원망하거나 하
늘을 원망하는 마음의 소유자는 악령들의 도구가 되기 쉽다. 생
각이 바르지 못하여 한편에 치우친 생각을 많이 하는 편벽심(偏
僻心)을 많이 가지면 악령들이 가까이에서 맴돌고 있다. 교만한
마음으로 조금도 자신을 반성할 줄 모르는 사람도 악령들이 이
미 달라 붙기 직전에 있는 것이다.

이상과 같이 바르지 못한 마음 자세를 많이 가지면 악령들에
게 육신을 빼앗기기가 쉽다. 곧 악령들의 침범을 당하지 않으려
면 마음가짐을 바르게 해야 한다. 과욕을 부리지 말고 분수 안에
서 노력을 해야 한다. 사람은 속일수 있다해도 하늘은 속일수 없
다. 진심을 가져야 한다. 이기주의(利己主義)를 억제하고 자리

이타주의(自利利他主義)를 행하여야 한다. 더 나아가서는 이타
주의(利他主義) 정신으로 살아야 악령들이 접근을 못한다.

공자께서는 사람을 사랑하는 것이 곧 인(仁)이라 했다. 사람
을 사랑할 줄 알아야 악령들이 얼씬도 못한다.

"모세"도 혈기 때문에 반석을 두번 치므로 실족하고 말았다.
고로 이성을 찾고 냉정한 자기 비판을 할 줄 알아야 악령이 가까
이 오지 않는다. 모든 일에 감사는 마음으로 살아가면 악령들과
는 인연이 없게 된다. 마음이 천지부모님을 믿는 그 중심이 흔들
리지 않으면 악령은 감히 접근을 못한다. 겸손은 만가지 덕의 원
천이므로 겸손한 마음을 많이 가지면 악령들이 근처도 오지 않
는다. 수희공덕(隨喜功德)을 많이 쌓으면 악령의 침범을 받지
않는다.

이상과 같은 마음을 가지고 살아가면 악령들의 침범을 받지
않고 편안히 살 수가 있다. 이런 암시를 많이 하면 복이 빨리 찾
아온다.

　"바른마음 복된마음
　　행복문을 열어주네
　　모든일에 감사하면
　　모든일에 복을받네"

하루에도 백번이상 암송한다.

8. 무당(巫堂)

년	월	일	시						
戊	甲	壬	乙	癸	壬	辛	庚	己	戊	丁
辰	寅	寅	亥	丑	子	亥	戌	酉	申	未

이 여자는 12살 때에 심한 병을 앓고 나서는 잡신이 접하여 늘 고통을 당하며 살다가 무당이 되었다.

"영산선녀(靈山仙女)"라는 간판을 내걸고 무당 노릇을 하였는데 늘 하는 소리가 자기는 다음에 저승에 가면 염라대왕의 마누라가 된다고 찾아오는 손님들에게 이야기하였다.

지상에서 무당이 되는 것도 모두 영계에 있는 악령들이 달라붙어 조종하고 있는 것이다. 무당이란 하나의 육신 속에 두 명의 영혼이 조종하고 있는 상태를 말한다. 보통 무당집에 가 보면 간판 이름이 이러하다.

"칠성동자""영산선녀""삼각산신령""태백산도사""지리산산신" 이러한 간판을 내걸고 있는 것을 많이 보는데 "동자"란 것은 그 무당의 조상중에 주로 어린 아이가 죽은 귀신이 무당에게 접신한 상태이다.

"선녀"라는 간판을 내걸고 있는 무당집은 그 조상중에 시집 못간 처녀가 죽은 귀신이 무당에게 접신한 상태이다. "산신"이나 "도사"등의 간판을 내건 무당집은 조상중에 악하게 살다간 남자귀신이 접신하여 무당 노릇을 하게 하는 상태인 것이다.

무당에게 접신하여 조종하는 악령들은 천법(天法)을 위반해 가면서 자신의 죄업을 씻기 위해서 무당을 이용하는 것이다. 그러나 실상 이렇게 한다고 해서 악령들의 죄업은 소멸되지가 않는다. 그 이유는 죄를 범해가면서 씻으려하기 때문에 씻는 것보

다는 죄를 짓는 것이 더 많기 때문이다. 또한 천법을 위반한 상
태에서는 어떠한 선행을 한다해도 가치 없는 내용이 되며 결국
자신은 선행이라고 행한 것이 악업이 되고마는 것이다.

이것은 비단 무당이나 악령들에게만 적용된 것이 아니라 지상
에 모든 사람들에게도 적용된다. 즉 선행을 하거나 복을 짓거나
덕을 쌓아도 어디까지나 우주의 주인이신 천지부모님과 함께 해
야 그 결과가 축복으로 열매를 맺는 것이지 반대로 악마를 중심
삼고 선행을 하거나 복을 짓거나 덕을 아무리 많이 쌓아도 이것
은 소용없는 일이다.

악령은 무당을 자기의 노예로 삼고 늘 이용해 먹고 있는 것이
다. 어리석은 손님들이 찾아오면 그 손님의 궁금증을 조금은 알
려 준다. 그리고는 정성을 드리라고 한다. 그 정성의 대상도 악
령자신의 대명사로 내 놓은 "삼각산산신" 이름으로 정성을 드리
라고 한다. 그리하여 손님과 무당이 합세하여 삼각산산신에게
정성을 드리면 그 정성에 기운을 악령은 받아서 악령 자신의 사
욕을 취하는 것이다.

악령이 한번 무당에게 접신하면 무당의 의견이나 소원 등은
모두 무시하고 악령 자신의 욕심만 채우기 위해서 온갖 짓도 다
하는 것이다.

한번 무당집에 들리면 처음은 병도 조금 회복되게 해 준다. 그
리고 얼마간의 시간이 지나면 더 심하게 고통을 준다. 그러면 그
손님은 우선 몸이 아프고 괴로우니까 다시 무당집을 찾게 된다.
이때 악령은 무당의 입을 통하여 말을 한다. 지난번에 드린 정성
이 부족하여 그러하니 더 큰 굿을 하고 정성을 많이 드려야 회복
된다고 겁을 준다. 어리석은 손님은 그 말을 그대로 알아듣고 더
큰 굿을 한다. 복채도 두둑히 내어놓고 정성도 여러날 드린다.

이때 악령은 그 정성을 모두 자신이 가로 채고는 그 손님을 놓

치지 않기 위해서 고통을 얼마동안은 멈추게 해 준다. 일단 굿을 하고 나면 몸이 아프지가 않다. 우선 몸이 아프지 않으므로 그 무당을 아주 용한 무당이라고 이웃에게 선전을 하며 다닌다.

악령은 자기를 신봉하는 어리석은 사람들을 많이 모집하기 위해서라도 이처럼 굿을 하면 병을 조금 낳게 해 주었다가 다시 얼마 후에 고통을 주기를 반복하며 손님을 많이 데리고 와야 병을 완전히 낳게 해 주겠다고 속인다.

이처럼 무당에게 한번 걸려들면 끊지 못하게 자꾸만 유혹을 하는 것이다. 그래서 굿을 한번 시작하면 그 집안살림은 완전히 다 망해 먹도록 까지 끌고 다닌다.

악령의 침범으로 정신이 돈다거나 무당이 되지 않으려면 무엇보다 우주의 주인이신 천지부모님을 절대적으로 믿는 신심(信心)이 중요하다.

천지부모님은 온 인류에 부모님이시고 유일신이시며 사랑과 행복의 근본이시기 때문이다. 무당 그것은 삼악을 범한 죄인과 같은 악업이다. 이런 원리로 볼때 우리는 몸이 아플 때나 시험을 당할 때 무당을 찾아 악령에게 의지하지 말고 도문(道門)을 찾아 천지부모님께 귀의하는 것이 문제해결의 열쇠를 얻는 것이 되는 것이다.

제2장 영혼(靈魂)

1. 선령(善靈)

선령이란 우주의 주인이신 천지부모님과 선한 천사들과 성인 (聖人)들과 선지자(先知者)나 지상에 살 때에 비교적 선하게 살 다간 영혼들을 총칭하여 부르는 말이다.

선령들은 후손들을 바른 길로 가도록 인도해 준다. 선한 조상 이 많은 집안에는 그 후손의 사주가 중화(中和)되어 있다. 중화 된 사주는 길복(吉福)이 많은 사주이다.

```
년  월  일  시
庚  庚  甲  丙        辛壬癸甲乙丙丁
申  辰  子  寅        巳午未申酉戌亥
```

이 사주는 甲木일주도 왕성하고 庚金도 왕성하다. 고로 용신 은 시간의 식신丙火이다. 辰월의 丙火는 쇠약하지 않으며 甲寅 희신의 생조가 많아 용신이 왕강하다. 고로 귀격(貴格)의 사주 다.

사주에 기신이 없으므로 중화되었고 조상들이 음덕이 많았음 을 나타내고 있다. 식신(食神)이 용신이므로 고조부님이 성인 (聖人) 다음가는 덕망을 쌓은 분이였고 증조부모님 조부모님 모 두 음덕을 많이 쌓으신 분들이시다. 고로 사주가 중화되어 길복 이 많았다.

일찍이 午대운에 등과하여 벼슬길에 출발하여 가는 길이 순탄 하였다. 벼슬운이 좋아 승승장구하여 정승이 되었고 자녀와 많은 재물도 함께 복을 많이 받았다.

이 사주에서는 火는 대길하며 木은 중길(中吉)하다. 그리고 土金水 모두 평온무사히 지낼수 있는 기운이다. 사실상 중화된 사주는 기신(忌神)이 없는 것이다. 즉 용신과 희신 뿐이다.

사주에 기신이 없고 용신만 있는 사주는 일생을 복낙을 누리며 잘 산다. 조상들의 음덕이 많은 집안인 것이다.

지상이나 천상이나 상대 기준이 통해야 서로가 협조할 수 있는 것이다. 그러므로 선한 영들의 협조를 받으려면 지상인도 선한 마음 자세를 가져야 서로간의 기운에 파장이 같을 때 상부상조가 되어지는 것이다.

예를 들어 공자님의 기운을 받고자 한다면 지상인의 인격이 공자님과 동일할 수는 없지만 비슷한 수준까지는 올라가야 공자님의 협조를 받을 수 있는 것이다.

지상인이 영계에 선한 영들로부터 도움을 받고자 한다면 우선 자신의 마음 가짐을 올바르게 가져야 한다.

한 그릇의 물을 마시면서도 천지부모님의 생명수(生命水)를 마시는 마음으로 감사하는 생활을 할 때 신비한 기운을 받을 수 있다.

사주를 보면 용신운이 표시하는 육신(六神)의 조상이 그 중에서도 선한 조상이 되는 것이다. 반대로 기신에 해당하는 육신(六神)의 조상은 덕이 부족하거나 죄가 많이 있는 조상이다. 그러나 실상 한 사람이 살아 가면서 선한 일을 할 때도 있고 또 어떤 시기에는 악한 일을 할 때가 있었기 때문에 한 조상 속에 선과 악이 혼합되어 있는 것이다.

그런 의미에서 볼 때 같은 한 부모에서 태어난 형제가 사주가 다르며 길흉의 차이가 나는 것이다.

다음 두 형제의 사주를 비교해 본다.

(형 사주)

년	월	일	시
癸	壬	癸	己
亥	申	未	未

(동생 사주)

년	월	일	시
甲	壬	壬	丙
子	午	戌	午

이상 두 형제의 사주에서 형의 사주는 신강사주이므로 관살이 용신이다. 관살이 용신이므로 조부모님이 늘 협조하고 있다.

다음 동생의 사주를 보면 신약사주이므로 관살은 기신이다. 관살이 기신이므로 조부모님의 악한 기운이 역사하고 있다.

이와 같이 조부모 한 사람의 같은 손자인데 형에게는 선한 기운을 역사하고 동생에게는 악한 기운을 역사하고 있다.

이러한 현상을 보면 그 조부모가 살아 생전에 선한 일도 하였고 때로는 악한 일도 하였다는 증거이다. 그러므로 그 업보는 선악간 혼합되어 있다는 것을 알 수 있다. 여기에서 형은 왜 조상의 길운을 받고 동생은 흉운을 받았을까?

그것은 출생월(出生月)의 인연 때문이다. 그 조부님의 길운이 金이다. 형은 金이 왕성하는 申월에 출생하였기 때문에 조상과 선한 인연이 연결되었고 동생은 火가 왕성하는 午월에 출생하였기 때문에 조부님의 용신과 상극이 되므로 사주에 관살이 흉신으로 나타났으며 또한 조부모님의 선한 기운 대신 악한 기운을 받게 된 것이다. 또한 형제가 같은 달에 태어났다 해도 조상의 용신운에 단 몇일이라도 가까운 후손이 더 많은 길운을 받는 것이다.

이처럼 한 부모의 몸을 타고난 형제가 어떤 자식은 부모와 인연이 되고 어떤 자식은 부모와 인연이 적은 이유는 여기에 있는

것이다. 즉 부모의 용신운과 같은 자식이 부모덕을 많이 타고 나
고 부모의 용신운과 상극되는 자식은 부모의 기운을 적게 받는
것이다. 즉 부모덕이 없는 것이다.

2. 악령(惡靈)

악령이란 마왕 파순(波旬＝사탄)이를 비롯하여 지상에 살 동
안에 악하게 살다간 영혼들이 지옥에 가서 모두 악령이 되어 마
왕의 노예들이 된 것이다. 특히 지상에 살 동안 간음을 많이 하
였으므로 모두 색마(色魔)가 되어 인간을 괴롭히고 있다.

오늘날까지 인간의 마음을 악한 길로 유혹하며 이끌어 나온
"파순"이는 정체가 무엇인가.

"파순"이는 본래 천지부모님의 심부름하던 종이다. 종으로 있
던 "파순"이가 타락하여 마왕(魔王)이 된 것이다.

파순이가 타락할 때 간음으로 타락하였으므로 음란한 마왕인
것이다. 고로 마왕과 가까운 곳에 있는 악령들일수록 음란한 마
귀들인 것이다. 파순이를 기독교에서는 "사탄"이라고 부른다.
파순이는 지옥에 있는 악령들을 상대하여 온 천지를 음란하게
만들도록 유혹하고 그 유혹에 넘어간 지옥의 악령들은 지상에
있는 악한 사람을 상대하여 죄악의 길로 유혹하는 것이다.

이처럼 악령들은 모두 천상지옥에서 활동하고 있다. 우리의
조상들 중에서도 많은 영혼들이 악령이 되어 있다. 이 악령들은
지옥에서 고통을 당하면서 살아 가지만 지옥을 벗어나고 싶어서
몸부림치고 있다. 이 악령들은 모두가 다 음란하며 사악하다.

사람이 마음이 바르지 못하여 악령과 상대기준이 조성되어 악
한 기운이 통하게 되면 제일 먼저 음란한 기운이 발동하게 된다.

영계의 구조를 보더라도 천국은 저 높이 멀리 있으므로 지상인과 교통(交通)이 잘되지 않는데 지옥은 지상과 가까이 있으므로 지상인과 쉽게 교통이 된다. 그러므로 악령의 역사는 쉽게 아루어 지고 반면에 선령의 역사는 좀처럼 잘 이루어 지지 않는다.

이 악령들은 지상인에게 해(害)를 끼쳐 준다. 악령의 손은 가위손이며 손가락과 손톱은 가시와 바늘로 되어 있다. 고로 영적인 병에 걸리면 가위손으로 목을 누른다. 그리고 손가락에 바늘이 많으므로 영적인 고통을 줄 때는 바늘로 찌르는 느낌을 지상인은 받는다. 또 악령이 접근하면 기분이 나빠진다.

이 악령들은 모두 악한 기운을 후손에게 내어 뿜는다. 악령 자신의 고통을 조금이라도 감할 수 있는 길이라면 기회가 오는대로 인정사정 없이 후손을 괴롭게 한다. 후손을 질병속에 끌어 넣기도 하고 불행한 사고를 당하게 하기도 한다.

그러나 지상인의 입장에서는 선한 조상의 업보나 악한 조상의 업보를 후손이 반드시 갚도록 천지의 법이 되어 있다. 이것이 탕감법이다.

선령은 구원하기가 쉽지만 악령구원은 몇십배나 어렵다. 선한 조상들은 그 부족한 점이 있을 때 후손이 조금만 정성들여 주면 매인 것이 쉽게 풀리지만 악한 조상들은 지옥에서 해방시키자면 선령에 비해 몇십배 정성을 더 많이 들여야 가능하다.

	년	월	일	시								
	丁	癸	癸	庚		庚	己	戊	丁	丙	乙	甲
	巳	亥	亥	申		戌	酉	申	未	午	巳	辰

이 사주는 일주는 태강하고 용신은 미약하여 평생을 곤고하게 거지로 살았다. 이는 5대조상이 생전에 너무 음란하게 살았다는

것이 나타나 있다. 고로 그 업보를 갚기 위해 이 사주의 주인공
은 무척이나 고전했으며 일생을 거지로 살며 천대를 받아야 했
다. 조상 잘못 만난 탓으로 아무 영문도 모르고 고생하며 살았던
것이다.

이 사람이 고생을 하면서 일생을 보냈기 때문에 5대 조상의 죄
업은 청산되었다. 신심(信心)의 힘이였다. 비록 거지로 살았으
나 천지부모님을 믿고 산 공로로 혜택을 보았던 것이다.

3. 영혼의 성장(成長)

육신을 벗고 없는 영혼은 자기 스스로의 힘으로서는 성장할
수가 없다. 지옥에 들어가면 영원히 그 지옥에서 고통을 당하게
된다. 저승문을 통과하여 한번 정해진 자리는 영원히 변하지 않
는다.

그러나 한가지 희망의 길이 있다면 지상에서 육신을 가지고
있는 후손들의 도움에 의해서 조금씩 변화될 수 있는 길이 있다.
그러나 이 길이 심히 어려운 길이다. 지상에서는 육신가진 사람
이 한 단계 성장하려면 크게 어렵지 않지만 영계의 영혼에게는
무척이나 어렵다. 지상에서는 한걸음 뛰면 될수 있는 것이 영계
에서는 천년을 뛰어도 어려운 것이다. 즉 육신이 없으므로 지상
에 살고 있는 후손의 육신을 의지해야 하기 때문이다.

그러나 영계이서도 선한 영들은 비교적 크게 어렵지 않게 영
혼에 성장을 할 수 있는 것이다.

선령(善靈)들은 영계에서도 자유가 보장되기 때문에 자유롭
게 지상의 후손에게 협조하므로 지상인과 동일하게 심령을 성장
시킬 수가 있기 때문이다.

그러나 악령들은 영계에서 자유가 거의 없고 활동할 수 있는 범위도 극히 제한되어 좁은 부분이기 때문에 자유롭게 활동을 못하는 것이다. 다만 악한 역사를 할 때만 활동할 수 있으므로 그 심령의 발전이란 거의 없는 것과 같이 더디게 변하는 것이다. 아무튼 악령들을 구원한다는 것은 너무나 힘이 많이 든다.

선한 영의 경우에는 지상인을 협조할 때 그 지상인이 생활속에서 얻어진 감정을 협조한 선영도 협조한 조건으로 함께 부활될 수 있기 때문에 크게 어렵지 않지만 악령들의 영혼에 변화는 지상에 후손이 바른길 즉, 하늘길을 가지 않을때 벌을 내리는 사명을 악령들이 하도록 되어 있기 때문에 지상의 후손에게 병이나 불행한 사고를 당하도록 하였을때 그 지상의 후손이 깨닫고 바른 마음으로 하늘길을 가게 되면 벌을 준 악령도 그 공덕을 받게 되지만 만일 벌을 받고도 후손이 깨닫지 못하고 바른길로 가지 않았을 경우에는 벌을 내린 악령도 구원을 못받는 것이다. 이렇게 하여 구원을 못받은 악령은 화가 나기 때문에 다음에는 더 큰 벌을 내리는 것이다.

그러므로 지상인이 한번 병에 걸렸을 때 깨닫지 못하면 다음에는 더 무서운 질병이나 흉사를 당하는 것이다. 그래도 깨닫지 못하면 그 목숨을 거두어 가는 것이다.

요즘 지상에 살고 있는 많은 사람들이 대부분 한 두 가지의 질병에 시달리고 있다. 그 원인은 이렇게 저승에 있는 우리들의 조상 중에서 지옥에 들어가 고통당하는 영혼들이 고통을 도저히 견디기가 힘들어서 구원해 달라는 신호인 것이다.

그럼 지상의 후손은 어떻게 해야 조상들을 구원할 수 있을까?

여러가지가 있겠다. 우주의 주인이신 천지부모님을 믿고 모시며 지극히 사모해야 한다.

마음을 바르게 가져야 한다.
모든일에 감사해야 한다.
공도에 헌신해야 하는 것 등이다.

죄악의 물결은 조상과 후손을 사이에 두고 역사를 점령하면서 내려오고 있는데 이 죄악의 물결을 그대로 흘러가도록 방치할 것이 아니라 내 당대에 과감히 청산하여 이 물결을 막아야 할 것이다. 그래야 자녀들과 후손들에게 화(禍)가 미치지 않는 것이다. 자녀와 후손이 잘 되어야 그 후손의 공덕을 힘입어 장차 저 영계에 가서는 큰 혜택을 보게 되는 것이다. 아무리 조상이 죄를 많이 지었다해도 내 자신의 마음 가짐에 따라서 소멸시킬수 있는 길은 많이 있다.

사주를 보면 그 소멸시킬수 있는 방법과 길을 알 수가 있다.

4. 우주의 주인(主人)

그럼 우주의 주인은 누구인가.
천지부모님이시다.
천지부모님이라고 부르는 신(神)은 천지를 창조하신 분이시며 인간에 생사화복을 주관하는 분이시며 영원전부터 계시었고 영원후에도 계실 분이시다. 음양을 만드신 분이시며 천지간의 법칙을 만드신 분이시다.
인간에게는 영원한 부모가 되시는 분이시며 만유에 원인자이시다. 종교가 다름에 따라 그 부르는 이름이 조금씩 다를 뿐이다.
기독교 계통에서는 하나님이라고 불렀고 불교에서는 청정법

신불(淸淨法身佛)이라 하였고 유교에서는 태극(太極)이라 하고 있고 선가(仙家)에서는 대자연이라 하고 있다.

또 어떤 도문(道門)에서는 하늘님, 상제님, 일원상, 절대성신, 조물주 등 그 이름도 다양하나 궁극에는 인류에 부모이신 천지부모님이라는 명사가 가장 적합한 말일 것이다.

천지부모님이라는 말이 상당히 은혜로운 말이며 생명의 본체임을 쉽게 느끼게 된다.

"우주의 부모님"이라고 해도 옳은 말이지만 천지부모님이라고 부르는 것이 더 친밀하며 표현상 알리기가 좋기도 하다.

천지부모님께서 사주를 만들어 인간세상에 보내주신 뜻은 험악한 세상속에서도 흉난을 지혜롭게 잘 피해 가라는 뜻에서 보내주신 것이며 더 중요한 뜻은 조상들의 업보를 소멸시킬수 있는 길을 안내해 주기 위해서 나온 것이다. 사주를 연구하는 참뜻은 바로 여기에 있다.

우리의 육신을 낳아주신 분을 부모님이라고 부른다. 육신은 태어나서 백년이내로 살다가 죽고 마는데 이 육신을 낳아주신 부모님의 은혜와 공덕을 아는 사람은 많다. 그러나 더 중요한 것은 우리의 더 내적이며 주체적인 영혼을 만들어 주시고 영원한 부모되시는 천지부모님의 은혜에 대해서는 많은 사람들이 모르고 있다.

천지부모님의 은혜를 모르고서야 어찌 참된 사람의 가치를 깨달았다고 할수 있겠는가. 사람들은 흔히 부모의 은혜나 형제들의 고마움이나 음식에 고마움 등에 대해서는 많이 아는 듯하지만 그 보다 더 근본이시며 이 음식물과 공기와 기타 모든 천지만물을 만드신 창조주이신 천지부모님에 은혜를 아는 사람이 드물다.

많은 사람들이 돈이나 지식이나 명예나 권력에다 생명을 걸고 살아가고 있다. 그러나 이러한 것은 모두 순서가 잘못된 것이다. 먼저는 생명의 주인이신 천지부모님을 알고 나서 마음을 바르게 가진 다음에 돈이나 지식이나 권력을 가져야 옳은 순서라 할 수 있다. 또한 믿을 곳은 오직 천지부모님 뿐이시다. 다른 것은 그 무엇도 절대적으로 믿을 것이 못된다.

사람의 본래적 자기는 육신이 아니라 영혼이다. 육신은 육신의 부모님께로부터 물려 받고 영혼은 천지부모님에 의해서 태어난다. 고로 진정한 인간들의 부모는 천지부모님이시다. 처음 태어날 때 우리 영혼의 모습은 맑고 밝고 깨끗하여 한점 티끌이 없는 모습이었다.

천지부모님께서 처음 이 세상에 영혼을 탄생시켜 주시면서 당부하셨다.

"세상에 나가면 부디 정직하게 살면서 모든 일에 감사하며 하늘과 부모님의 은혜를 잠시도 잊지 말며 좋은 짝을 만나 행복한 가정을 이루어 복되게 살다가 하늘이 부르시면 다시 천지부모님의 품으로 돌아 오너라"라고 당부하셨다.

그러나 막상 돌아온 영혼의 모습을 보니 너무나 죄악에 많이 물이 들어서 본래의 모습을 찾아 볼 수가 없이 악마의 모습으로 변해 버렸다. 자식의 모습은 찾아볼래야 찾아 볼 수가 없는 먹빛보다 더 검은 죄로 물든 그 마음을 가지고 왔으니 천지부모님께서는 도저히 자식으로 받아 줄 수가 없는 것이다. 친자식이기는 하지만 마귀에게 끌려 지옥으로 가는 자식의 모습을 바라보시는 천지부모님의 심정이 오죽하시겠는가.

인간이 천지부모님의 자녀인데 자녀가 모두 마왕인 파순이의 노예로 끌려 가는 것을 보시는 천지부모님은 한(恨)이 맺히고 말았다.

그 한을 풀 자가 누구일까? 이처럼 천지부모님의 한을 풀고 자 하는 사람이 진정한 천지자녀(天地子女)가 될 것이며 성인 (聖人)이 될 것이다.

사주학을 연구하는 궁극적인 목적도 이처럼 악으로 가는 중생 을 돌이켜 선도(善導)로 인도하므로 천지부모님의 한을 풀어드 리고자 하는데 그 참뜻이 있다. 이러한 내용을 모르고 사주를 연 구한다는 것은 수박 겉핥기와 조금도 다름이 없다. 천지부모님 의 한을 풀지 않고서는 우리 인생의 어떠한 문제도 풀리지 않는 것이다. 근심과 걱정이 가득하신 천지부모님의 한이 풀리지 않 고 있는데 자녀인 우리인간이 어찌 편히 지낼수 있겠는가.

천지부모님의 한을 풀어 드리고자 한다면 우리는 먼저 자신의 마음을 새롭게 하여야 한다. 마음을 바르게 하여야 한다.

도(道)가 무엇인가? 마음을 바르게 하는 것이 도의 완성이 다. 바른 마음으로 사람을 사랑하는 것이 참된 마음이다. 사람 은 곧 천지의 자녀이기 때문이다. 천지의 자녀가 되는 것이 인간 이 존재하는 최종 목적이다.

5. 조상죄를 회개하는 기도문

년	월	일	시							
庚	甲	丁	壬	乙	丙	丁	戊	己	庚	辛
寅	申	亥	子	酉	戌	亥	子	丑	寅	卯

이 사주는 丁火일주가 申월에 출생하였고 甲庚이 상충하고 寅

申이 상충하여 용신이 미약하다. 또한 일지와 시지에 관살인 水기운이 왕성하여 일주丁火는 더욱 미약하게 만들고 있다.

일주가 미약하고 용신 甲木도 쇠약하여 불길한 사주이다. 대운에서는 木火는 길하고 土金水는 흉하다.

이 사주에서는 金水가 기신으로 왕성하므로 조상들 중에서도 증조부와 고조부가 덕을 쌓지 못하고 권력남용으로 죄업을 많이 지었음을 알 수 있다. 고로 이 사주의 주인공은 조상의 업보 때문에 무척이나 고난의 길을 많이 걸어야만 했다. 사업은 부도가 났고 몸에는 여러가지 병마가 이미 침범해 있었다. 역경과 절망 속에서 죽을 날만 기다리고 있을 때 친구의 소개로 도문(道門)에 들어가게 되어 신심을 일으켰다. 그리고는 조상죄를 회개하는 기도를 올렸다.

"우주에 주인이시며 인간의 영원한 부모이신 천지부모님이시여 간절히 구하옵나이다. 우리에 조상들이 어리석어서 죄를 많이 지었나이다. 무거운 죄 때문에 지옥에 들어가서 무서운 고통을 받고 있는 것을 알고 있나이다. 또한 조상들이 지은 죄 때문에 오늘날 저희도 이렇게 많은 고난을 당하고 있는 줄 알고 있나이다. 천지부모님이시여 다시 한번 더 자비를 베풀어 주시옵소서 저희가 조상들의 죄업을 모두 다 갚을 때까지 천지부모님 앞에 충성과 효성을 다 바치겠나이다. 천지부모님을 절대적으로 믿으며 지극히 사모하며 살겠나이다. 또한 바른 마음을 가지며 정직하고 참되게 살겠나이다. 천지부모님의 무량한 은혜 앞에 한없는 감사함을 느끼며 은혜에 보답하는 조건으로 공익사업을 위하여 충성과 헌금을 바치겠나이다. 이러한 정성을 받아 주시어 조상들의 죄업을 소멸시켜 주시옵소서. 혈통의 인연을 타고 내려오는 조상들의 죄업을 저희 당대에 다 소멸시켜 주시옵소서. 간

절히 빌고 원하옵나이다. 그리하여 저희들의 자녀에게는 삼재팔
란의 재난이 닥치지 않게 하여 주시옵소서. 또한 저희가 드린 정
성으로 지옥에서 고통 당하는 조상들을 해방시켜 주시옵소서 조
상과 후손은 혈통의 인연 때문에 공동의 운명이란 것을 알고 있
나이다. 그러므로 조상들이 지은 모든 악업은 후손이 반드시 갚
아야 된다는 천리원칙도 이제 확실히 깨달았아오니 업보를 소멸
하는데 온갖 정성을 다 기울이도록 도와 주시옵소서. 저희는 이
제 악도(惡道)에서 발길을 돌려 선도(善道)로 감으로 참된 사람
이 될 것을 천지부모님 앞에 맹세하옵나이다. 도중에 마음이 변
하지 않도록 지켜주시옵고 만일 변심이 일어나면 무서운 징계를
내려서라도 정도(正道)의 길을 가도록 지켜 주시옵소서.

　일심으로 비옵나이다.

　일심으로 비옵나이다.

　일심으로 비옵나이다. ”

　이렇게 날마다. 기도하더니 어느 기간이 지나자 천지부모님의
자비의 은혜가 서서히 내려오기 시작했다. 병마에서는 점점 해
방이 되어갔고 다시 용기를 내어 조그마한 가게를 열기 시작했
다. 세월이 갈수록 만사가 형통하게 풀리기 시작했다. 은혜를
받은 것이다. 지성이면 감천인 것이다.

　이제 이 사람은 신심(信心)으로 삶을 새롭게 전환하였고 조상
죄 소멸을 위하여 열심히 마음 닦고 공도에 헌신도 많이 하며 참
사람으로 거듭나게 되었다.

6. 천상(天上)길 인도하는 기도문

년 월 일 시
壬 壬 丙 甲   癸甲乙丙丁戊己
申 午 午 午   未申酉戌亥子丑

사람이 죽는 시기는 대운과 년운이 동시에 흉할때 대부분이 임종을 맞이하게 되나 년운에 더 중점을 둔다.

사람이 일생을 살면서 선업을 지으며 살았거나 악업을 지으며 살았거나 때가 되면 모두 죽음이라는 인생의 공도를 지나가야만 한다.

평소에 선덕(善德)을 많이 지었다면 죽을때 두렵지 않겠지만 평소에 죄악의 업을 많이 지었다면 죽음은 무서운 것이다. 또한 평소에 죽을 준비를 많이 해 놓은 사람은 편안히 고향가듯이 잘 들어갈수 있으나 반대로 평소에 죽음에 보따리를 챙겨 놓지 못한 사람은 죽을때 무척이나 바쁜 걸음을 치게 된다. 사람은 태어날 때 잘 태어나야 잘살수 있으며 또한 죽을 때도 잘 죽어야 천상세계에 가서도 잘사는 것이다.

위에서 본 사주의 주인공은 생전에 심장병으로 고생을 많이 하다가 己대운 庚午년에 임종을 맞이했다.

평소에는 비록 큰 선업을 쌓지 못했다해도 비교적 선하게 살았다. 욕심이 좀 많았고 무례한 경향이 있었지만 그래도 남에게 큰 피해는 주지 않았다.

평소에 형제처럼 친하게 지내던 친구가 마지막 가는 친구에게 "천상길" 인도하는 기도를 올려 주었다.

"도우(道友)님이시여 정신을 차려 이 기도를 잘 들어소서. 이 세상에서 도우님이 선악간 받은 바 그것은 멀리는 조상이나 부모가 지은 것을 받게 되었고 가까이는 도우님 자신이 지어서 받은 것이나이다. 그리고 이 세상에서 선악간 지은 바 그것은 육신을 벗고 천상세계에 들어가서 또 다시 심판을 받게 되나니 이것이 곧 천지의 대법칙이나이다.

천지의 선한 자녀들은 천지의 법도대로 바른 마음으로 살았으므로 그 영혼이 태양처럼 밝고 맑으므로 천국으로 들게 되었고 죄악을 지은 자녀들은 천지의 법도를 무시하고 자행자지하며 나쁜 마음으로 살았으므로 그 영혼이 벅빛보다 더 검은 죄로 물든 모습이었으므로 지옥으로 들어가게 되었나이다.

천지자녀가 되어 천국으로 들어 가거나 죄악자녀가 되어 지옥으로 들어가는 것이 모두 자기자신이 짓는 줄로 이제 확연히 아시나이까.

생사의 이치는 천지자녀나 죄악자녀가 다 같은 것이며 영혼의 본래 모습도 또한 다 같은 본연 청정한 모습이나 이 세상에 나와서 바른 마음으로 살면서 광채나는 영혼으로 진급(進級)하기도 하고 반대로 죄짓는 마음으로 살다가 악한 영혼으로 강급(降級)하기도 하나이다.

우리 인생은 육신을 낳아주신 생육부모(生育父母)님이 계시고 우리의 영혼을 낳아주신 천지부모님이 계시나이다.

우리 인생들은 죄악이 눈을 가리어 생육부모님은 알았으나 천지부모님은 몰랐나이다. 또한 이승세계는 알았으나 본 고향인 저승세계는 몰랐나이다.

도우님이시여 이제 이 육신을 벗으므로 이승세계와는 완전히 이별하게 되었나이다.

이제 이 육신을 벗고 천상세계에서 자리를 정할 때에는 도우님께서 평소에 즐겨하여 애착이 많이 있는데로 가서 그 자리를 결정하나니 그 즐겨하는 바가 천지자녀의 바른 마음과 참사랑이면 천국으로 들어가서 영원토록 복낙을 누리며 살게 될 것이요, 이와 반대로 죄와 친구가 되어 죄를 많이 지었다면 지옥에 들어가서 무서운 심판을 받으며 영원토록 고통을 당하게 될 것이나이다. 듣고 들으시나이까.

또 들어소서. 도우님이 이 때를 당하여 더욱 마음을 견고히 하소서. 만일 호리라도 죄악의 마음이 살아난다면 자연히 지옥에 떨어져 가나니, 한번 이 지옥에 떨어지면 어느 세월에 또 다시 구원 받을 기회를 만나겠나이까.

도우님이시여.

이 급한 때를 당하여서는 천지부모님을 찾으시옵소서. 영원한 부모이시며 자비가 한량 없으신 천지부모님께 구원을 청하소서. 이 때는 오직 천지부모님을 찾는 수 밖에 다른 도리가 없나이다.

그리고 보배로운 천문(天文)을 지성으로 암송하면서 천성문을 들어가소서. 생전에 비록 공덕이 부족하여도 천문을 지성으로 암송하면 구원을 얻게 되고 또한 어떠한 죄악도 다 소멸시킬 수 있는 능력이 천문속에 있사오니 열심히 암송하시어 지옥을 피하여 천국으로 들어가시옵소서.

일심으로 비옵나이다.

일심으로 비옵나이다.

일심으로 비옵나이다."

7. 조상님께 부탁드리는 기도

년	월	일	시						
己	丁	壬	己	戊	己	庚	辛	壬	癸	甲
未	卯	寅	亥	辰	巳	午	未	申	酉	戌

이 사주는 여자의 사주이며 화격(化格)이다. 丁壬이 합하여
木이 되고 월지가 卯木월이며 지지가 亥卯未가 합하여 삼합이
되므로 화격이 성립되었다. 고로 水木운은 길하고 火土운은 흉
하다. 金은 水와 동행하면 흉변길이 된다.

초년과 중년의 대운이 흉하여 여러모로 고난이 많았다. 남편
이 하는 사업도 어려움이 많고 자신의 건강도 좋지 못하여 친정
으로 가서 조상을 위로하는 기도를 올렸다. 그 기도를 한 후에
집안이 평안을 되찾고 남편의 사업도 활기를 띄기 시작했다. 부
부는 일체이므로 운명의 기운도 서로간에 영향을 많이 주고 받
는다. 그 기도한 것을 적어본다.

"조상님이시여. 정신을 차려 말씀을 잘 들어소서.

조상님께서는 지상에 살 동안에 천지 부모님을 모르고 살다보
니 자행자지하며 죄를 많이 지었나이다. 인생이란 것이 육신생
활이 전부라고 생각하며 영생길에 대한 아무런 준비를 해 두지
않았나이다. 아무런 준비도 하지 않은 상태에서 갑자기 육신을
벗고 보니 얼마나 당황하였나이까. 처음 육신을 벗을 때는 자신
이 살았는지를 깨닫지 못하다가 시간이 지남에 따라 정신을 차
리고 보니 지상과는 완전히 인연이 끝난 줄을 알았나이다.. 시
간과 공간을 초월하는 아름다운 천상의 세계가 보이건만 자유롭
게 다닐수 없는 신세가 되었나니 그 이유는 죄를 너무 많이 짓고
왔기 때문이나이다. 죄많은 그 한몸을 감출 곳이 없으므로 스스
로 지옥으로 자청하였나이다. 지상에 살 동안에는 죄를 지었거
나 선을 쌓았거나 간에 육신의 탈속에 가리어서 잘 알지를 못하
였으나 영계에서는 육신을 벗고 영혼만으로 삶을 영위하므로 지
은 바의 자기 업보를 감출 수가 없나이다.

수도(修道)를 많이 하고 음덕을 많이 쌓은 영혼은 그 모습이

찬란한 광채가 나므로 천국으로 들어가서 영원히 복낙을 누리며 살게 되었고 또한 영계의 어느 곳이나 마음대로 구경할 수 있는 자유를 보장 받았으나 죄악을 많이 지은 영혼은 그 모습이 마치 마귀의 형상을 가지고 있으므로 자진해서 지옥을 택하여 들어가게 되었나이다.

지옥은 자유가 없고 심한 고통속에서 후회와 탄식과 절망이 연속되는 감옥과 같은 곳이나이다. 아무리 고통이 심하다해도 육신이 없으므로 죄를 씻을래야 씻을 길이 없고 덕을 쌓을래야 쌓을 길이 없는 처지가 되었나이다.

그래도 한줄기 희망은 지상에서 육신을 가지고 있는 아들딸이나 후손들을 통하여서 구원의 손길을 바라게 되었나이다. 그러나 영안이 어두운 후손들은 깨닫지 못하므로 조상들의 구원에 대한 정성이나 자신의 수양에는 신경을 쓰지 않고 죄악의 길을 걸어 가므로 후손을 깨우치기 위하여 매를 들게 되었나이다. 질병이나 사고를 당하도록 인도하고 있나이다.

조상님이시여. 이제 저희는 깨달음을 얻었나이다. 조상님이 지은 모든 업보를 해원하지 않고는 후손들의 앞길이 잘 풀리지 않는다는 것을 깨달았나이다. 또한 조상과 후손은 공동의 운명이며 조상들의 죄업은 후손이 반드시 갚아야 한다는 천리원칙을 깨달았나이다.

조상님이시여.

이제 조상님의 모든 업보를 이 후손이 반드시 소멸시켜 드리겠사오니 다시는 우리 집안에 환란을 내리지 마옵소서.

삼재팔란을 다 거두어 가시옵소서.

모든 병마를 다 거두어 주시옵소서.

사업에 부도나는 것을 지켜 주시옵소서.

조상님의 업보를 소멸시켜 주시옵소서.

조상님의 업보를 소멸시키는 조건으로 열두 가지의 선업을 쌓겠나이다.

첫째는 천지부모님을 절대적으로 믿고 지극히 사모하겠나이다.

둘째는 마음을 바르게 하여 언제 어디서나 정직하게 살겠나이다.

셋째는 무슨 일을 당해도 원망하지 말고 모든 일에 감사하며 살겠나이다.

넷째는 모든 사람이나 모든 물건에 대하여 은혜를 생각하며 그 은혜를 갚을 것을 생각하겠나이다.

다섯째는 나의 소유재산을 능력한도 안에서 공익사업에 많이 헌금하겠나이다.

여섯째는 누가 까닭없이 시비를 걸어 오거나 행패를 부려도 복수하지 않고 내가 갚을 차례에 참아버리겠나이다.

일곱째는 무념보시를 하겠나이다.

여덟째는 수희공덕을 쌓겠나이다.

아홉째는 공익단체나 조국을 위해 또는 천지부모님의 성업(聖業)이 달성될 때까지 죽도록 충성하며 살겠나이다.

열째는 오래 참는 마음을 가지겠나이다. 조상구원이라는 엄청난 소망이 이루어 지는 그 날까지 오래 참으며 끊임없이 정성을 드리겠나이다.

열한 번째는 시기질투심을 내지 않고 공덕을 쌓겠나이다.

열두 번째는 음란한 범죄를 물리치고 열남열녀(烈男烈女)의 성스러운 길을 걸어 가겠나이다.

이 모든 공덕의 기운으로 조상님의 죄업을 소멸시키고 우리 가문을 구원하겠사오니 조상님께서도 더욱 우리 가문을 지켜 주시옵소서 일심으로 비옵나이다.
일심으로 비옵나이다.
일심으로 비옵나이다.

8. 천문(天文)

년	월	일	시						
辛	庚	乙	丁		辛	庚	己	戊	丁	丙	乙
酉	辰	丑	亥		卯	寅	丑	子	亥	戌	酉

　이 사주는 乙木일주가 辰월생이라 쇠약한데 사주에 습한 기운
만 많고 열조한 기운이 부족하다. 고로 용신은 시간의 丁火 식신
이다. 사주에 조후가 잘 이루어 지지 않아 건강이 좋지 못하였
다. 관살 金이 기신이므로 폐가 나빠서 늘 고생하였다.
　어느 때에 도문(道門)과 인연이 닿아 열심히 신심을 내더니
낙생활을 하였다. 특히 천문을 많이 암송한 공덕으로 모든 병마
를 다 물리칠수 있었다. 괴로우나 즐거우나 천문 암송일념으로
살아가니 백천사마가 틈탈 기회가 없었다. 천문의 기운은 대단
한 것이다. 사람이 육신을 벗을 때도 천문을 지성으로 암송하면
능히 악도(惡道)를 면하고 선도(善道)에 들 수가 있다. 생전에
공덕을 짓지 못한 사람도 죽는 순간에 천문암송일념이면 큰 도
움을 받는다. 또한 지상에서 살아 생전에 늘 이 천문을 많이 외
우면 큰 불행을 당하지 않고 모든 소원이 이루어지며 모든 병고
에서도 빨리 회목이 된다.
　단 한가지 주의할 점은 이 천문을 외울 때 마음자세가 바르게
되어야 한다.

만일 마음자세가 바르지 못하면 화가 즉시 닥친다. 조심할 일이다.

즉 나쁜 계획을 세워놓고 성사되기를 기원하면서 천문을 암송하면 도리어 신벌을 받게 된다.

바른 마음으로 암송해야 한다.

모든 일에 감사하는 마음으로 암송해야 한다. 바른 마음으로 열심히 암송하여 기운의 도수가 차면 소원이 이루어 지며 모든 흉사를 물리칠 수가 있다.

암송하는 방법은 간단하다.

남에게 방해가 되지 않는 장소에서는 소리를 내어 암송하는 것이 기운이 빨리 모인다. 그러나 여러 대중이 모여 있는 곳에서 주위 사람들에게 방해가 된다면 소리내지 않고 하는 것도 좋다. 그러나 소리내어 암송하는 것이 천지의 기운을 빨리 받게 되는데 그 이유는 음성에 기운이 많이 응하기 때문이다. 또는 중이 염불하듯이 운곡을 맞추고 장단을 맞추어야 오래 할 수가 있다. 이처럼 천문을 많이 외우면 영계에 있는 선한 신령들이 모여든다.

그러므로 바른 마음으로 맞이 해야 한다. 만일 마음이 바르지 못한 상태에서 천문을 암송하면 선한 신령들과 상대기준의 파장이 통하지 않고 악한 영들과 기운이 통하여 암송하면 할수록 악한 기운이 모여서 도리어 불행을 당하게 된다. 그러므로 마음을 바르게 천지부모님을 지극히 사모하는 마음을 터전으로 하여 간절히 구하는 마음으로 암송해야 한다.

마음에 기운을 두 눈과 눈 사이에 모으고 일심으로 소리내어 외우다 보면 신령한 눈이 열리게 된다.

또는 자기가 외우는 음성에다 모든 기운을 통일하여 외우면 천통(天通)의 길이 쉽게 열린다.

천   문   (天   文)

천지부모래조아   (天地父母來助我)

수호신령래조아   (守護神靈來助我)

옴～급급여율령   (옴～急急如律令)

제6부

─────────

경험담(經驗談)

제1장 경험담(經驗談)

1. 말의 기운(氣運)

년	월	일	시	
甲	丙	癸	癸	癸甲乙丙丁戊己
戌	申	未	亥	酉戌亥子丑寅卯

이 사주는 많은 물을 막기 위해서는 土가 필요하다. 또한 조후로 보아 火가 필요하다. 고로 용신은 土이고 희신은 火이다. 金과 水는 기신인데 5대와 6대 조상들의 음란한 업보를 소멸시켜야 할 사명을 가지고 태어난 사주라 할 수 있다. 그러므로 업보 소멸을 위한 조건으로 간음죄를 절대로 범하지 말아야 한다, 그런데 亥대운에 사귀던 애인으로부터 배신을 당하고 말았다. 그로부터 실망과 좌절을 하다가 스스로 인생을 포기하는 말을 자주 하였다.

늘 입버릇처럼 하는 말이

"나는 틀렸어 나는 틀렸어……"

마치 주문이라도 외우는 것처럼 반복하다 보니 결국 자기가 한 말이 씨가 되어 진짜로 패인이 되고 말았다.

이와 같이 우리가 늘 하는 말(語)속에도 무서운 기운이 있다.

"나는 틀렸어 나는 틀렸어"

이런 말을 삼일만 계속하면 악한 기운이 주위에 모이게 된다. 그 말속의 기운이 원인이 되어 팔자에 타고난 흉사보다 몇배나 더 크게 재앙을 당하게 된다. 즉 부정적인 말은 자기의 앞길을 가로 막는 악기운으로 감응이 된다.

팔자에 타고난 복이 감해지며 흉사는 더 크게 흉하게 되므로 말을 조심해야 하겠다. 말속에 기운이 어리고 있고 영계의 모든 신령들도 말의 기운에 따라 감응해 주기 때문이다.

절망적인 말을 자주 하는 사람에게는 악령들이 접근을 하게 마련이다. 악령들이 접근하면 자연히 흉한 기운이 주위를 감돌므로 병이 발생하지 않으면 사고를 당하는 것 뿐이다. 고로 입술을 굳게 지키면 재앙이 들어오지 않는다.

구문견수화불입(口門堅守禍不入)
일심청정복선래(一心淸淨福先來)

"입술을 굳게 지키면 재앙이 들어 오지 못하고 일심이 맑고 맑으면 만복이 먼저 알고 찾아 오네"

년	월	일	시						
辛	癸	辛	甲	壬	癸	甲	乙	丙丁戊	
丑	丑	卯	午	寅	卯	辰	巳	午未申	

이 사주는 억부로 보나 조후로 보나 시지의 午火가 용신이다. 木火운은 길하고 土金운은 흉하다.

이 여인은 처녀때 사귀던 남자로부터 버림받은 꼴이 되었을 때였다. 처음에는 좀 실망하다가 곧 바로 마음을 새롭게 정리하였다. 특히 종교의 신심(信心)이 큰 힘이 되었다.

"이번에 헤어진 것은 하늘이 나를 사랑하사 더 좋은 남자를 만나도록 해 주시기 위한 은총임을 믿는다. 틀림없이 더 좋은 남자를 만나게 될 것이다. 그 소원이 이루어질 때까지 일심으로 천문

(天文)만 외우며 기다리겠다……"

정말 일년 뒤에 더 좋은 남자와 인연이 되어 결혼하게 되었고 행복하게 살았다.

"나는 할 수 있다. 나는 할 수 있다 ……"
이렇게 용기내어 하는 말속에는 선령들이 주위에 모여들므로 발전과 행복의 기운이 응하게 된다. 이렇게 용기있는 말을 자주 하는 사람이 용신운을 만나면 대발전을 하는 것이다.
자기가 한 말이 씨가 되어 팔자에 타고난 복보다 더 크게 받게 되는 것이다. 이러한 실례를 우리는 많이 보게 된다.
천문을 반복해서 수십번씩 또는 수천번씩 암송하는 것도 이러한 법칙의 응용인 것이다. 많이 외우는 사람은 많은 복을 받게 되고 적게 외우는 사람은 적은 복을 받게 되며 외우지 않은 사람은 재앙을 받게 되는 것이다. 한가지 예를 들어 본다.

한 사람을 마당 가운데 앉아있게 하고 많은 사람이 둘러서서 똑같은 말로써,
"빨리 죽어라, 빨리 죽어라……"
이렇게 며칠을 반복해서 저주를 하면 외적으로는 손하나 대지 않았지만 그 말의 기운에 눌려 그 사람은 곧 죽게 된다.
이처럼 말속에는 생명을 좌우할 수 있는 기운이 있음을 알게 될 때 우리는 좋은 말만 골라서 하고 나쁜 말은 일체 입밖에도 내지 말아야 할 것이다.
주문을 외우거나 염불을 하거나 기도를 하는 것도 모두 그 말의 기운을 이용하여 흉난에서 길운으로 바뀌어 보고자 하는 방편인 것이다.

"은혜생각 하는마음
모든일에 은혜받네"

이런 노래를 많이 부르면 실제로 주위 모든 사람들이 나에게
은혜를 주시는 고마운 귀인(貴人)들이 되어 나에게 은혜를 주신
다.

"나는 행복하다 나는 행복하다……."

이 말을 날마다 백번씩만 반복하면 평생에 불행한 일을 당하
지 않고 늘 행복하게 살 수가 있다. 하다가 도중에 중단하면 중
단하는 그날부터 행복은 사라지고 불행이 서서히 나타난다.

천지부모내조아(天地父母來助我)
수호신령내조아(守護神靈來助我)
옴~급급여율령(옴~急急如律令)

이 천문(天文)을 계속해서 반복하여 소리내어 외우면 천문의
내용 그대로 우주의 주인이신 천지부모님께서 도와 주신다. 또
한 영계에 있는 모든 선한 영신들이 협조해 주신다.
악령들은 근처도 얼씬을 못하고 모든 불행이나 병마나 흉난이
나 삼재팔란도 다 물리칠 수가 있다. 오직 그 정성이 얼마나 지
극하냐 여하에 달려 있을 뿐이다.

2. 요절한 사람

년	월	일	시		
甲	丙	丙	壬	丁戊	
寅	午	子	午	未申	

이 사주의 주인공은 戊대운 甲午년에 요절했다. 18세의 나이로 일찍 죽은 것이 꼭 팔자의 운명이라고만 탓할 수가 없다.

사주안에 子午가 상충하여 매우 불길한 운세인 것만은 틀림이 없지만 그러나 사주팔자의 기운이 백퍼센터(100%)로 고정된 것이 아니고 70%만 고정되어 있고 30%는 인간의 노력여하에 따라 얼마든지 좌우될 수가 있기 때문이다.

즉 바르게 마음을 가지고 모든 일에 감사하며 항상 은혜를 생각하였다면 천지부모님의 가호를 입었을 것이다. 천지부모님께서 자비의 손길을 펴 주시는 것도 먼저 사람이 마음의 자세를 바르게 가져야 한다. 그러나 실상 이 사주의 주인공은 신경이 칼날처럼 날카로왔고 늘 부모와 세상을 원망하고 살았으니 일찍이 죽고 말았던 것이다.

하늘을 왜 원망하느냐!
우리의 생명의 근본이며 은혜의 원천이 하늘인데 은혜에 보답은 못할망정 원망을 한다면 천벌을 받게 된다.

세상을 왜 원망하는가!
내가 마음만 바르게 가진다면 이 세상 모든 사람들이 모두 나의 은인(恩人)들이며 귀인(貴人)들인데 왜 원망을 하는가. 세상사람을 원망하면 세상사람들의 도움을 받지 못한다.

부모님을 왜 원망하는가!

부모님이 아니시면 이 한 몸이 어디에서 나왔겠는가. 부모님의 크신 공덕 무엇에도 비교할 수 없는데 왜 어지신 부모님을 원망하는가.

이 우주안에서는 천지부모님의 은혜가 제일 크고 다음에는 생육부모님의 은혜인데 보은(報恩)은 못할망정 원망심을 내다니 그 죄가 얼마나 크겠는가.

요절을 면하고 싶거나 병마의 고통에서 해방되고 싶다면 마음을 바르게 가지고 천지부모님께 매달려야 한다. 변동시킬수 없는 사주팔자만 가지고 신세타령을 하지말고 변동시킬수 있는 마음공부를 잘하면 요절도 면할 수가 있는 길이 있고 병마에서도 해방될수 있는 길이 있고 돈도 들어오게 되고 행복문이 열려 지는데 무엇을 주저하는가? 모든 일에 감사하면 모든일에 복을 받는데 무엇을 주저하는가.

바른 마음을 가지면 행복문이 저절로 열려진다.

실상 알고 보면 내 주위에는 나에게 은혜를 베풀어 주시는 은인(恩人)들로 가득 차 계신다. 사람이 병을 불러 들이는 것도 자기의 마음이며 병마를 물리치는 것도 결국은 자기 마음이다. 또한 요절하는 것도 자기 마음에서 저질렀고 무병장수하는 것도 결국은 자기 마음에서 정한 것이다.

사주팔자가 원래부터 100%로 고정되어 있다면 하늘이 고정시켜놓은 것을 누가 무슨 재주로 움직일 수가 있겠는가?

그런데 하늘이 인간의 사주팔자를 70%만 고정시켜 놓았고 30%는 인간 자신에게 맡겨 놓았기 때문에 이 30%를 얼마나 잘 활용하느냐에 따라서 길흉화복이 좌우되는 것이다.

3. 위험한 부탁

어느날 백발이 된 할머니와 만삭의 몸이 된 며느리가 함께 사주를 보러 왔다. 할머니가 먼저 말을 꺼내기를 옆에 있는 며느리를 가리키며 다음 달에는 해산하는 달인데 좋은 손자를 보고 싶은 욕심에 사주팔자를 잘 태어나게 하고 싶다고 했다. 즉 태어나는 달에서 제일 좋은 사주의 길일(吉日)을 골라주면 그 날 그 시간을 맞추어 병원에 가서 수술하여 좋은 팔자를 타고난 손자를 보고 싶다는 것이었다.

참으로 기가 막히는 일이었다.

이러한 부탁은 천명(天命)을 거슬리는 무서운 범죄가 되는 것이다. 그래서 조용히 설명을 했다.

사주가 정해지는 것이 태어나는 년과 월과 일과 시각으로 많은 사람들이 오해하는 데서 이러한 생각이 나온 듯한데 실제 사주가 정해지는 것은 부모가 교합(交合)을 하여 두 기운이 만날 때부터 사주는 거의가 다 정해지는 것이다. 그러므로 임신 초기에 거의 70%는 이미 정해져 버린다. 그리고 나머지 30%는 산모의 마음가짐여하에 따라 또한 정해지는 것이다.

이렇게 하여 태어나기 한달 전쯤에는 그 아기의 사주팔자가 이미 100% 다 정해져 있는 것이다.

이렇게 이미 정해져 있는 팔자의 운명을 가지고 아기는 그 날과 그 시간을 맞추어 태어날 뿐이다.

이러한 원리를 모르고 인위적인 행위로 수술을 하여 좋은 자녀를 보려는 것은 하늘을 대적하는 천추에 한(恨)을 남기는 범죄가 되는 것이다. 출생에 대한 문제는 오직 하늘만이 하시는 일에 인간의 더러운 손길이 참여하였으므로 그 자녀는 본래 타고난 팔자보다도 더 불길한 운세로 떨어지게 되는 것이다. 이 점을 모든 산모들은 유념해야 할 것이다.

이렇게 인위적으로 출생시킨 아이의 사주는 자기의 본래 운명을 알 수가 없게 된다. 즉 스스로 운명의 안내서를 불살라 버린 결과가 되기 때문에 어느 누가 운명을 감정해도 틀리게 나타날 뿐이다.

일부 소수의 역술가들이 돈에 눈이 어두워 중생들을 유혹하여 이런 짓을 강요하는 모양인데 지금부터라도 정신을 차려 중생들을 더 이상 지옥으로 인도하는 일이 없도록 각성할 일이다.

장님이 장님에게 길을 물어 보면 다 함께 낭떠러지에 떨어지는 것은 뻔한 일이다. 그러나 이미 이러한 인위적인 수술로 태어난 사람은 너무 실망을 할 것은 없다. 비록 자기의 진짜 운명은 알수 없게 되었다하더라도 그 마음을 바르게 가지며 모든 일에 감사하며 살면 또한 천지부모님의 은혜에 손길을 입을 수 있기 때문이다.

사주팔자보다 더 중요한 것은 궁극에는 자기의 바른 마음이기 때문이다. 바른 마음을 가지고 있는 사람에게 하늘은 절대로 그냥 밟고 지나가지 않으신다. 바른 마음을 가지고 있는 사람에게는 하늘은 반드시 그 정성만큼의 은혜를 내려 준다. 바른 마음을 가진 사람앞에는 사주팔자의 길흉화복이 아무 소용이 없는 것이다. 바른 마음을 가진 사람에게는 사주팔자란 것도 믿을 것이 못된다고 해도 과언이 아니다.

왜냐하면 하늘은 그 사람의 사주보다 그 사람의 마음자세를 더 비중을 많이 두어 감찰하시기 때문이다. 결국 따지고 또 따져 올라 가보면 바른 마음 하나 뿐인 것이다. 마지막에는 사주좋은 사람보다 바른 마음 가진 사람이 승리하는 것이다.

필자는 사주를 연구하면 할수록 바른 마음 공부를 많이 해야 하겠다는 것을 하루에도 몇십번씩 강조하게 된다.

좋은 자녀를 보기를 원한다면 부모가 먼저 바른 마음을 가지고 정성을 많이 들인 다음 자녀를 가지게 되면 그 자녀는 좋은 자녀가 태어날 것은 자명한 이치이다.

부모가 바른 마음을 가지지 못한 상태에서 매일 죄짓기를 밥 먹듯이 하면서 좋은 자녀를 바란다는 것은 마치 돌감람나무를 심어놓고 참감람나무의 열매를 얻고자 하는 것처럼 어리석은 짓이다. 콩을 심은 데서 콩이 나는 법이고 복을 심은 데서 복이 나는 법이다. 또한 죄를 심은 데는 재앙이 닦치는 것은 천지의 이치이고 악행을 많이 심은 데서는 때가 되면 흉사가 닦칠 것은 인과(因果)의 이치이다. 하물며 사람에게 열매인 자녀를 거두는데 있어서도 하늘은 한치의 오차도 없이 그 부모가 심은대로 자녀가 태어나는 것이다.

음란한 마음으로 부모가 살았다면 그 자녀 또한 음란한 자식이 될 것이며 도적질하려는 마음으로 부모가 살았다면 그 자녀 또한 도적놈이 태어나는 것은 뻔한 일이다. 사필귀정(事必歸正)은 천리의 원칙이며 이 세상에 우연이나 공짜란 것은 없다. 모든 것을 지어서 받는 것이 되고 노력해서 얻어진 결과일 뿐이다. 다만 그 수고한 것이 즉시 나타나지 않고 다음에 나타나기 때문에 사람들은 우연이다 공짜다 라고 할 뿐이다.

이러한 것을 볼 때 자녀의 출산문제를 엉터리 역술가들에게 속아서 수술하여 좋은 날짜를 택하여 자녀를 얻겠다는 생각은 회개하는 마음으로 돌려야 할 것이다.

4. 영원한 내 것

　사람이 비록 이 세상에 살면서 재산을 많이 모아 놓았다 하더라도 죽을때에는 하나도 가지고 가지 못하는 것이다. 내 것이라면 죽을 때도 내가 가지고 갈 수 있는 것이라야 하는데 못 가지고 가는 것은 진정한 내 것이 아니기 때문이다. 진실로 내 것이라면 이 세상에 살면서도 내가 소유할 수 있어야 하고 죽을 때도 당당히 가지고 갈 수 있는 것이라야 한다. 즉 죽을 때 가지고 갈 수 있는 것이 진실로 내 것인 것이다. 죽을 때 가지고 갈 수 있는 것이라야 영원히 내가 가질 수 있는 보물인 것이다. 그러면 진실로 영원한 내 것이란 무엇이며 저승 끝까지 가지고 갈 수 있는 것이 무엇이겠는가.
　세가지 보물이 있다.

　첫째는 공덕이나 평소에 남을 위하여 선한 일이나 공익된 사업을 많이 할 때 얻어진 참된 마음의 기록이다. 즉 사람이 육신을 쓰고 살 동안에 모든 선악간 일들에서 얻어진 감정들이 영혼에 기록이 되는 것이다. 흘러가는 물도 떠다 준 사람에게는 영혼에 선업으로 기록이 되고 밥 한 그릇 어려운 사람에게 공양한 것도 그 공덕은 기록이 되며 길가에 버려진 휴지 한 조각을 휴지통에 담는 것도 공덕으로 기록이 된다. 수도물이나 전기를 아껴 쓰는 것도 공덕이 되며 한 지붕밑에서 세들어 사는 사람끼리 인사 잘하는 것도 영혼에는 공덕으로 기록이 된다. 또한 국가를 위해 세금을 잘 내거나 군복무에 다르는 것도 공덕이 된다. 또한 공익사업에 성금을 많이 내는 것도 그 영혼에는 큰 공덕으로 기록이 된다. 또한 공덕(功德)에는 두 가지가 있다.
　즉 양덕(陽德)과 음덕(陰德)이다.

이 두가지가 다 귀한 것이지만 양덕보다는 음덕이 더 중요하다. 이 두가지 덕을 과수에 거름주는 것에 비유해 보면 양덕은 거름을 땅위에 주는 것과 같고 음덕은 거름을 땅밑에 주는 것과 같다.

땅위에 뿌려준 거름은 남들이 보기에 좋게는 보이기는 하나 실상 그 거름의 기운이 바람으로나 햇빛에 의해 흩어지기 쉬우므로 과수에 양분을 적게 주게 된다. 그러나 땅속에 묻어준 거름은 우선 사람들 눈에 보이지 않으므로 그 수고의 댓가를 몰라보기가 쉽다. 그러나 땅속에 묻혀 있기 때문에 바람으로나 햇빛에 의해 흩어질 염려가 없으므로 그 영양분을 과수에 많이 주게 되는 것이다.

양덕과 음덕도 이처럼 과수에 거름주는 것과 비유할 수가 있다. 사람들이 흔히들 성금을 내는 일들이 많은데 이름을 나타내면서 내는 성금보다는 이름을 밝히지 않고서 내는 성금이 훨씬 더 공덕이 영혼에는 기록이 많이 된다.

그래서 예수님께서도 말씀하시기를 오른손이 하는 것을 왼손이 모르게 구제하라고 하셨고 부처님께서도 무념보시(無念布施)를 하여 무루의 공덕을 쌓으라고 하셨다.

두 번째는 선한 인연(因緣)의 기운이다. 사람이 이 세상을 살면서 선한 사람과 인연을 많이 맺어 놓으면 그것이 곧 복이다. 선한 부모나 선한 부부나 선한 친구를 인연으로 맺어 놓으면 악한 기운에 시험을 당하지 않는다. 특히 도문(道門)에 들어가서 도주(道主)와 인연을 깊이 맺어 놓으면 그 도주의 공덕과 선한 기운을 상속받기도 한다.

또한 과거에 왔다간 여러 성인들을 지극히 사모하며 그 성인의 도를 지켜 나가면 이미 시간적으로는 수천년의 거리가 생겨도 상관없이 성인의 은덕을 받게 된다. 공자님이나 예수님이나 부처님을 지극히 사모하면 그 공덕 또한 엄청난 것이 된다.

그러므로 사람이 이 세상에 살면서 현재 주위에 살고 있는 선한 사람과 상생(相生)의 인연을 깊이 맺어 놓는 것도 복된 길이며 또한 이미 영계에 가 계시는 훌륭한 분들이나 성인들과 인연을 맺어 놓으면 이 또한 영생에 보물을 장만하는 길이 된다. 영원한 내 것이다.

세번째는 심정(心情)이다.

여기에서 심정이란 것은 우주의 주인이신 천지부모님과 통하는 마음을 말한다. 천지부모님과 통하는 마음은 세상을 사랑하는 마음이며 인류를 복낙의 길로 인도하고자 하는 부모의 마음이다.

지극히 선한 마음이며 지극히 아름다운 마음이 곧 하늘과 통하는 심정이다. 지상에 살 동안에 이처럼 하늘의 심정을 소유하게 되면 이것은 영원한 내 것이 되며 보물중에 가장 귀중한 보물인 것이다. 공덕도 중요하고 선한 인연도 중요하지만 진실로 중요한 것은 심정인 것이다.

이처럼 열심히 수도하여 하늘과 통할때 얻어진 감정이 곧 심정인데 이 때의 기분이란 말로 표현하기 어려울 만큼 황홀한 것이다. 많은 수도인(修道人)들이나 성현(聖賢)들이나 선지자(先知者)들이 이러한 심정을 느껴 보았기 때문에 그토록 어려운 고행도 극복할 수 있었으며 또한 죽음도 능히 극복할 수가 있었다.

이처럼 하늘과의 심정을 통하여 도의 진수를 맛보게 되면 신앙생활중에 핍박이나 그 어떤 고통도 쉽게 극복할 수가 있는 것이다. 심정은 오직 소유한 자의 것이다. 남에게 줄 수도 없고 빼앗길 수도 없는 영원한 내 것인 것이다. 돈이나 지식이나 권세나

사주를 아는 능력도 모두 육신을 벗음과 동시에 다 사라지지만
공덕과 선한 인연과 하늘과 통하는 심정은 영원히 사라지지 않
으며 영원한 내 것이 되는 것이다.

```
년  월  일  시
庚  丙  壬  乙        丁戊己庚辛壬癸
申  辰  寅  巳        巳午未申酉戌亥
```

이 사주의 주인공은 상당한 구두쇠였다. 어려서는 부모덕이
없다보니 초년에는 고생을 했다. 庚대운부터 발복하였는데 알뜰
히 저축하는 것까지는 좋았는데 너무 구두쇠 노릇을 하다보니
주위 사람들로부터 인심을 많이 잃고 말았다.

자기 주머니를 채우기 위해서는 미친 듯이 날뛰지만 공적인
선한 일에는 일체 나서지 않고 덕을 쌓지 못하였다.

60세에 천수를 다하여 저승에 들어갔지만 세가지 보물중에 어
느 한 가지라도 장만하지를 못하였다. 공덕 쌓은 것도 없고 선한
인연을 맺어 놓은 사람도 없다. 더구나 하늘과 통하는 심정은 생
각도 못하였다. 이처럼 사람이 살 동안에 모아둔 것은 아무 소용
이 없다. 다만 돈이나 지식이나 권세 등을 잘 활용하면 복을 지
을 수 있는 방편이 될 수가 있을 뿐이다. 고로 영원한 내 것은
공덕과 선연(善緣)과 심정(心情) 뿐이다.

지혜로운 사람은 늘 저승보따리를 잘 준비하는 사람이다. 공
덕과 선한 인연과 심정이라는 보물을 저승보따리에 잘 싸 두어
야 안심할 일이다.

5. 인내심(忍耐心)

```
년  월  일  시
甲  庚  丁  辛        癸甲乙丙丁戊己
寅  申  巳  亥        酉戌亥子丑寅卯
```

이 사주는 신약사주로써 木火가 길신이다. 土金水는 흉운인데
사주원국에 寅巳申 삼형살(三刑殺)이 들어 있다. 이처럼 사주에
삼형살이 들어 있고 대운이나 년운에서 기신년을 만나면 형벌을
받게 된다. 사주에 삼형살이 들어 있는 사람은 참는 공부를 많이
해야 한다. 삼형살이란 마귀가 감옥소로 끌어가려고 하는 악한
기운을 말한다.

사주에 삼형살이 들어 있으면 십중팔구(十中八九)는 형액을
당하기 마련이다. 그러나 이 사주의 주인공은 일찍부터 도문(道
門)에 몸을 담아 천지부모님을 잘 믿으며 마음을 닦고 몸을 바르
게 하는 공부를 많이 하여 모든 형살이나 악운을 믿음하나로 극
복하였다. 참고 또 참는 인내심에는 백천사마도 항복을 하는 것
이다. 큰 사업이나 그 공부를 하는 사람들은 모두 참는 공부에
공을 많이 들인 사람들이다. 누가 더 많이 참느냐에 따라 승패가
좌우된다. 또는 누가 더 오래 참느냐에 따라서 승패가 좌우된
다. 고래로 크게 성공한 사람들은 한결같이 많이 참는 공부에 공
을 많이 들였다. 사주에 비록 충살이나 형살이나 그 어떤 악살이
들어 있다해도 오래 참는 사람에게는 흉살이 길운으로 얼마든지
변동하는 것이다.

"마음이 운명을 변동시킨다"는 말도 이런 부분에서 해당하는
말이다. 공자의 제자중에서 자장(子張)이 떠나고자할 때 공자께
서 경계하여 참는 덕에 대하여 말씀하셨다.

"모든 행실의 근본은 참는 것이 그 으뜸이 되느니라(百行之本忍之爲上)"고 하셨다.

자장이 좀더 상세하게 말씀해 주시기를 청하자 다시 말씀하셨다.

"천자가 참으면 나라에 해가 없고(天子忍之國無害),

제후가 참으면 큰 나라를 이룩하고(諸侯忍之成其大),

형제가 참으면 집안이 부귀해지고(兄弟忍之家富貴),

자신이 참으면 재앙이나 해로움을 당하지 않느니라(自身忍之無禍害)"고 하셨다.

제2장 인생살이

1. 불길한 처궁(妻宮)

년	월	일	시							
甲	己	戊	乙		庚	辛	壬	癸	甲	乙	丙
戌	丑	戌	卯		寅	卯	辰	巳	午	未	申

이 사주는 일지에 기신(忌神)이 자리하여 처덕이 없는 사주이다. 5대 조상이 덕을 쌓지 못하였기 때문에 처덕이 없는 팔자를 타고 난 것이다.

첫번째로 연상(年上)의 여인과 연애결혼을 하였으나 일년만에 남남으로 갈라서게 되었다.

다시 두번째 여인은 화류계에 종사했던 사람과 재혼하였으나 성적(性的)인 균형을 이루지 못하여 파혼하고 말았다. 즉 여자는 밤마다 달라드는데 감당치 못하므로 헤어질 수 밖에 없었다.

세번째로 또 장가를 들었지만 여자가 예의범절이란 눈을 씻고 보아도 찾을 데가 없는 막되먹은 여자였다. 나사풀린 기계처럼 덜렁거리는 여자인지라 성격이 맞지가 않아 또 갈라서고 말았는데 그 이후부터는 혼자 사는 몸이 되고 말았다.

이처럼 일지에 흉신이 들어있고 처를 뜻하는 재성이 없다는 것은 처복이 없음을 암시하고 있다.

이 사람은 자기의 팔자를 바로 알고는 분수 껏 살아야 한다. 즉 다른 사람보다 처를 더 많이 사랑해야 한다. 2배나 3배 이상으로 사랑하고 보면 처궁(妻宮)이 점점 좋아질 것이며 도망가려던 마누라의 마음도 점차로 사라질 것이다. 정업(定業)은 면할 수가 없지만 노력으로써 천업(天業)을 돌파할 수가 있는 것이다.

정업은 70%＋천업은 30%＝새로운 운명100%

처궁이 불길하면 좋은 사람을 만나기는 힘든다. 마음에 들지 않는 점이 많이 있다해도 참으며 마치 철 없는 딸 키우는 심정으로 살다보면 또한 좋은 날도 찾아 오는 것이다.

사람의 노력으로써 운명의 기운을 변동시킨다고 하나 혼자 힘으로는 불가능하다. 도문에 들어가서 신심의 힘을 빌리지 않고는 어려운 일이다. 신심이 없는 사람은 운명의 기운이 더 많이 작용을 한다.

신심(信心)이 없는 사람
사주의 기운90%＋노력의 기운10%＝새로운 운명100%

그러나 신심이 있는 사람은 운명의 기운이 또 달라진다.

신심이 있는 사람
사주의 기운50%＋신심의 기운50%＝새로운 운명100%

이상에서 본 것처럼 신심이 강한 사람에게는 사주의 기운이
많이 약해지고 반대로 신심이 없는 사람에는 사주의 기운이
90%이상으로 강해진다. 또한 선한 사람에게는 흉살이 발동하는
기운도 많이 감해진다. 그리고 길운은 더욱 길해진다.

선한 사람에게 길흉의 발동
악한 기운30%＋선한 기운70%＝길한 운명100%
악한 사람에게 길흉의 변동
악한 기운70%＋선한 기운30%＝흉한 운명100%
이처럼 마음의 자세에 따라서 그 기운도 많이 좌우가 된다.

2. 신심(信心)의 공덕

세상에는 다행히 궁합이 잘 맞아서 행복하게 잘 사는 가정도
있지만 반대로 궁합이 잘 맞지 않아 투쟁하며 사는 가정도 많이
있다. 그런데 궁합은 잘 맞지 않으나 두 사람의 신심으로 잘 극
복하여 마치 궁합이 잘 맞는 가정 부럽지 않게 잘 사는 가정을
소개한다.

남자사주				여자사주			
년	월	일	시	년	월	일	시
甲	戊	丙	庚	丙	甲	丙	丙
寅	辰	申	寅	辰	午	寅	申

이상의 두 사람 사주를 보면 남녀 공히 양간지로 구성되어 성격이 두 사람 다 과격하여 양보심이 전혀 없는 만남이다. 사주로 봐서는 투쟁할 수 밖에 없는 만남인데 남자사주에도 寅申이 상충하여 처궁을 충하고 있고 여자사주에도 寅申상충이 들어 남편궁을 충하고 있어 궁합이 좋지 않는 가정이다.

그러나 이 두 부부는 도문에 들어와서 천지부모님을 중심으로 하여 신심으로 만난 가정이었다. 고로 신심이 돈독하였으므로 모든 불행의 요소를 신심으로써 다 극복하였다. 생활이 곧 신심이었고 신심자체가 곧 생활이었다. 또한 천문을 암송하는 일념으로 살아가니 백천사마도 틈을 탈수 있는 기회가 없었다. 고로 궁합은 안맞으면서도 복낙을 누리는 가정을 이루어 갔다. 모든 것이 신심 때문이며 천지부모님의 축복 때문이였다.

만일 이 두사람이 일찍부터 천지부모님을 믿지 않았다면 그 가정은 벌써 깨어졌을 것이다. 자녀는 고아가 되고 죄많은 부모가 되었을 것이다. 그러나 이 가정은 바른 마음의 기운이 신심에 의지하여 운명의 불행을 극복하여 행복한 가정을 이루어 나갔던 것이다. 이 두 사람은 어떠한 역경을 당해서도 감사하는 마음을 잃지 않았다. 순경을 당할 때도 천지부모님께서 축복해 주시니 감사하고 역경을 당해서는 부족한 믿음을 강하게 연단시켜 주시니 또 감사한다.

이처럼 순경과 역경을 감사일념으로 살아가니 마왕 파순이의 재주로도 어쩔수 없었던 것이다.

"모든 일에 감사하면 모든 일에 복을 받는다."

여기서 말하는 모든 일이란 순경과 역경을 통틀어 하는 말이다.

결혼을 아직 하지 않은 사람은 궁합을 필히 볼 필요가 있지만 이미 결혼을 한 사람들은 궁합의 길흉을 따지지 말고 믿음과 바른 마음으로 모든 업장을 극복함이 현명한 처세이다. 그리고 궁합이 잘 안맞더라도 오래 참고 많이 참으며 마음공부를 잘 해 나가면 점점 궁합도 길해지는 것이다.

3. 싸우는 형제(兄弟)

```
년  월  일  시
庚  庚  庚  戊        辛壬癸甲乙丙丁
申  申  寅  寅        酉戌亥子丑寅卯
```

이 사주의 주인공은 형제가 7명이나 되었건만 형제간에 우애가 부족하여 만나면 종종 언쟁이 일어났다.

형제가 화목하면 양친부모가 즐거워 하는 법인데 그렇게 되려면 서로가 양보를 많이 해야 하고 부모님의 마음을 헤아려 볼 줄 알아야 한다. 서로가 받으려고만 하였지 주려는 마음이 없었기 때문에 다툼이 자주 일어난 것이다. 물론 사주에는 비겁이 기신이므로 형제덕이 없는 것으로 나타나 있긴 하지만 이것을 꼭 사주탓으로만 돌릴수 없는 것이다. 형제들의 마음자세가 더 중요한 것이다. 그러자면 서로가 받으려고만 하지 말고 서로가 주려고 노력해야 형제간에 우애(友愛)가 솟아 나는 것이다. 주면 받게 되는 것이 천리원칙이다. 주되 바라는 마음이 없이 주면 더 크게 받게 된다.

그러나 이 형제들은 주려는 생각은 안중에도 없고 서로가 받으려고만 하다보니 조그만 일에도 충돌이 자주 발생하였던 것이다.

부모님이 돌아가시자 재산싸움이 벌어졌다. 서로가 더 많은 재산을 차지하기 위하여 언쟁이 심하더니 나중에는 칼부림이 나기 시작하였고 다음에는 법에 고소를 하는 사태까지 가고 말았다. 말이 형제간이지 원수와도 같은 처지가 되고 말았다.

싸우는 집안에는 하늘의 기운은 떠나고 만다. 하늘의 기운이 떠나면 악마의 악한 기운이 집안을 감싸게 된다. 악마의 기운이 집안에 들어오면 집안식구가 병마에 시달리게 된다. 또는 비명횡사하는 악운이 겹치게 된다. 형제가 이처럼 사이가 나쁘면 저승에 가 계신 부모님도 더 심한 고통을 당하게 된다.

형제간에 화목하지 못한 사람이 다른 무슨 일에도 성공할 수가 없다.

이 사주에서는 비겁이 기신이므로 5대 조상이 폭력을 많이 휘둘러서 많은 사람들의 생명과 재산을 빼앗은 죄업이 있는 것인데 이러한 사주를 타고난 사람은 그 조상의 업보 소멸을 위해서 공덕을 많이 쌓아야 한다. 업보 소멸하는 방법은 조상이 지은 범죄와 반대의 경로에 의해서 탕감되는 것이므로 자신의 재산을 공익사업에 헌금하거나 또는 많은 생명을 해친 업보를 소멸조건으로 병든 사람들을 구제하는 사업을 하여야 하는 것이다. 이렇게 하여야 조상들이 지은 업보도 소멸이 되고 조상도 구원을 받게 되고 자신 그 가문에 구세주가 되는 것이다.

사주에 비겁이 기신이란 것은 형제간에 사이가 멀어질 수가 있으니 미리 조심하여 우애를 돈독히 해 두라는 경고인 것이다. 또한 사주에 처덕이 없다는 것은 미리 처궁에 단속을 잘하라는 경고인 것이며 자녀궁에 기신이 자리하면 자녀가 불행을 당할 염려가 있으니 미리 조심하여 잘 키우라는 경고인 것이다.

4. 팔자에 없는 자식

```
년  월  일  시
丙  丙  丙  庚        己甲癸壬辛庚
寅  寅  申  寅        丑子亥戌酉申
```

이 사주는 여자의 팔자인데 丙火일주가 寅월에 출생하였고 사주에 木火의 기운이 태강하여 신강사주가 되었다. 용신은 시간의 庚金인데 寅申이 양쪽에서 상충하여 불길한 사주이다.

용신이 충을 당하므로 슬하에 자식이 없었다. 이 사주를 보면 자식을 나타내는 식상이 없고 시주가 상충하므로 자식을 못 둘 팔자임에는 사실이다.

그러나 그냥 운명대로만 살려고 할 것이 아니라 천지를 감동시킬수 있는 공덕을 세우면 천지부모님께서 자비의 손길을 펴사 자궁문을 열어 주실 것이다. 세상이나 부모나 하늘을 원망하지 말고 자신의 마음을 바르게 하고 정성을 모으면 소원을 이루게 될 것이다. 자신의 정성이 부족한 것은 생각지 않고 원망을 하고 있으면 무슨 소용이 있겠는가? 누구를 원망해도 소용이 없는 일이다. 원망하면 원망하는 자신만 손해를 보는 것이 천지의 이치이다. 원망하는 마음은 만병의 근원이 된다. 원망 많이 하는 사람치고 병에 걸려있지 않은 사람이 드물다. 병마에서 빨리 벗어나고 싶다면 원망심을 돌려 감사하는 마음을 가지면 간단히 회복이 되며 만사가 해결된다. 전날의 잘못을 회개하고 성심으로 수도하여 바른 마음을 가지면 천지부모님께서 살길을 열어 주신다.

"성심소도금석가투(誠心所到金石可透)"

지극한 정성을 다하면 금석도 뚫어진다는 뜻이다. 정성의 기운이란 이처럼 위대한 것이다. 정성이 하늘에 상달하면 자녀 하나 쯤이야 충분히 얻을 수 있는 것이다.

5. 수고한 돈

년	월	일	시							
乙	丙	壬	壬	乙甲癸壬辛庚己						
巳	午	申	寅	巳辰卯寅丑子亥						

이 사주는 壬水일주가 午월에 출생하여 신약사주다. 金水가 길신이다. 재다신약(財多身弱)이므로 부자집에 사는 가난뱅이와 같은 팔자인 것이다. 이렇게 빈자의 팔자를 타고 났다하더라도 열심히 노력하다보면 언젠가는 발복하는 법이다.

木火대운에는 아무리 노력해도 헛수고였다. 재성이 기신이기 때문이다. 그러나 하늘은 공의로우신 분이시며 공평하신 분이시다. 온 인류에 부모이시므로 모든 인간에게는 공평하게 대하여 주신다. 다만 사람이 마음을 어떻게 가지느냐 여하에 따라서 복을 받기도 하고 벌을 받기도 하는 것이다.

기신운에는 아무리 수고해도 헛수고라 하지만 실상 이것은 지상세계의 현재 순간만 보는 것이고 지상과 천상을 한 눈으로 보면 사실상 헛수고란 것도 없는 것이다.

지금 열심히 수고해도 그 댓가를 다 못 받는 것은 부모나 조상이 지은 죄의 값을 갚기 위해서 하늘이 빼내어 간 것이다. 수고의 댓가를 받든지 못 받든지 생각지 말고 열심히 부지런히 노력

을 다하면 결국은 수고한 사람의 재산으로 돌아가도록 천리의
법칙은 되어있다. 다만 그 받는 장소가 사람마다 다르기 때문에
실망도 하고 즐거워도 할 뿐이다.

즉 하늘은 잘 아신다.

철 없는 사람에게는 실망하지 않도록 하기 위하여 이승에서
수고한 댓가의 복을 주시기도 하신다. 그러나 철이 든 사람에게
는 더 크고 영원한 복을 주시기 위해서 비록 이승에서는 수고한
댓가를 다 주시지 않지만 모아 두었다가 저승에 가서 영원히 잘
살도록 하시기 위해서 저승에서 주시기도 하시는 것이다.

그 한 예를 들어 보자.

우리 민족에 성웅(聖雄)이신 이충무공(李忠武公)의 예를 본
다. 임진왜란의 칠년 전쟁중에 공(功)이 있다면 그가 제일인데
그에게는 아무런 영광도 아무런 축복도 해 주시지 않았다.

공평하신 하늘이 눈이 멀어서 이렇게 섭리하신 것일까? 생각
해 보면 답답한 문제가 아닐수 없다.

속이 좁은 사람들의 눈으로 보면 하늘의 섭리를 이해할 수가
없지만 좀 더 눈을 크게 뜨고 지상과 천상을 동시에 함께 보면
모든 문제가 속시원하게 다 풀리는 것이다.

하늘이 이충무공에게 그 많은 공적을 세운 것을 누구보다도
잘 아신다. 당연히 큰 축복을 내려 주셔야 하지만 하늘은 공(公)
을 지극히 사랑하사 더 큰 축복을 주시기 위해서 영원히 새지 않
는 안전한 축복을 주시기 위해서는 저승에 가서 주셨던 것이다.

저승에 가 보면 이 충무공이 얼마나 높은 자리에 있는가를 알
수 있다. 만일 이 땅에서 다 받아 버리면 본 고향인 천상에 가서
는 자기의 소유가 작아진다. 고로 사랑하는 사람일수록 하늘은
천상세계에서 주시기 위하여 미리 예금시켜 주시는 것이다.

이러한 말귀를 알아듣는 사람은 한 자리에 만나서 대화를 할

만한 사람이다.

　사람이 돈을 벌 때에도 정당한 사업으로 땀흘려서 벌어야 진정한 나의 영원한 재산이 된다. 정당하지 못한 마음으로 부당한 사업으로 돈을 벌면 그 돈은 모두 마왕 파순(波旬)이가 언젠가는 다 빼앗아 간다. 정당한 돈이란 수고하여 번 돈이며 땀흘려서 번 돈이다. 수고 없이 번돈을 영원한 내 것이 될 수가 없다. 땅투기를 하여 번 돈에 대해서는 마귀가 참소를 한다. 마귀의 참소란 것은 곧 병마를 침입시키거나 또는 사고를 당하도록 하는 것이다. 부정하게 번 재산에 대해서는 그 재산이 도로 다 나갈 때까지 병마에 시달리게 하는 것이 하늘의 법(法)이다. 특히 공짜로 생긴 재물은 마귀가 던져 놓은 낚시밥이다.

　이처럼 공짜로 생긴 재물은 떠나갈 때는 나에게 큰 상처를 입히고 많은 재물을 함께 끌고 나가 버린다. 열심히 수고하여 번 돈으로 나 보다 못한 사람을 위해 구제의 손길을 펴야 한다. 진정한 천지자녀가 되기 위해서는 자로 잰 듯이 곧게 생각하고 살아야 한다.

제3장 감정예화(鑑定例話)

1. 백발백중은 없다

　시중에 나가서 철학관의 간판을 보면 "쪽집게 도사"라고 하는 간판을 종종 본다.

　물론 백발백중으로 잘 맞춘다는 뜻이다. 그러나 실상 사람의 운명이 결정되어지는 것은 두 가지의 기운이 합해져서 새로운 운명으로 결정된다는 것을 알아야 한다.

즉 선천적으로 타고난 사주의 기운이 70%이고 후천적으로 인간의 노력이 30%가 합하여서 새로운 운명으로 결정되어지는 것을 볼 때 아무리 유능한 역술가나 또는 귀신이나 천지부모님까지도 인간의 운명은 70%밖에 알지 못하는 것이다. 왜냐하면 30%의 노력 부분에 대해서는 어느 누구도 관여할 수 없기 때문이다. 그 사람 자신이 마음을 선하게 가질지 아니면 악하게 가질지는 아무도 모른다. 오직 자신이 결정할 뿐이다.

천지부모님께서 사람을 처음 만드실 때 70%는 하늘이 관여하도록 정하셨고 30%는 인간 자신의 자유에 맡겨 놓았기 때문이다. 고로 선천적인 운명의 70%는 인간이 관여할 수 없는 부분이므로 역술가들이 사주는 보는 것도 결국 선천적인 운명의 70%만 보는 것이다.

그러므로 사주를 감정할 때 100% 적중한다는 말은 모순된 말이며 70%만 적중할 수가 있는 것이다. 그래서 아무리 잘 보는 사람이라도 인간 운명을 적중하는 데는 그 한계가 70% 이상을 넘지를 못하는 것이다. 사람에게는 30%의 노력 부분이 결정적인 곳에서 좌우되는 것이기 때문에 감정할 때 꼭 이렇게 된다고 단정은 짓지를 못하는 것이다. 이 점을 깊이 이해하여야 한다.

그러므로 감정할 때에는 꼭 이렇게 된다고 단정할 것이 아니라,

"이렇게 될 가능성이 많다."라던가 또는 "합격할 확률이 높다." 이렇게 말하는 것이 가장 적절한 말이다.

또는 사주대운이 용신운으로 따를 경우에는 "이번에는 성공할 가능성이 70%이고 실패할 가능성도 30% 들어있다."고 해야 정답이 될 것이다.

또는 이번 과거에는 길운이라 응시하면 "합격할 확률이 70%이고 불합격할 확률이 30%이다." 라고 하는 말이 가장 정확한 답변이 된다.

어느때 한 여인이 와서 자기 아들의 사주를 보게 되었다. 이번에 대학에 입학 시험에 합격할 수 있느냐 없느냐 하는 질문을 놓고 합격이냐 불합격이냐 하는 간단한 대답만 해 주기를 요구해 왔다.

일단 사주를 보니 용신이 甲木이고 그 해 년운도 木운이 따르는 년이므로 "합격한다"고 100%결정을 지어 버렸다.

그런데 결과는 그 아들이 불합격을 하고 말았다. 왜 엉터리로 감정했느냐 고 원망을 하는데 입이 있어도 할 말이 없었다. 실로 개망신을 당한 셈이다.

사실상 대학시험 같은 중요한 문제를 놓고 사주만 가지고는 확정지을 수가 없다는 것이 느낀 점이다. 그 학생이 얼마나 열심히 공부를 하였는지 등을 좀 더 상세히 알고 나서 사주의 운세와 종합해서 감정해야 정확한 결과를 내릴 수 있는 법인데 이러한 여러가지 여건을 무시하고 사주하나만 가지고 합격과 불합격을 정한 것이 실수였던 것이다.

감정하다 보면 이런 유사한 일들이 종종 일어난다.

2. 참을 수 없는 시험

년	월	일	시							
壬	丁	癸	丁	丙	乙	甲	癸	壬	辛	庚
申	亥	亥	巳	戌	酉	申	未	午	巳	辰

이 사주의 주인공 여자는 부모가 중매로 결혼을 시켜 주었다. 사주에 水기운이 태왕하고 용신 丁火는 미약하므로 예의범절은 없고 음욕만 왕성하였다. 밤마다 타오르는 욕망을 남편 한사람 만으로는 도저히 충족할 수가 없어서 가정을 버리고 도망나와서 창녀촌으로 들어가 버렸다. 창녀가 된 뒤로는 마치 천직(天職)이라도 찾은 것처럼 기뻐 날뛰었다.

사람이 살아가면서 장애요소가 늘 따르고 여러가지 시험이 닦치고 있지만 그 중에서도 여색(女色)의 시험을 극복하기가 가장 어렵다. 신심(信心)이 절대적으로 강하지 못하면 대부분이 여색의 시험에서 실패하므로 일생을 쌓아온 수도에 공적을 허사로 보내는 것을 볼 때 실로 안타까운 마음 금할 길이 없다.

마왕 파순(波旬)이가 원래 음란한 색마(色魔)이므로 특별히 천도(天道)를 따라가는 수도인에게 많이 시험을 하여 온다. 수도인에게도 가장 어려운 시험의 고비가 색마의 시험이며 또한 세상에서도 모든 사건이나 범죄의 근본을 찾아 들어가 보면 반드시 음란이 원인이 되는 사건들이 많이 있다. 나라가 망하고 영웅들이 넘어지게 된 것도 결국에는 음란 때문이란 것을 알 때 진정 무서운 것은 간음죄인 것이다.

하늘은 다 알고 계신다.

이 세상이 온통 음란의 물결이 도도하게 흐르고 있다는 것을 너무나 잘 알고 계신다. 하늘은 심히 근심하사 음란한 짓을 하는 사람을 깨우치시기 위해서 무섭고 지독한 병을 벌로써 내려 주셨다. 고로 간음을 많이 하는 사람치고 성기계통에 병이 걸리지 않은 사람이 드물다. 특히 요즘 유행하는 "에이즈"란 병도 하늘이 내린 천벌인 것이다.

병이란 본래 삼재팔란 중에서도 제일 무서운 것이었는데 특히 음란한 사람에게는 반드시 병으로 그 죄를 갚도록 섭리하시고 계신다.

또한 사주를 보면 음란한 사주가 상당히 많은 것을 볼 때에 우리의 조상들도 많은 죄중에서 특히 간음죄를 많이 지었음을 짐작할 수가 있다. 조상들이 지은 간음죄를 소멸하기 위해서는 정조를 굳게 지켜야 한다.

여자는 열녀(烈女)의 도리를 생명보다 더 중요하게 지켜야 음란죄가 소멸되고 남자는 열남(烈男)의 도리를 생명보다 더 중요하게 지켜야 조상들이 지은 음란죄가 소멸되는 것이다.

그런데 사람들이 이러한 이치를 모르고 조상들의 전철을 다시 밟으므로 간음죄 소멸이 아니라 간음죄를 더 크게 가중시키는 것을 볼 때 그 조상들은 탄식과 통곡을 하는 것이다.

인류에게 음란의 죄가 사라지지 않은 이상 진정한 평화는 바랄 수가 없다. 이러한 시대를 당하여 수도인들의 사명이 크다는 것을 다시 한번 더 강조하고 싶다. 차라리 남근(男根)을 잘라 없애고서 천국에 들어갈 지언정 달고 다니면서 죄를 지어 지옥에 들어 가는 어리석은 자가 되지 말아야 할 것이다.

3. 노력의 한계

사람의 사주팔자가 노력과 선천적인 사주의 운명으로 두 기운이 합쳐져서 새로운 하나의 운명으로 결정지어 나가는 것이다. 관운이 없는 사람이 아무리 노력하고 시험이 있을 때마다 과장에 나간다 해도 매번 낙방할 것은 뻔한 일이다. 선천적인 사주가 70%는 이미 고정되어 있으므로 인간의 노력으로는 아무리 애를 쓴다해도 변동될 수가 없는 부분이다.

사람이 다만 노력으로써 변동시킬 수 있는 부분은 30%라고 했다. 그러므로 이미 주어진 70%의 선천적인 사주는 그대로 받아들여야 한다. 즉 관운이 없다면 당연히 없는 것으로 받아 들여야 한다. 재운이 부족하다면 자기의 능력의 한계를 깨달아야 한다. 이미 타고 나기를 병약한 건강을 타고 났다면 일단 받아 들여야 한다. 이런 여러가지의 선천적인 운세가 여러모양으로 우리의 주위에서 강하게 작용하고 있다.

여기에서 인간의 책임분담으로 자기 노력이 작용하는 것이다. 인간의 노력부분은 30%라고 했다. 30%의 자기 노력의 힘으로 70%의 선천적인 기운을 유도시켜 나가야 한다. 관운이 없는 것은 70%로 받아들여서 다른 방향으로 방향을 돌려야 할 것이다. 선천적으로 재물이 부족한 기운이 있다는 것을 알고는 30%의 노력을 더 열심히 하여 부족한 재물을 보충해 나가면 어느 정도 재물도 모여질 것이다.

그리고 선천적으로 타고 나기를 병약한 신체를 타고 난 것을 이해한다면 섭생이나 건강 관리를 다른 사람보다도 두배나 세배 정도 더 신경을 쓰면 될 것이다. 실제로 보면 선천적으로 병약한 팔자를 타고 난 사람이 건강관리를 잘하고 음식조절을 잘하여 장수하는 사람을 종종 볼 수가 있는데 좋은 예라 하겠다.

지금까지 많은 사람들이 이러한 사주의 기운70%와 노력의 기운 30%에 대한 내용을 몰랐기 때문에 사주를 주장하는 사람들은 대부분이 사주의 기운을 100%로 생각하여 왔고 또한 노력의 기운을 주장하는 사람들은 노력만이 인생을 100%라고 주장해 왔지만 모두들 조금씩 양보를 해야 운세의 흐름을 정확하게 볼 수가 있는 것이다. 누가 뭐라고 해도 이 비율은 자신있게 말할 수가 있다.

사주의 기운은 70%

노력의 기운은 30%

두기운이 합하면 100%이다.

이러한 비율울 자세히 연구해 보면 지금까지 궁금해 왔던 모든 난문제가 다 해결날 수가 있는 것이다.

4. 마음이 병을 치료한다

```
년  월  일  시
壬  丙  丁  癸      丁 戊 己 庚 辛 壬 癸
戌  申  丑  卯      酉 戌 亥 子 丑 寅 卯
                  3 13 23 33 43 53 63
```

이 사주의 주인공은 최(崔)모씨의 사주인데 처음 사주를 감정 받고자 하여 왔을 때는 얼굴이나 신체 여러 보이는 곳에 병색(病色)이 짙게 나타나 보였다. 어디가 많이 아픈가 하고 물어 보니 "머리에서 발끝까지 오장육부 어느 한 곳도 멀쩡한 곳이 없다"고 하였다. 대운을 보니 한창 흉운에 들어 있는 처지였다. 참으로 난감했다. 우선 말을 건넸다.

"죽지 않고 살아있는 것을 다행으로 아시오"

하였더니 최씨가 말하기를

"차라리 빨리 죽는게 소원이요."

대답이 이렇게 나오니 참으로 말문이 막히고 말았다. 죽는 것이 소원이라면 조용히 집안에서 죽고 말지 뭐 때문에 불편한 몸으로 택시를 잡아타고 간병하는 아내까지 함께 왔을까?

하기야 오죽이나 답답했으면 이런 곳까지 왔을까 생각하니 동정이 갔다. 벌써 몇년째 병고에서 투병생활하는 사람의 그 심정은 당해 보지 않은 사람은 모를 것이다. 무슨 말로 위로해야 좋을지 몰라 한문 한 귀절을 내 놓았다.

소병지약보약이첩(小病之藥補藥二帖)
대병지약천문만송(大病之藥天文萬誦)

작은 병에 약은 보약 두 첩을 복용하면 될 것이요, 큰 병에는 천문을 만번 암송해야 한다는 뜻으로 설명을 했다.

지금 최씨의 병은 어떤 약으로 치료하는 것은 불가능한 듯하니 우주의 주인이신 천지부모님을 믿어서 자비를 구하는 도리밖에 없다고 했다.

그랬더니 긍정하는 뜻으로 고개를 끄덕거렸다. 그리고는 진지하게 살수 있는 길을 문의하는지라 신심을 권했다. 내가 권하는 것은 어떤 돈이나 시간이 많이 소용되는 것이 아니고 얼마나 열성을 가지고 간절히 구하느냐 여하에 달려있다고 설명했다. 그 방법이란 이러했다.

첫째는 지난날의 모든 잘못된 일이 있다면 기억나는 대로 회개할 것이요.　둘째는 마음을 바르게 가지며 모든 일에 감사할 것이요,

셋째는 탐욕이나 원망심이나 시기질투심을 버릴 것이요,

넷째는 자나깨나 지극정성으로 천문을 암송할 것이요,

다섯째로 천지부모님을 믿고 지극히 사모할 것이요,

여섯째는 조상들의 업보소멸을 위하여 선업을 쌓을 것이다.

이렇게 알려 주고는 이것이 모든 병을 치료하는 약제이니 시간 맞추어 빠뜨리지 말고 꾸준히 마음에다 복용하면 그 정성 여하에 따라 치료에 차도가 생길 것인즉 이제 실행하여 회복을 보게 되거나 실행하지 못하여 병고에 더 많이 시달리게 되는 것은

오직 자기 자신에게 달려 있나니 자신이 알아서 하라고 하고는 돌려 보냈다.

몇달 후에 최씨는 또 찾아왔다. 전 보다는 훨씬 건강이 좋아진 듯하였다. 아직 완쾌는 아니지만 이제는 혼자서 걸어다닐 수 있을 만큼 회복이 되었다.

그 간의 지내온 이야기를 들어 보니 일전에 적어 준 천문을 주야로 암송하므로 우주의 주인이신 천지부모님의 은혜를 많이 받았다고 하였다. 주야로 병과 싸워서 승리하여 보겠다는 일념으로 암송하다보니 옆에서 간호하는 아내도 함께 외우게 되었고 자녀들도 함께 외우다 보니 그 천문의 기운이 한 곳으로 모이게 되어 병치료에 많은 효과를 얻었다고 하였다. 참으로 신기한 기적이 일어난 것이었다.

몇달 못산다고 하더니 이제는 5년이 지났고 건강을 완전히 되찾아 활동하고 있다. 이러한 실례를 들어 보아도 마음과 말의 기운으로 병을 치료할 수 있다는 것이 입증되었다.

천지부모님은 온 인류의 부모님이시므로 자식이 간구하면 영약(靈藥)을 내려 주시는 것은 당연한 사실이다. 또한 마음을 전날과는 달리 바르게 가지고 시기심이나 질투심을 버리게 되므로 모든 악령의 기운은 떠나가고 선령의 기운이 찾아오니 건강이 좋아졌던 것이다. 사람은 이처럼 기운(氣運)에 의해서 생사(生死)를 달리한다. 마음이 죄악의 기운에서 벗어나 바른 마음의 선한 기운으로 돌아 왔으므로 병이 치료되었던 것이다. 즉 악한 기운을 멀리하고 선한 기운을 가까이 하므로 모든 일에 감사하는 마음이 일어나게 되었던 것이다.

이것을 볼 때 사람은 늘 감사하며 살아야 한다.

사업을 하다 망해도 감사한 마음을 변하지 않으면 천지부모님은 다시 사업을 일어나게 역사해 주신다. 병마에 시달릴 때도 감사하면 모든 병마에서 해방시켜 주신다. 또한 죽어도 감사하면 악도에 떨어지지 아니하고 구원을 받게 되니 감사하는 그 공덕이 얼마나 귀중한가. 바른 마음이나 감사하는 마음이나 은혜를 생각하는 마음은 모두 천지부모님을 찾아가는 복된 마음인 것이다.

5. 역학도의 사명

공자께서 이렇게 말씀하셨다.

"하늘이 몇년만 더 살게 하여 주역을 연구하게 하여 주신다면 세상에 큰 흉사를 막을 수가 있다"고 하셨다.

'子曰 加我數年卒而學易可以無大過矣'(論語述而十六)

이 말씀을 보면 공자께서는 온 세상의 큰 흉사를 어떻게 하면 막아낼 수가 있는 방법이 없을까 하는 것을 연구한 것이다.

그것은 사람을 아끼고 사랑하고 인명(人命)을 존중하는 마음이 누구보다도 강하였기 때문이다.

또한 인(仁)은 여러가지로 정의를 내려 주기도 하셨지만 그 중에서도 가장 잘 표현해 주신 귀절이 있다면 "안연" 22장에 나오는 대목일 것이다. "번지"라고 하는 제자가 인(仁)에 대하여 묻자 공자께서 말씀하시기를

"사람을 사랑하는 것이니라"하셨다.

다시 지(知)에 대하여 묻자 공자께서 말씀하시기를,

"사람을 알아보는 것이니라"하셨다.

우리 역학도(易學徒)들은 어느 누구보다도 사람을 사랑하는 것을 천직으로 삼고 살아야 한다.

지금 세상 사람들은 모두 영적으로는 장님들이다. 한치 앞을 내다 볼줄 모르고 살고 있다. 그러나 우리 역학도인들은 사주만 뽑아 놓고 보면 그 사람의 미래를 손바닥 보듯이 훤히 알 수가 있다. 무엇을 물어와도 막힘 없이 다 대답해 줄 수 있는 재료를 충분히 갖추고 있다. 사업이나 직업 건강 결혼 궁합 그리고 평생 운세와 더 나아가서는 조상들의 구원과 업보 소멸 뿐만 아니라 어느 조상이 지금 저승 어디쯤에 가 있는 것까지도 다 말해 줄 수가 있는 것이다.

또한 우리의 가장 큰스승이신 공자께서도 역학의 중요성을 강조하셨고 사람을 진정으로 사랑하라고 가르쳐 주셨다. 지금은 심히 말세(末世)인지라 세상의 인심이나 여러가지 흉사가 많이 일어나고 있다. 특히 병마의 무서운 기운이 온 천지를 다 휩쓸고 있는데 이 때를 당하여 우리 역학도우(易學道友)들은 큰 사명과 책임을 느끼며 세상의 모든 흉사를 막는데 최선을 다해야 할 것이다.

사주에 보면 기신(忌神)운이 곧 병마가 침범할 수 있는 오행인 것을 알면 사주의 용신을 먼저 정확하게 골라야 할 것이다. 알아 듣지도 못할 잡다한 격국만 늘어놓지 말고 일반 대중들이 알아 듣기 쉽게 간단하게 설명해 주어야 할 것이다. 사주학이 역학도인들의 소유라고 생각지 말고 모든 사람들의 것이라고 생각하고 전해 주어야 할 것이다.

땅에서 냉수 한 그릇을 떠다 준 공덕이 영계에서는 천년을 수고해도 못따라 간다고 하였으니 문제는 이 땅인 것이다. 땅에서 복을 지어야 영계에서도 영원히 복낙을 누릴 수가 있고 땅에서 지은 죄는 속히 회개하여 속죄함을 받아야 영계에 가서는 천지부모님 앞에 부끄럼 없이 나설 수가 있는 것이다.

"진심으로 존경하는 역학도우님들이시여, 온 세상이 다 흐려
도 오직 우리만은 맑아야 된다고 강력히 주장하는 바이다. 우리
는 온 세상 사람들이 모두 행복하게 살 수 있도록 온상이 되어
줄 사명으로 살아야 하는 것이다. 사회가 온통 범죄로 가득차는
것도 남의 탓이 아니라 우리 탓으로 돌려야 할 것이며 우리는 하
늘을 향해 한 점 부끄럼이 없는 모습이 되어야 할 것이다. 용기
백배한 마음으로 살아야 세상인심도 따라올 것이다. 진실로 사
람을 사랑하는 것이 우리들의 사명인 것이다."

6. 서여인의 죽음

사주를 문의하러 왔다가 알게 된 한 여인의 죽음을 살펴 볼 수
가 있었다. 처음 사주를 보러 왔을 때는 물론 반신반의하는 눈치
였다. 그 여인의 성씨가 서(徐)씨였는데 서여인은 출가한지 1년
만에 병이 들었다. 처음에는 시부모님과 남편이 시중을 잘 들며
병 간호에 관심을 기울이더니 병이 장기화 되자 자연히 신랑도
싫어하고 시부모들도 태도가 달라지기 시작했다. 이 눈치 저 눈
치속에서 살기가 힘들어 신랑과 합의이혼을 하고는 언니네 집에
서 함께 살고 있는 모양이었다. 어느 정도 건강이 호전되긴 했지
만 완쾌는 아니었다. 늘상 약으로 살아가는 자신의 신세가 원망
스럽기도 하였다. 언니집에서 식모겸 함께 살아가는 자신의 팔
자가 왜 이렇게 고달프고 험악한가 하고 사주를 보러 왔던 것이
다.

사람이란 누구나 병이 들어 몸이 약해지면 마음도 약해지는

법이다. 언제 죽을까, 어떻게 죽을까, 죽으면 어떻게 될까 등 늘 상 죽음에 대한 두려움속에서 살아야만 했다. 그녀의 사주를 빼 보았다.

년	월	일	시						
己	癸	己	癸	壬	辛	庚	己	戊	丁 丙
丑	卯	卯	酉	寅	丑	子	亥	戌	酉 申

  서(徐)여인의 사주를 보면 신약사주에 재관이 태강하고 卯酉 가 상충하므로 남편복이 없고 초년 대운이 불길하여 부모덕도 없다. 火土운이 와야 길한데 이 사주로 봐서는 子대운이 위험하 다. 23세때 결혼하여 곧 바로 병이 들어 환자가 되었는데 일년만 에 이혼하고 사경을 헤매기 시작하였다. 반 시체가 된 몸을 이끌 고 필자를 찾아왔으므로 부축하며 맞이했다. 처음부터 진지하게 죽음에 대하여 묻길래 필자도 진지하게 죽음에 대하여 설명을 했다.

  "사람이 태어나는 것이 하늘의 뜻이라면 죽는 것도 하늘의 뜻 입니다. 원래 천지부모님께서 사람을 만드실 때 이중구조로 만 드셨으니 보이는 몸과 보이지 않는 영혼입니다.
  육신은 지상에서 살고 지상생활에서 얻어진 모든 생활감정이 영혼에 기록이 되는 것이니 그 기록된 영혼으로 다음에 육신을 벗고 영계에 가서 영원히 살게 되는데 좋은 기록을 가진 영혼은 천국으로 들어가서 무궁한 복낙을 누리며 살게 됩니다. 반대로 죄악의 기록을 많이 가진 영혼은 지옥에 들어가서 끝없는 시간 을 놓고 무수한 고통을 당하며 어둠속을 헤매며 살게 되는 것입 니다.

그러므로 지상에 살 때에 천지부모님을 믿고 모시며 살면서 바른 마음을 가지며 모든 일에 감사하는 마음을 가져야 영혼에 좋은 기록을 남기게 되는 것입니다. 이러한 이치로 볼 때 지상의 육신생활이 얼마나 중요한가를 느끼게 됩니다.

도우님이시여.

이제 염려하지 마시고 마음공부를 열심히 하세요. 천지부모님께서는 자비하시므로 어렵고 고통 당하고 병든 자들에게 먼저 구원의 손길을 펴 주십니다. 이제 지난날의 모든 불행을 잊어버리고 일념으로 천지부모님을 믿고 지극히 사모하세요. 천문을 많이 암송하여 보세요. 신비한 기적을 맛볼 것입니다.

바른 마음을 가지고 살도록 하세요.

모든 일에 감사하는 생각을 잊지 마세요.

가진 것은 베풀면서 사십시오.

만일 가진 것이 부족하다면 수희공덕(隨喜功德)을 쌓으십시오. 수희공덕이란 곧 남이 잘될 때에 함께 따라서 기뻐해 주는 공덕을 말합니다. 즉 사촌이 논을 사면 함께 기뻐해 주는 공덕이 곧 수희공덕입니다. 시기심과 질투심을 치료하는 약이 곧 수희공덕입니다. 사람이 죽는다는 것은 타향에 여행왔다가 고향에 돌아가는 것과 흡사합니다. 타향에 돌아다니면서 온갖 나쁜 친구와 사귀다 보니 함께 물이 들어서 악령들이 늘 어깨를 누르며 오장육부에 고통을 주고 있습니다.

본래 가지고 왔던 맑고 밝은 영혼의 모습은 찾을 수가 없고 죄악의 기운이 가득차므로 늘 죄를 많이 짓고 살았으나 이제 임종이 가까이 오니 지금까지 함께 지내던 악령들은 떠나게 되었습니다. 악령들이 떠나고 본래의 참된 모습이 들어나니 본심이 나타나는 것입니다.

평소에는 전연 느끼지 못했던 인간의 진짜 마음인 본심이 살아나오는 것입니다. 그러므로 평소에는 악한 사람들도 죽을 때가 가까이 오면 선해지는 이유는 이런 이유 때문입니다.

이제 생전 처음 느끼는 본심이 나타나니 지금까지 살아오면서 죄지었던 것을 후회하며 눈물을 흘리게 됩니다. 평소 지었던 모든 죄업을 놓고 진심으로 용서를 빌며 회개의 눈물을 흘립니다. 평소에는 그토록 저주하며 살던 원수의 이름을 부르며 용서를 빌며 진실에 눈물을 흘리는 것입니다. 참으로 진실되고 아름다운 본심의 마음이 누구나 임종시기에 나타나는 것입니다.

그러나 때가 너무 임박합니다.

좀 더 젊었을 때 이러한 본심의 마음이 나타났다면 복을 많이 지었을 텐데 이제 와서 후회한들 무슨 소용이 있겠습니까. 사람이 죽어서 영계로 들어가면 생전에 자기가 지었던 선악간 업보대로 자리를 찾아 가게 됩니다. 한번 자리를 정하면 그 자리가 영원한 자기의 자리가 되는 것입니다. 지옥의 고통이면 영원한 지옥이 되는 것입니다.

이제 이 마지막 급한 시기에는 오직 정신통일을 하여 우주의 주인이신 천지부모님께 구원을 청하는 것이 가장 중요합니다. 천문을 열심히 암송하면서 영혼을 안정시키면 평소에 비록 신심이 부족하였다 해도 구원을 받게 되고 평소에 비록 선행이 부족하였다 해도 구원을 받게 될 것입니다.

죽음이란 영혼과 육신이 분리되는 것인데 옷이 낡아지면 벗어버리는 것처럼 육신도 노쇠하면 벗어버리고 영혼으로만 영계에 가서 영원히 살게 되는 것입니다. 타락으로 말미암아 사람들은 모두 영안(靈眼)이 어두워져 있습니다. 영안이 어둡다 보니 본래 없는 죽음을 있는 죽음으로 착각하고 살고 있는 것입니다.

이제 이러한 천지간의 이치를 깨달았다면 죽음에 대한 공포심을 버리시고 새로운 생사관(生死觀)을 가지십시오.

죽음은 실상 두려운 것이 아닙니다.

바른 마음공부를 못한 것이 두려울 뿐입니다. 공덕을 쌓지 못한 것이 두려울 뿐입니다. 죽음은 천지부모님이 계신 본 고향으로 돌아가는 것입니다. 돌아갈 때는 무엇을 선물로 가지고 가야 천지부모님이 기뻐하시겠습니까. 생각해 보면 답은 이미 다 나와 있습니다. 지금까지 타향에서 얼마나 서러움을 당하면서 고생하며 살았습니까. 이제 고향에 가면 천지부모님께서 모든 죄를 다 용서해 주실 것입니다. 다만 효심(孝心)만 나타내 보이십시오. 반드시 구원받을 것을 확신합니다. 이제 천지부모님을 지극히 사모한다면 반드시 구원받을 것을 확신하오니 부디 이 한마음 변치 말기를 바랍니다.

간절히 빌겠습니다……"

서여인을 앞에 놓고 한참 동안 입에 침이 마르도록 설명했다. 서여인은 얼굴에 화기가 돌면서 용기를 얻은 것 같았다. 돌아가는 뒷모습이 활력이 있어 보였다.

몇 달 후였다.

인명은 재천(在天)이라고 했다.

서여인은 천수를 다 누렸던 것 같았다. 워낙 중병을 앓다보니 기력이 다하였던가 보다. 壬申년 壬子월에 임종을 마쳤다고 연락이 왔다. 당년 41세의 한(恨)많은 생을 마친 것이다. 그녀의 언니를 다음에 만났는데 얘기하기를 동생은 임종이 가까워 오자 일념으로 천문을 암송하면서 임종을 맞이했다고 하였다.

물론 평소에도 열심히 암송하였다고 했다. 영혼을 천문암송 일념으로 보냈으므로 그 얼굴에 웃음을 간직하며 밝은 광채가 났다고 했다. 아마 평소에 천문암송의 공덕 때문에 편안한 임종

을 맞이했을 것이다. 필자도 그녀의 영혼을 위해서 "천상길 인
도하는 기도"와 천문을 지성으로 암송해 주었다.

제4장 바른 마음

1. 바른 마음

온 세상이 다 먹빛으로 물이 든다해도 오직 "역학도우"는 홀로
맑고 맑아야 한다. 왜냐하면 역학도우들은 온 세상의 눈(目)이
라고 할 수 있기 때문이다.

만일 눈이 어두워지면 천지가 희미하게 보이므로 무엇이 선인
지 무엇이 악인지를 구분하기가 어렵게 되기 때문이다. 밝은 눈
을 가진 사람이라야 사물을 정확하게 볼 수 있는 것처럼 역학도
인(易學道人)들이 바른 마음을 가지고 정직하게 살아야 세상을
건질 수 있기 때문이다.

지금까지는 역학이 대도정법(大道正法)이 되지 못하고 소도
말법(小道末法)의 천대를 받아 오게 된 것은 여러가지의 원인이
있겠지만 가장 중요한 원인은 사주학의 가르침이 동일하지 못한
데서 그 원인을 찾아 볼 수가 있다.

예를 들어서 어떤 사람이 자신의 궁금증을 풀어보기 위해서
甲이라는 철학관에 들어가 보니 "火가 용신이므로 火운이 길하
다"고 하였다. 그러나 그 사람은 아직 궁금증이 풀리지 못하여
乙이라는 철학관을 또 들어가 보니 "水가 용신이니 水기운이 길
하다"고 하였다. 정반대의 사주풀이가 나온 것이다. 그러다 보

니 그 사람은 궁금증의 해결은 고사하고 궁금증이 더 크게 되었으므로 다시 다른 철학관을 찾을 수 밖에 없었다. 丙이라는 철학관에 들어가서 문의해 보니 대답은 또 달랐다. "용신이 土이니 土운이 될 때까지 기다려라……."하였다.

이렇게 되다보니 그 사람은 어느 것이 정답인지 도무지 알 수가 없게 되었다. 그리고는 사주에 대하여 의심을 하게 되었고 급기야는 미신으로 취급할 수 밖에 없었다.

그 사람은 한동안 사주를 완전히 미신으로 취급하면서 살아보지만 그래도 행여나 어디에서 속시원히 문제를 풀어 줄 곳이 없나하고 이집 저집 기웃거려 보았으나 대답은 한결같이 각양각색이었다.

이것은 감정사의 능력이 부족하다고 밖에 할 수가 없다. 사주를 보면 분명히 용신이 하나뿐인데 가는 곳마다 용신이 다르다는 것은 사주학의 기르침이 어떤 정통을 찾지 못했다는 증거이다. 정통이란 가장 정확하게 용신을 찾는 방법을 알려 준 곳이 정통일 것이다. 용신이 火인데 水기운이 길하다고 할 수는 없을 것이다. 다만 木이 있어 유통이 되는 경우는 흉변길이 될 뿐이다. 즉 甲子년을 맞이했다면 子水가 甲木을 생조하고 木이 용신 火를 생조하기 때문에 길한 운이 되는데 그렇다고 水기운 자체로는 火를 생조할 수 없는 것이다. 즉 金水가 동행하게 되는 壬申년 같은 해에는 火용신 가진 사람은 고전을 당하기 때문이다.

사주에서는 용신을 찾아내는 것이 제일 중요한 일이다.

용신을 바로 찾아내지 못하고는 어떤 감정도 할 수가 없다. 사주에 나오는 여러가지 살(殺)들은 단식판단에 불과하다. 사주가 잘 성격(成格)이 되었는데 도화살이 들어있다고 하여 색골이라고 판단해서는 안된다. 각종 살들도 일단 용신을 정해 놓고 난 다음에 설명을 하는데 이용되는 정도일 뿐이다. 대부분 감정실

력이 부족한 사람들이 잡다한 살들을 들추어 내놓고 설명을 길
게 늘어 놓는다.

어느날 필자가 어느 철학관에 들어가 보았다. 생년월일시를
불러 주었더니 당사주책을 꺼내 놓고는 초년운은 어떻고 중년운
은 어떠하며 등등 혼자서 한참동안 중얼거리길래 중간에서 질문
을 했다.

"용신이 어느 오행입니까?"하고 물어 보았더니 그 감정사가
하는 말이 생전처음 들어보는 소리라며 하는 말이 "용신이 뭘하
는 것입니까?"하고 반문을 하여왔다. 사주를 본다는 사람이 용
신이 무엇인지도 모르고 앉아있는 것을 볼 때 참으로 안타깝기
만 하였다.

또 다른 철학관에 들어가 보았다.

그 곳에서는 제법 구색을 갖추느라고 만세력을 보고는 사주팔
자를 정확하게 뽑아 놓기까지는 하였는데 용신을 찾을 생각은
하지 않고 각종살들만 죽 늘어 놓았다.

戊土일주에 午火가 있으니 양인살이니 혈기를 내지말아야 하
며 申金이 있으니 암록살이므로 주택복권을 자주 사 보면 될 것
이며 또한 도화살이 들어 있으니 가운데 다리를 조심해야 할 것
이요, 천살(天殺)이 들어있으니 하늘을 쳐다보지 말고 땅만 바
라보며 살아야 길하고…… 등의 말을 해 대는데 언제쯤에 용신
이란 말이 나올까 하고 기다려 보았으나 끝내 용신에 대한 이야
기는 없었다. 참으로 한심하기가 한이 없었다.

필자가 시험삼아 여러곳을 찾아 들어가 보았으나 보는 방법도
가지가지였고 심지어는 "부적전문"이란 간판이 보이길래 들어
가 보았더니 무조건 부적만 팔겠다는 욕심을 부리는 엉터리도
많았다. 그 액수도 최하 십만원짜리에서 수백만 원짜리 부적이

있다는 것을 볼 때 세상사람들이 사주학을 미신으로 취급하는 것은 당연하다고 생각하였다. 많은 수의 철학관에서 이 귀하고 오묘한 사주학을 이용하여 사기극을 벌이려는 속셈이 있음을 알 수가 있었다.

정말 각성할 일이다. 이런 현상을 보고는 자신이 스스로 부끄러워서 조용히 철학관 간판을 떼어내고 이사를 하여 버렸다. 차라리 다른 직업을 택하기로 했다. 그래도 타고난 팔자를 속일 수가 없는가 보다. 일어나면 제일 먼저 만세력을 만지게 되니 말이다.

역학을 전공하는 사람은 특히 바른 마음을 가져야 한다.
우주의 주인이신 천지부모님을 중심으로 하여 몸과 마음이 정도(正道)에서 하나 되어야 한다. 마음이 바르게 되어야 용신을 쉽게 찾을 수가 있다. 천지간에 제일 귀한 보물이 있다면 자기속에 있는 바른마음 뿐이다. 또한 천지간에 무궁한 조화나 온갖 능력도 내 마음속에서 다 나오는 법이다. 그 귀한 보물이 지금 내 속에 있는데 무엇을 밖에서 구하겠는가.

천지대보정도심(天地大寶正道心)
천지조화용심처(天地造化用心處)

"천지의 큰 보배는 바른 마음 뿐이며 천지의 모든 조화도 마음 사용하는 곳에서 나온다."

2. 천지자녀(天地子女)

인간이 존재하는 근본목적은 천지의 자녀가 되기 위함이다.

우주의 주인을 하나님이라고 부르는 곳이 있고 대자연이라고 부르기도 하고 하늘(天)이라고도 부르기도 한다.

역학계에서는 우주의 주인을 태극(太極)이라고 부르고 있다. 태극에서 음과 양이 나왔고 음양에서 오행이 나왔으며 오행에서 만물이 생성되었다고 주장하고 있다. 또한 기독교인들의 주장을 들어보면 태초에 하나님이 계시었고 하나님께서 남자와 여자를 창조하셨고 또한 인간을 위해서 모든 만물을 미리 창조해 두신 것으로 되어있다.

이처럼 표현이 조금씩 다르다 뿐이지 우주의 생성과정은 비슷하다. 태극에다 인격적인 부분을 첨가시켜서 표현하다 보니 천지부모님이란 단어가 생기게 된 것이다. 고로 천지부모님이란 곧 기독교에서 모시는 하나님을 말하는 것이다.

우주의 주인을 서양에서는 하나님이라고 그 이름을 불러왔고 동양에서는 천지부모님이라고 부르는 것인데 궁극에는 천지를 창조하신 분이시며 전지전능하신 분이시며 무소부재하신 분이시며 유일신이신 천지부모님이시다. 그러므로 기도할 때 보면 "천지부모이신 하나님이시여……"하고 기도를 하기도 한다.

하나님께서 인간을 창조하신 목적은 하나님의 자녀로 만드셨다. 그러므로 인간의 본래적 가치는 하나님 자녀의 가치를 지니고 있는 것이다. 하나님이 영원히 살아서 존재하시는 것과 같이 자녀로 지음받은 인간도 영혼으로는 영원히 살도록 만드셨던 것이다. 인간에게 이처럼 영원히 살 수 있는 영혼이 들어있기 때문에 만물에 영장이라는 말을 하게 되었고 또한 영원히 살고자 하는 마음이 일어나게 된 것이다.

그러므로 인간은 마음을 바르게 닦아서 하나님처럼 완전한 천자(天子)가 되어야 그 소망이 달성되는 것이다. 사주에서 30%의 인간책임분담을 주신 뜻도 인간이 자신의 자유의지로 스스로 완성하여 하나님이 천지의 대우주를 창조하시어 창조주가 되신 것처럼 인간도 스스로의 능력으로 소우주인 자신을 완성하여 하나님의 아들딸의 자리를 차지하라는 뜻에서 인간에게 노력부분과 자유의지를 남겨 주셨던 것이다.

다른 동물이나 식물들은 이처럼 영혼이 없기 때문에 영원히 살고 싶다거나 노력을 해야하거나 완성을 위해서 도를 닦을 필요가 없는 것이다. 다만 사람들이 영혼이 들어 있으므로 그 영혼의 인격완성을 위해서 마음도 닦고 수도도 하며 사랑도 베풀고 공덕도 쌓는 것이다. 영혼이 없는 소(牛)가 아무리 기도를 한다고 해서 사람이 될 수는 없는 것이다. 사람에게는 이처럼 영혼이 들어 있기 때문에 기도를 하거나 정성을 들인 물을 마시면 병이 낫는다. 그러나 영혼이 없는 개(犬)에게 정성드린 물을 마시게 한다고 해서 병이 낫지는 않는 것이다. 사주가 정해지는 것도 모태에서 초기에 거의가 다 정해지는데 영혼을 중심으로 정해지는 것이다. 영혼이 없는 송아지는 사주와 상관이 없는 것이다.

필자는 전에 집에서 기르던 소가 송아지를 낳았다. 그래서 그날의 날과 시를 정확하게 기록해 두었다.

송아지 사주(76. 4. 27. 亥)

년	월	일	시													
丙	壬	戊	癸	년운	丁	戊	己	庚	辛	壬	癸	甲	乙	丙	丁
辰	辰	申	亥		巳	午	未	申	酉	戌	亥	子	丑	寅	卯
				나이	1	2	3	4	5	6	7	8	9	10	11

소는 사람처럼 오래 살지 못하므로 대운 대신 년운을 중심으로 보았다.

戊土일주가 辰월에 태어났고 신강사주이며 재성이 왕성하여 사람으로 치면 재기통문(財氣通門)한 부자 사주를 타고 났다. 金水기운은 길하고 火土운은 흉한 사주다. 다른 사람은 생각지도 못한 일이지만 필자는 그 송아지를 놓고 유심히 살펴 보았다. 그 후에 7년정도 키우니 완전히 어미소가 되었다.

어느날 산에 풀을 먹이기 위해 풀어 놓았다. 필자는 한참동안 책을 읽고 있었다. 문득 소가 생각나서 살펴 보았으나 소가 보이지 않았다. 허둥대며 여러곳을 찾아보았으나 끝내 찾지는 못하고 날이 어두워서 혼자 집으로 돌아오고야 말았다.

이튿날 날이 밝자 친척 몇 사람을 데리고 소를 찾으려 산으로 갔다. 한참동안 온 산을 다 헤맨 결과 여우바위 뒤의 낭떠러지에 소가 떨어져 죽어 있었다. 아마 풀을 뜯다가 발을 헛디딘 모양이었다.

그 날의 사주를 뽑아보니 1983년 7월 5일이었다. 소가 낭떠러지에 떨어져 죽은 날의 사주를 보면 다음과 같다.

년	월	일	시
癸	庚	癸	辛
亥	申	酉	酉

이렇게 나왔다. 소의 용신은 水이고 희신은 金인데 용신운에 죽었다는 결론이다. 이렇게 볼 때 영혼이 없는 소에게는 사주운세가 적용되지 않는다는 것을 깨닫게 되었다.

이처럼 사주의 기운도 영혼이 있는 사람에게만 적용된다고 봐야 할 것이다. 또한 이 우주가 아무리 넓고 광대하다 하여도 만일 사람이 없다면 이 우주는 한낱 빈 껍데기에 불과한 것이다.

이처럼 사람의 가치는 귀중한 것이며 하나님의 자녀의 가치를 타고 난 것이다. 고로 사람을 죽이면 곧 하나님의 자식을 죽이는 것이 되므로 그 벌도 무서운 지옥에 들어가게 되는 것이다.

3. 천지부부(天地夫婦)

하나님의 아들과 딸로써 태어난 인간이 열심히 수도하여 도성인신(道成人身)자가 되면 천지자녀가 된다. 천지자녀가 된 사람을 불교 용어로 바꾸어 보면 성불(成佛)한 사람이라고 할 수가 있다. 성불한 사람은 곧 천지자녀가 된 것을 의미한다. 성불하였다면 다음에는 무엇을 해야 하는가. 이것을 알아야 한다.

결론적으로 말해서 성불한 남자와 성불한 여자가 만나서 결혼을 하여 가정을 이루어야 한다. 이 가정은 곧 성불가정(成佛家庭)이 되는 것이다. 역사적으로 많은 부처님들이 개인성불을 이루어 천지자녀는 되었지만 이처럼 부처님들끼리 만나 가정성불을 이루지 못했으므로 천지부부(天地夫婦)라고 하는 웅대한 축복을 받지는 못했던 것이다.

지금까지 창조이래 개인성불을 이룬 부처님들은 여러분이 있지만 한단계 더 높은 가정성불을 이룬 사람은 아무도 없었다. 가정성불을 이루지 못하면 성불한 자녀를 낳을 수가 없고 자녀가 없다보니 아버지와 어머니의 자리에 오르지 못한다. 다시 말해서 성불한 부모가 되지 못하는 것이다.

천지부모님의 소원은 인간이 열심히 수도하여 개인성불을 한 다음에 가정성불을 이루어서 천지의 대권을 잡기를 원하신다. 부처님들은 이러한 천지의 원칙을 깨달아야 할 시기이다. 아무리 혼자서 개인성불을 하였다해도 가정성불을 이루지 못하면 그 일대(一代)에 끝장이 나고야 만다. 천지가 허락하는 천지부부가 되는 것이 인간의 마지막 소망이다.

천지부부가 되지 못한 사람은 천국에 들어가지 못한다.

개인성불한 사람은 낙원까지 밖에 못 올라간다.

가정성불을 이루어야 천국에 들어 갈 수가 있다.

일생을 놓고 수도정진하며 무릎이 닳도록 기도하신 수도인들이여 가정성불(家庭成佛)에 대한 내용을 깊이 깊이 한번 생각하여 보라. 이번 생(生)에 이루지 못하면 다시는 이루지 못할 것이 가정성불인 것이다. 또한 개인성불을 이루지 못한 사람은 가정성불을 이룰 자격이 없는 것이다. 필자가 하는 말이 옳은지 그대들이 하는 생각이 옳은 지는 앞으로 두고 봐야 알 일이다. 필자는 개인으로 하는 소리가 아니다. 하늘이 하시는 음성을 듣고 다만 전해 줄 따름이다. 믿고서 살든지 불신하고서 죽든지 이것은 각자의 자유이다.

4. 천지주인(天地主人)

사람이 일생을 살아가자면 여러가지로 길흉사를 당하게 된다.

인간의 사주가 정해지는 것은 조상의 업보에 의해서 정해 진다고 했다. 그리고 이미 정해진 사주는 조상들의 지은 업보를 소멸시켜 달라는 안내문과도 같다고 하였다.

대운이 용신운으로 따를 때에는 업보소멸을 하기가 쉬운 시기이고 대운이 기신운으로 흐를 때에는 업보소멸이 더 어려운 것을 알고 있다.

조상이 지은 업보는 소멸시키지 않으면 그 업보가 소멸될 때까지 혈통의 인연을 타고 내려 가면서 후손들을 괴롭히는 것이다.

그러므로 이러한 천지간의 이치를 알게 될 때 우리는 각자의 사주를 봐서 어떤 선행(善行)을 쌓아야 조상들의 업보가 소멸되는가를 확실히 알아야 겠다. 그리하여 나에게 배당된 업보를 소멸시켜서 지옥에서 고통 당하는 조상님을 구원하는 일에 총력을 다해야 효도하는 후손이 될 것이다. 업보소멸을 시키지 않고서는 결단코 성불할 수가 없다. 마왕 "파순"이가 그냥 놔두질 않는다. 업보가 남아 있다는 말은 파순이에게 갚아야 할 빚이 있다는 말이다.

교활한 악마 "파순"이가 그 빚을 남겨 두고서 그냥 물러 설 것 같은가? 어림 없는 소리이다. 호리만큼의 빚이 남아 있어도 조건을 잡고 물고 늘어지며 수도를 방해하는 것이다.

이처럼 조상들이 지은 업보를 모두 다 소멸시킨 다음 더욱 더 정진(精進)하여 자성성불(自性成佛)을 이루어야 한다. 개인성불을 이룬 다음에는 개인성불을 이룬 배우자를 만나서 하나님의 이름아래 결혼을 하므로 가정성불을 이루어야 한다. 가정성불(家庭成佛)을 이룬 다음에는 성불자녀(成佛子女)를 낳아서 성불한 부모가 되어야 한다. 이렇게 하여 성불한 부모가 되면 천지간에 모든 도(道)의 완성이며 하나님으로부터 천지주인(天地主人)이라는 칭호와 천지의 대권을 물려받게 되는 것이다.

이것이 천지의 이치이다.

천지간에 이치 밖에 없는 법이다.

요행이나 공짜는 통하지 않는 법이다.

이처럼 가정성불을 이루는 데도 가장 기초적으로 해야 할 일들이 조상들의 업보소멸이다. 그 업보 소멸은 사주를 풀어보지 않고서는 알 도리가 없는 법이다. 우리가 사주를 깊이 공부하는 목적도 실로 여기에 있는 것이다.

차신불향금생도(此身不向今生度)
갱대하생도차신(更待何生度此身)

"이번 생에 이 몸을 제도하지 못하면 다시 어느 생을 기다려 제도할 것인가".

정말 금생(今生)이 중요하다.
이번 생에 닦지 못하면 다시 기회가 없다고 생각해야 한다.
이번 생에 수도정진하여 하나님의 아들딸이 되지 못하면 다시 어느 생을 기다려 이 몸을 제도하겠는가?
이번 생에 성불하지 못하면 기약할 수도 없는 긴 생을 기다려야 할 것이다. 지상에서 한계단 뛰는 것을 천상에서는 천년(千年)을 수고하여도 어렵다고 하였다. 부디 열심히 갈고 닦아서 가정성불할 수있는 수도인이 되기를 기원하는 바이다.

제5장 사주풀이

1. 木일주

(예1)

년	월	일	시							
戊	甲	甲	己	乙	丙	丁	戊	己	庚	辛
申	寅	子	巳	卯	辰	巳	午	未	申	酉

寅월은 아직도 찬 기운이 남아 있으므로 火가 필요하다. 고로 용신은 시지의 巳火이다. 신강사주이므로 土는 희신이다. 水는 기신이며 金은 구신이다. 木은 용신을 도울 때는 희신이 되나 신강사주이므로 水木이 동행할 때는 기신이 된다.

(예2)　년　월　일　시
　　　　丙　辛　甲　壬
　　　　午　卯　子　申

甲木이 卯木에 출생하여 신강사주다. 인성이 왕성하여 관성으로는 용신을 삼을 수가 없으므로 년간의 丙火가 용신이 된다. 신강사주이므로 火는 용신이며 土는 희신이다. 金水木은 기신이다. 木은 火운과 동행하면 길운으로 변한다.

(예3)　년　월　일　시
　　　　辛　壬　甲　戊
　　　　亥　辰　戌　辰

이 사주는 재다신약(財多身弱) 사주다. 辰월의 甲木은 시들어지는 때이다. 壬亥水 인성이 도와 주므로 길명이다. 水木은 길하고 火土는 흉하다. 용신은 水이고 木은 희신이다. 金은 용신을 생조할 때에는 길운을 따나 약한 일주를 직접 상극시킬 때는 흉하다. 火土는 기신이다.

(예4)　년　월　일　시
　　　　戊　丁　甲　乙
　　　　午　巳　午　亥

사주에 식상이 태과하여 일주는 심히 약하다. 용신은 시지의 亥水가 된다. 水木운은 길하고 火土운은 흉하다. 식상이 많은 사주에는 용신은 반드시 인성으로 잡아야 한다.

(예5)　년　월　일　시
　　　　丁　丙　甲　庚
　　　　巳　午　子　午

이 사주는 용신 子水가 양쪽에서 충하여 태어나면서부터 불구자가 되기 쉽다. 사주가 불길하다. 일주도 약한데 많은 식상으로 설기(泄氣)를 당하고 甲庚이 상충하여 심히 미약하다.

이 사람은 오직 하나님만 절대적으로 믿고 살아야 그 흉이 감해질 수가 있다. 조상들의 업보가 무겁다.

(예6)　년　월　일　시
　　　　己　辛　甲　甲
　　　　未　未　戌　戌

이 사주는 사주에 재성이 태과하고 일주는 미약하므로 종재격(從財格)이 되었다. 용신은 土이며 희신은 火이다. 水木은 흉하다. 대부분의 종격사주는 조후가 불량하다. 또한 종격은 용신운을 만나지 못하고 기신운으로 들어가면 일반 정격(正格＝內格) 사주보다 고전을 많이 당한다.

(예7)　년　월　일　시
　　　　戊　庚　甲　戊
　　　　申　申　申　辰

이 사주는 관살이 태왕하고 일주는 미약하므로 종관살격(從官殺格)이다. 고로 土金운은 길하고 水木운은 흉하다. 이런 사주에서 水가 하나 있었다면 종격이 되지 않고 신약사주가 되었을 것이다.

(예8) 년 월 일 시
　　　 乙 丁 甲 丙
　　　 卯 酉 申 寅

이 사주는 甲木이 酉월생이라 신약이긴 하나 비겁이 많이 약하지는 않다. 그래서 용신은 시간의 丙火이다. 丙火가 용신이 되어 강한 金기운을 억제하고 일주를 보살필 수가 있다. 고로 木火운은 길하고 土金운은 흉하다. 水는 水木이 동주하면 이로우나 金水가 동행하면 흉하다.

(예9) 년 월 일 시
　　　 丙 戊 甲 癸
　　　 戌 戌 午 酉

이 사주에는 많은 土기운 때문에 신약이 되었으므로 土를 극하는 木이 용신이다. 또한 火를 억제하는 水운도 길하다. 시지의 酉金은 水를 생조하므로 희신이다. 그러나 행운에서 土金이 동주할 때는 기신이 된다. 이 사주도 재다신약의 사주다.

(예10) 년 월 일 시
　　　　戊 癸 甲 乙
　　　　戌 亥 子 亥

이 사주는 인성이 많아 甲木은 뿌리가 썩을 염려가 있다. 일주
가 약한데 인성만 많아도 사주가 흉해진다. 많은 水기운을 억제
하기 위해서는 년주의 戊戌土가 용신이 되긴 하나 사주가 불안
하다. 만일 행운에서 다시 水운을 만나면 제방은 터지고 만다.

(예11) 년 월 일 시
        戊 甲 甲 甲
        辰 子 寅 子

이런 사주는 위험한 사주다. 비겁은 심히 왕성한데 재성은 심
히 약하다. 이 사주에서는 土가 용신이긴 하나 실상 대운에서 土
운을 만나면 많은 비겁에 의해 군비쟁재(群比爭財)가 되어 십중
구사(十中九死)를 당하기 쉽다. 이 사주에서는 오직 火운만이
길하며 나머지 오행은 모두 흉하다. 土金水木 모두 기신이다.
하격사주(下格四柱)다.

(예12) 년 월 일 시
        壬 癸 甲 甲
        辰 丑 戌 戌

이 사주는 비록 지지가 모두 재성인 土로 구성되어 있지만 종재
격이 될수 없다. 甲木일주가 동기가 많으며 丑月은 水왕절이기
때문이다. 신약사주다. 추운 달에 태어났기 때문에 의당 火가
용신인데 사주에 火가 없다. 火가 없으므로 木으로 용신을 삼으
나 가짜용신이다. 이 사주에서는 火는 길하고 木도 길하며 土金
水는 모두 흉하다.

(예13)　년　월　일　시
　　　　癸　甲　乙　丙
　　　　未　寅　卯　戌

　이 사주는 乙木이 寅월에 출생하여 아직 찬 기운이 조금은 남아 있다 그러나 비겁이 왕성하므로 용신은 시지의 戌土와 년지의 未土가 되고 火는 희신이다. 용신은 투출되어야 목적을 이룰 수가 있다.

(예14)　년　월　일　시
　　　　辛　辛　乙　乙
　　　　酉　卯　酉　酉

　이 사주는 乙木일주가 卯월에 출생하여 득령은 하였으나 사주에 관살이 태왕하므로 도리어 신약사주가 되었다. 용신이 충을 당하여 불길하다. 이 사주에서는 木이 용신이다. 용신이 3개나 되기 때문에 사주에 주인이 3명이나 있는 형상이다. 사공이 많으면 배가 산으로 올라가는 꼴이다. 고로 무슨 일을 해도 끈기가 없고 쉽게 좌절하기 쉬운 사주다.

(예15)　년　월　일　시
　　　　甲　戊　乙　丙
　　　　戌　辰　丑　子

　3월은 土金이 왕성하는 계절이고 木기운은 시들어 가는 시기다. 사주에 습기가 비교적 많은 편이다. 사주에 재성이 많으므로 木으로 왕성한 土기운을 억제해야 사주가 조화를 이루게 된다. 고로 木이 용신이며 水는 희신이다.

(예16) 년 월 일 시
         戊 丁 乙 壬
         午 巳 巳 午

이 사주는 사주에 식상이 태왕하므로 종아격(從兒格)이다. 고
로 火운은 길하며 용신과 상반되는 인성운이 가장 흉하다. 종아
격이므로 土운은 비교적 무난하다. 金운은 기신인 水를 생조하
므로 구신이 된다.

(예17) 년 월 일 시
         丁 丙 乙 己
         巳 午 亥 卯

이 사주는 식상이 비록 왕성하나 일주도 약하지 않다. 水木은
길하며 火土金은 흉하다.
  午월이므로 용신은 일지의 亥水가 된다 조후로 봐서 水가 용
신이 되어야 사주가 길하기 때문이다.

(예18) 년 월 일 시
         辛 乙 乙 丁
         亥 未 卯 亥

이 사주는 지지에서 亥卯未가 삼합을 이루어 木으로 변하였
다. 고로 종강격(從强格)사주가 되었다. 종강격이므로 木이 용
신이다. 水는 희신이며 土金은 기신이다.

(예19) 년 월 일 시
　　　　壬 戊 乙 乙
　　　　辰 申 卯 酉

　乙木이 申월에 출생하였으므로 신약이다. 卯酉가 상충하여 아
내와 자식에게도 흉하다. 木水운은 길하고 土金운은 흉하다. 관
살이 왕성하므로 이 왕성한 기운을 유출시키는 인성운이 길하
다.

(예20) 년 월 일 시
　　　　戊 辛 乙 乙
　　　　戌 酉 卯 酉

　이 사주는 관살은 태왕하고 일주는 심히 약하다. 卯酉가 충을
당하여 처덕이 없다. 처가 항상 병고에서 시달리는 신세가 되었
다. 이 사주에서는 水가 하나 있어야 길운이 될 수 있는데 없으
므로 팔자가 사납다.

(예21) 년 월 일 시
　　　　己 甲 乙 丙
　　　　丑 戌 未 戌

　이 사주는 재성이 너무 많고 乙木일주는 뿌리가 미약하므로
종재격이 되었다. 종재격이므로 火土운은 길하고 水木운은 흉하
다. 金은 왕성한 용신운을 유출시키므로 火운과 만나지 않는다
면 해롭지 않다.

(예22)　　년　월　일　시
　　　　　戊　癸　乙　丙
　　　　　戌　亥　亥　子

이 사주는 乙木은 혼자 뿐인데 인성이 너무 많다. 물이 너무 많아 뿌리는 썩을 지경이다. 많은 물을 막기 위해서는 土가 필요 하고 亥월의 추운 기운을 따뜻하게 하기 위해서 火가 필요하다. 고로 土는 용신이 되고 火는 희신이 된다.

(예23)　　년　월　일　시
　　　　　甲　丙　乙　丙
　　　　　寅　子　亥　子

이 사주는 乙木일주가 子월 추운 달에 태어났다. 고로 火가 필 요하다. 사주에 土가 있었다면 土로써 많은 水기를 막았어야 길 한 사주가 되었을 것이다. 이 사주에는 丙火가 용신이 되고 木은 희신이다. 또한 많은 水기운을 억제하는 土운도 길운이 된다. 金水운은 흉하다.

(예24)　　년　월　일　시
　　　　　戊　乙　乙　丙
　　　　　辰　丑　卯　子

이 사주는 乙木이 추운 丑월에 태어났으므로 용신은 시간의 丙火가 된다. 사주에서는 조후를 중요시하고 있다. 사주가 한습 하면 火가 용신이 되고 반대로 사주가 열조하면 水가 용신이 된 다. 이 사주에서는 火가 용신이며 木은 희신이다. 土金水는 기신이다.

2. 火일주

(예1) 년 월 일 시
　　　　辛 庚 丙 壬
　　　　丑 寅 申 辰

丙火일주가 寅월에 출생하였으나 재성이 왕성하므로 신약사
주이다. 왕성한 재성 金을 억제하기 위해서는 火가 용신이 되고
木은 희신이다. 土金水는 기신이다.

(예2) 년 월 일 시
　　　　甲 丁 丙 戊
　　　　寅 卯 午 子

丙火일주가 卯월에 출생하고 사주가 대부분이 열조한 오행으
로 구성되어 있다. 고로 이 사주에서는 조후로 보나 억부로 보나
水기운이 용신이 된다.

(예3) 년 월 일 시
　　　　丁 甲 丙 己
　　　　未 辰 戌 丑

이 사주는 식상이 태왕하나 丙火일주는 좀처럼 종(從)하지를
않는다. 월상(月上)에 甲木이 있고 년주에 丁未가 자리하므로

신약사주다. 木火는 길하고 土金水운은 흉하다.

(예4) 년 월 일 시
　　　戊 丁 丙 壬
　　　午 巳 子 辰

丙火가 巳월에 출생하였으므로 사주가 너무 건조하다. 다행히 시간의 壬水와 일지의 子水가 있어 조화를 이루었다. 水는 용신이며 金은 희신이다.

(예5) 년 월 일 시
　　　丁 丙 丙 丙
　　　未 午 申 申

사주에 火기운이 태강하다. 고로 용신은 申金이다. 土운도 길하며 水운도 강한 火기운을 억제하므로 길하고 木火는 흉하다.

(예6) 년 월 일 시
　　　丙 乙 丙 己
　　　子 未 子 亥

未월은 火기운이 쇠약해 지는 달이다. 사주에 水기운이 많으므로 신약이다. 고로 木火는 길하고 金水는 흉하다.

(예7) 년 월 일 시
　　　癸 庚 丙 辛
　　　丑 申 申 卯

丙火일주가 申월에 출생하여 일주는 약하고 재성은 왕성하다. 재다신약(財多身弱)사주이므로 火는 용신이고 木은 희신이다. 土金水는 흉하다.

(예8)　년　월　일　시
　　　癸　辛　丙　己
　　　亥　酉　寅　丑

丙火가 酉월생이라 신약사주다. 木火는 길하고 金水는 흉운이다. 용신은 火이고 木은 희신이다.

(예9)　년　월　일　시
　　　癸　壬　丙　癸
　　　巳　戌　申　巳

丙火가 戌월생이므로 신약이다. 火가 용신이며 木은 희신이다. 金을 만나면 흉하고 土운도 불길하다.

(예10)　년　월　일　시
　　　戊　癸　丙　戊
　　　子　亥　子　子

丙火일주는 좀처럼 종격(從格)이 되지 않는다하나 이 사주처럼 뿌리가 전연 없으면 종할 수 밖에 없다. 태왕한 水기운을 따라야 순리이다. 종관살격(從官殺格)사주다. 고로 水가 용신이며 金은 희신이다. 木火土는 기신운이다.

(예11) 년 월 일 시
　　　　戊 甲 丙 己
　　　　寅 子 子 亥

丙火가 子월생이나 甲寅木이 유통시켜 일주를 도우므로 길한 사주가 되었다. 火는 용신이며 木은 희신이다. 土金은 기신이다. 水는 水木이 동행하면 길운을 띄나 金水가 동행하면 흉운이 된다.

(예12) 년 월 일 시
　　　　庚 己 丙 壬
　　　　寅 丑 子 辰

이 사주는 년지에 寅木이 자리하므로 종격이 될수 없고 신약 사주다. 신약사주인데 식신과 재성과 관성이 모두 왕성하므로 극빈한 하격(下格)사주다.
　신약에다 용신 또한 약하므로 불길하다. 火가 용신이며 木은 희신이다.

(예13) 년 월 일 시
　　　　丙 庚 丁 庚
　　　　寅 寅 卯 子

이 사주는 庚金이 투철하나 뿌리가 없고 子水는 卯木으로 유출되므로 木火운은 태왕하다. 고로 종왕격(從旺格)이 되었다. 木火운이 길운이고 金水운은 흉운이 된다.

(예14) 년 월 일 시
　　　　丙 辛 丁 辛
　　　　子 卯 丑 丑

이 사주는 일주를 극하는 운과 생조하는 기운이 비등하나 卯
월이므로 신강사주가 되었다. 년지의 子水는 木으로 유출되므로
용신은 辛金이 된다. 金이 용신이고 土는 희신이다.

(예15) 년 월 일 시
　　　　甲 戊 丁 庚
　　　　辰 辰 卯 子

사주에 재성이 많아 신약이다. 용신은 木이다. 木火운은 길하
고 土金운은 흉하다. 水운은 水木이 동행하면 길하나 金水가 동
행하면 흉하다.

(예16) 년 월 일 시
　　　　癸 丁 丁 乙
　　　　亥 巳 巳 巳

일주는 왕성하나 용신 癸亥水는 미약하다. 巳亥가 상충하여
용신은 더욱 미약해 졌다. 고로 심히 고전하며 살았다. 金水가
길운이며 木火는 흉운이다. 土운도 흉하다.

(예17) 년 월 일 시
　　　　丁 丙 丁 丙
　　　　巳 午 巳 午

이런 사주는 丁火일주에 火기운으로만 구성되어 염상격(炎上格)이다. 고로 木火운은 길하고 金水운은 흉하다.

그러나 이런 사주는 사주가 너무나 열조하므로 조후가 전연 되지 않는다. 곧 성격상으로나 건강상으로나 결함이 있게 된다. 사주에서는 조후가 적당하게 이루어져야 길명(吉命)이다.

(예18) 년 월 일 시
　　　　壬 丁 丁 庚
　　　　申 未 巳 子

이 사주의 용신은 水이고 희신은 金이다. 未土는 열조한 土이므로 金을 생조하지 못한다. 같은 土라도 辰土와 丑土가 金을 생조할 수 있고 未土는 火에 가까운 土이므로 金과는 상극이 된다.

(예19) 년 월 일 시
　　　　丙 丙 丁 丙
　　　　午 申 酉 午

이 사주는 월지가 비록 申월이긴 하지만 사주에 火기운이 왕성하고 水기운이 없으므로 신강사주가 되었다. 고로 용신은 金이고 水는 희신이다. 土운도 왕성한 火기를 유출시키므로 길하다. 木火는 흉하다.

(예20) 년 월 일 시
　　　　己 癸 丁 己
　　　　酉 酉 卯 酉

이 사주는 일지에 비록 卯木이 자리하나 卯酉가 충을 당하고 일주는 음(陰)일간이 丁火이므로 자기의 명을 버리고 왕신(旺神)을 따랐다. 즉 종재격이다. 만일 일주가 양간인 丙火였다면 종하지 않았을 것이다. 이 사주의 용신은 종재격이므로 金이 용신이고 土는 희신이 된다. 그리고 木火는 기신이다.

(예21)　년　월　일　시
　　　　甲　甲　丁　辛
　　　　寅　戌　酉　丑

이 사주는 신약사주다. 火가 용신이고 木은 희신이다. 土金水는 기신이다. 다만 水는 水木이 동행할 때만 길하다. 甲子 壬寅 년 등은 길하다.

(예22)　년　월　일　시
　　　　庚　丁　丁　辛
　　　　申　亥　亥　亥

이 사주는 종관살격사주이다. 고로 金水운은 길하고 木火운은 흉하다. 대부분의 종격은 조후가 불량하므로 건강상 성격상 여러모로 결함이 많다.

(예23)　년　월　일　시
　　　　辛　庚　丁　丙
　　　　酉　子　卯　午

이 사주는 일주의 기운과 재관의 기운이 비등하나 월지가 子월이므로 신약사주이다. 고로 용신은 火가 되고 木은 희신이다. 이런 사주처럼 일주의 기운과 재관의 기운이 비등하면 대부분 큰 풍파를 당하지 아니한다.

(예24)   년 월 일 시
　　　　壬 癸 丁 辛
　　　　子 丑 亥 亥

이 사주는 丁火가 水가 왕성하는 丑월에 출생하였으므로 종관살격이다. 丑土는 오행상 金이나 水기운을 많이 띤다. 용신은 水이고 희신은 金이다. 木火운은 기신이다.

3. 土일주

(예1)   년 월 일 시
　　　　乙 戊 戊 壬
　　　　丑 寅 申 子

戊土일주가 寅월생이라 신약사주다. 고로 용신은 土이고 희신은 火이다. 金水운은 흉하다.

(예2)   년 월 일 시
　　　　辛 辛 戊 丙
　　　　卯 卯 子 辰

이 사주도 土가 용신이며 火는 희신이다. 金水木운은 모두 기신이다. 용신이 시주에 자리하므로 자녀가 총명하다.

(예3) 년 월 일 시
　　　 己 戊 戊 丙
　　　 未 辰 戌 辰

이 사주는 戊土일주에 辰월생이고 사주에 木이 전혀 섞여있지 않으므로 가색격(稼穡格)이다. 고로 용신은 土이며 희신은 火이다. 일행득기격(一行得氣格)은 종강격의 일종이다. 사주를 푸는 방법도 종강격중 비겁이 많은 것과 똑같다. 다만 사주학에서는 사주학의 비조(鼻祖)이신 서공승(徐孔升)이 쓴 연해자평(淵海子平)에서 특별히 다루어 왔기 때문에 오늘날까지 종강격에서 분리하여 설명하고 있다.

(예4) 년 월 일 시
　　　 戊 丁 戊 癸
　　　 辰 巳 申 丑

이 사주는 식신이 왕성하고 재성이 약하므로 식신이 재를 생조해야 길한 사주가 된다. 즉 식신생재격(食神生財格)사주다. 용신은 식신 金이고 희신은 水이다. 그리고 인성과 비겁은 기신이다.

식신생재격 사주는 비교적 중화된 사주가 많다. 비겁운이 온다해도 식신이 유출시키므로 흉이 감해져서 길로 변하기 때문이다.

(예5) 년 월 일 시
　　　癸 戊 戊 丙
　　　亥 午 戌 辰

이 사주는 태왕한 인성과 비겁운이 약한 재성을 극하고 있다. 그러므로 그 신세가 빈천한 것이다. 이 사주에서는 金이 용신이고 水는 희신이다. 특히 비겁이 왕성한 사주에서는 재운은 군비쟁재가 되기 때문에 흉하다. 이사주에서는 재운이 길운이지만 그러나 비겁운에는 오히려 흉하게 된다. 사주에 식상이 없기 때문이다.

(예6) 년 월 일 시
　　　戊 己 戊 壬
　　　辰 未 戌 子

이 사주도 앞(예5)의 사주와 비슷하다. 이 사주에서 식상이 하나만 있다면 오히려 길명이 되었을 것이다. 이 사주도 용신은 식상인 金이다. 그리고 나머지 水木火土는 모두 기신이다. 하격(下格)사주다.

(예7) 년 월 일 시
　　　丁 戊 戊 壬
　　　未 申 申 子

이 사주는 戊土가 申월에 출생하였으므로 신약이다. 고로 용신은 년간의 丁火가 된다. 火土는 길운이며 金水는 기신운이다. 용신과 희신의 길작용을 보면 다음과 같다.

○길작용   ○흉작용
용신 : 60%   희신 : 40%   기신60%   구신 : 40%

(예8) 년 월 일 시
     癸 辛 戊 戊
     酉 酉 申 午

이 사주에서는 金이 많아 신약사주가 되었기 때문에 비겁운
보다는 인성火운이 더 유리하다. 火는 일주 土를 생조하면서 기
신 金을 억제하므로 용신이 되는 것이다. 그러나 비겁 土는 일주
와 동기이므로 도움은 되지만 궁극에 가서는 기신인 金을 생조
해 주는 결과가 되기 때문에 인성보다 약한 것이다. 고로 비겁土
는 희신이 되고 인성火는 용신이 되는 것이다. 火가 용신이라고
해서 火를 생조하는 木은 무조건 희신은 될수 없다. 그 이유는
신약사주이기 때문이다. 다만 木火가 동행할 때만 길운이 되고
水木이 동행하면 흉운이 되는 것이다.

(예9) 년 월 일 시
     辛 戊 戊 壬
     亥 戌 戌 子

이 사주는 신강사주이므로 水가 용신이고 金은 희신이다. 火
土운은 기신운이다. 木은 신강사주이므로 길한 운을 띠게 되나
희신인 金과 상극되는 때는 흉하다.

(예10) 년 월 일 시
     丙 己 戊 甲
     申 亥 戌 寅

戊土가 亥월이므로 신약사주도 亥水가 왕성하므로 土가 용신이 된다. 土가 용신이므로 火는 희신이다. 金水木은 흉운이다.

(예11) 년 월 일 시
　　　 丁 壬 戊 壬
　　　 未 子 子 子

이 사주는 왕성한 水기운을 막아야 사주가 조화를 이루게 되므로 火보다는 土가 더 유력하다. 고로 土는 용신이 되고 火는 희신이 된다.

(예12) 년 월 일 시
　　　 丙 辛 戊 癸
　　　 午 丑 辛 亥

이 사주는 戊土가 丑월 즉 추운 달에 태어났으므로 따뜻하게 하는 오행이 필요하다. 고로 火가 용신이 되고 土는 희신이 된다. 水는 기신이며 金은 구신이다. 丑土는 金水에 가까운 작용을 한다.

(예13) 년 월 일 시
　　　 庚 戊 己 壬
　　　 申 寅 丑 申

寅월은 아직도 찬기운이 남아 있다. 고로 용신은 火로 잡아야 한다. 寅中丙火로 용신을 삼고 土로 희신을 삼아야 한다. 水는 기신이며 金은 구신이다. 木은 木火가 동행하면 길하나 水木이 동행하면 흉하다.

(예14) 년 월 일 시
　　　 乙 己 己 己
　　　 卯 卯 卯 巳

　사주에 관살이 태왕하므로 강한 관살의 기운을 인성으로 유출
시켜야 사주가 길해 진다. 고로 용신은 시지의 巳火가 된다. 土
는 희신이다. 水는 기신이며 金은 구신이다. 木은 火와 동행하
면 길하고 水와 동행하면 흉하다.

(예15) 년 월 일 시
　　　 丁 甲 己 乙
　　　 未 辰 丑 丑

　이 사주는 甲己가 합하여 土가 되고 월지가 辰월이며 지지(地
支)가 모두 土로 구성되어 화격(化格)이 되었다. 화격이므로 용
신은 土가 되며 火는 희신이 된다. 土가 용신이므로 土를 극하는
木은 기신이 되며 木을 생조하는 水는 구신이 된다. 金은 왕성한
土기운을 유출기키므로 해롭지는 않다.

(예16) 년 월 일 시
　　　 乙 辛 己 壬
　　　 未 巳 巳 申

　己土일주가 巳월에 출생하여 신강사주가 되었다. 火가 많아서
신강사주가 되었으므로 이 火기운을 억제하는 水가 용신이 된

다. 金은 희신이며 火는 기신이며 木은 구신이다.

(예17) 년 월 일 시
        戊 戊 己 甲
        子 午 巳 子

신강사주이다. 시간의 甲木은 용신이 될 수가 없다. 그 이유는 사주에 火가 왕성한데 木은 도리어 火기를 생조하기 때문이다. 사주에서 인성이 왕성한 신강사주에서는 관성으로 용신을 잡을 수 없는 경우가 많다. 이 사주의 용신은 水가 된다. 사주에서는 용신만 찾고나면 나머지는 절로 알게 된다.

(예18) 년 월 일 시
        癸 己 己 壬
        亥 未 未 申

己土일주가 未월생이므로 신강사주다. 사주에 木이 없으므로 水가 용신이 된다. 金은 희신이며 土는 기신이다.

(예19) 년 월 일 시
        甲 壬 己 甲
        戌 申 未 戌

己土가 申월생이라 실기하였으나 사주에 비겁이 많아 신강사주가 되었다. 土가 많아 신강이 되었으므로 土를 억제하는 木이 용신이 된다.
  水는 희신이며 土는 기신이고 火는 구신이다. 水는 신강사주이므로 비교적 길운을 따나 용신 木과 상충할 때는 기신이 된다.

(예20) 년 월 일 시
　　　 丁 己 己 庚
　　　 酉 酉 酉 午

己土일주가 酉월에 출생하여 신약사주다. 신약사주가 된 이유를 살펴보니 金이 많아서 신약이 되었으므로 이 金기운을 억제하는 火가 용신이 된다. 土는 희신이며 金과 水는 기신이다. 木은 木火가 동주하면 길운을 따나 水木이 동주하면 흉운이 된다.

(예21) 년 월 일 시
　　　 癸 壬 己 己
　　　 亥 戌 丑 巳

이 사주는 己土일주가 戌월생이므로 신강사주가 되었다. 土가 왕성하여 신강사주가 되었으므로 木이 필요한 데 없다. 木이 없으므로 水가 용신이 된다. 水가 용신이므로 金은 희신이 된다. 火土는 기신이 된다.

(예22) 년 월 일 시
　　　 乙 丁 己 乙
　　　 未 亥 亥 亥

이 사주는 재다신약사주이다. 재성 水가 많아서 신약이므로 水기운을 억제하는 土가 용신이 된다. 土가 용신이므로 火는 희신이 된다. 金水는 기신이다. 신약사주이므로 木도 해롭다.

(예23) 년 월 일 시
　　　　壬 壬 己 甲
　　　　子 子 亥 子

이 사주는 태강한 水기운을 己土일주의 힘으로는 도저히 감당
할 수가 없다. 고로 자기의 본래 기운을 포기하고 왕신(旺神)을
따를 수 밖에 없다. 종재격이다. 종재격이므로 水가 용신이 되
고 金은 희신이 된다. 火土는 기신이다. 木은 한신이다.

(예24) 년 월 일 시
　　　　庚 己 己 丙
　　　　丑 丑 亥 寅

이 사주는 己土가 丑월 추운계절에 출생하였으므로 용신은 시간
의 丙火가 된다. 용신이 火이므로 희신은 木이 된다. 土金水는
기신이다.

4. 金일주

(예1) 년 월 일 시
　　　　壬 壬 庚 丙
　　　　子 寅 丑 子

寅월은 아직도 찬 기운이 남아 있는데 사주에는 水기운이 너
무 많다. 고로 용신은 시간의 丙火가 되며 희신은 木이다. 水기
운을 木을 통하여 유출시켜야 사주에 조화를 이룰수 있기 때문

이다. 이 사주같은 경우는 金水운은 흉하고 木火운은 길하다.

(예2) 년 월 일 시
        甲 丁 庚 丁
        辰 卯 辰 丑

이 사주는 庚金이 비록 卯월생이긴 하나 인성이 많이 생조하
므로 신강사주가 되었다. 土가 많은 신강이므로 이 土기운을 억
제하는 木이 용신이 된다. 水는 희신이며 火土 신강사주이므로
해롭지 않다. 土와 金은 기신이다.

(예3) 년 월 일 시
        庚 庚 庚 戊
        午 辰 丑 寅

이 사주는 土金이 왕성하여 신강사주다. 土金이 많아 신강사
주가 되었으므로 土金을 억제하는 木火가 용신이 된다.

(예4) 년 월 일 시
        戊 丁 庚 壬
        戌 巳 午 午

사주에 관살火가 많아 신약사주다. 왕성한 火기운을 억제하기
가 힘이 듬으로 土로써 설기를 시켜야 한다. 고로 이 사주는 土
가 용신이며 金은 희신이 된다. 木火는 기신이다.

木이 용신이라고 해서 木을 생조하는 水가 꼭 희신이 된다는
법은 없다. 경우에 따라서는 기신으로 변할 수도 있다. 또한 木

이 용신일 때 木의 기운을 유출시키는 火가 꼭 기신만은 아니다. 때에 따라서는 희신이 될 수도 있다. 어디까지나 사주의 구성을 보아 결정할 일이다.

(예5) 년 월 일 시
　　　壬 丙 庚 壬
　　　午 午 午 午

이 사주는 종관살격 사주다. 년간과 시간에 壬水가 비록 있으나 뿌리없는 천간은 아무런 힘이 없다. 고로 종관살격이 되었고 용신은 火가 되고 木은 희신이 된다. 金水는 기신이 된다.

(예6) 년 월 일 시
　　　丁 丁 庚 丙
　　　未 未 子 子

未土는 金을 생조하지 못한다고 했다. 未의 작용은 午火와 비슷하기 때문이다. 고로 이 사주의 용신은 水가 된다. 水가 용신이고 金은 희신이 된다. 木火는 기신이다.

(예7) 년 월 일 시
　　　戊 庚 庚 庚
　　　申 申 申 辰

이 사주는 庚金일주에 사주가 土金으로 구성되고 火기운이 섞여 있지 아니하므로 종혁격(從革格)이 되었다. 고로 이 사주는 土金이 길하며 木火는 흉하다. 水는 무해(無害)하다.

(예8)   년 월 일 시
　　　 己 癸 庚 乙
　　　 酉 酉 申 酉

이 사주도 종혁격이다. 시간에 비록 乙木이 있으나 乙庚이 합
하여 金으로 화(化)함으로 무방하다. 고로 이 사주도 土金이 길
하며 木火는 흉하다. 또한 水는 무해하다.

(예9)   년 월 일 시
　　　 庚 丙 庚 丙
　　　 寅 戌 午 戌

이 사주는 종관살격(從官殺格)사주이다. 寅午戌이 火국을 이
루고 월상(月上)과 시간(時干)에 丙火가 왕성하므로 庚金은 힘
을 쓸 수가 없다. 고로 자기의 명(命)을 버리고 火기운 앞에 순
종해야 한다. 고로 용신은 火가 되고 희신은 木이다. 金水는 기
신이다. 土는 한신(閑神)이다.

(예10) 년 월 일 시
　　　 癸 癸 庚 乙
　　　 亥 亥 子 酉

이 사주는 온통 물판이다.
이 많은 水기운을 억제할 土가 없으므로 水운을 따라야 한다.
종아격(從兒格)이 되었다. 종아격이므로 水는 용신이며 金과 木
은 희신이고 火土는 기신이다.

(예11) 년 월 일 시
　　　　 壬 壬 庚 丙
　　　　 子 子 子 戌

이 사주도 앞(예10)의 사주와 같이 온통이 물판이나 종아격이
될수 없고 신약사주가 된 것은 시지에 戌土가 자리하였기 때문
이다. 용신은 土이며 희신은 金이다. 火는 용신을 생조할 때는
길하나 신약일주 金과 충돌할 때는 해롭다. 水木은 모두 기신이
다.

(예12) 년 월 일 시
　　　　 壬 癸 庚 丁
　　　　 子 丑 子 亥

이 사주는 종아격이다. 월지에 丑土가 있으나 丑은 水와 같은
작용을 많이 하므로 종아격이 된 것이다. 未土나 戌土는 水를 억
제하지만 丑土는 水를 생조한다.

(예13) 년 월 일 시
　　　　 己 丙 辛 戌
　　　　 丑 寅 亥 子

寅월은 아직 찬 기운이 남아 있으므로 火가 필요하다. 고로 이
사주의 용신은 월상(月上)의 丙火가 된다. 火가 용신이며 木은
희신이다. 水는 기신이며 金은 구신이다. 土도 용신의 기운을
유출시키므로 해롭다.

(예14) 년 월 일 시
　　　辛 辛 辛 辛
　　　卯 卯 卯 卯

　이 사주는 신약사주다. 土는 용신이며 金은 희신이다. 水는
약한 일주의 기운을 설기시키고 기신인 木을 도우므로 흉하다.
木은 기신이다. 火도 약한 일주를 극하므로 기신이다.

(예15) 년 월 일 시
　　　甲 戊 辛 己
　　　寅 辰 丑 丑

　이 사주는 인성이 태왕하나 辛金일주는 약하고 土가 비록 金
을 생조는 하나 土가 너무 많으면 金은 흙속에 파묻히고 만다.
고로 흉하다.
　물론 이 사주의 용신은 연주(年柱)의 甲寅木이다. 水木은 길
하고 火土金은 모두 흉하다. 土가 태왕하므로 土를 생조하는 火
는 더욱 해롭다. 배불러 하는 아이에게 밥을 자꾸만 더 먹이면
그 아이는 배가 터져 죽는 것과 같은 이치다.

(예16) 년 월 일 시
　　　丙 癸 辛 己
　　　寅 巳 酉 丑

　巳酉丑이 삼합을 이루어 金국이 되므로 사주에 金기운은 태왕
하다.
　연주의 丙寅이 용신이다. 巳월의 丙火는 왕성하여 사주에 조

화를 이루었다. 火가 용신이며 木은 희신이다. 金은 기신이며 土는 구신이다. 水는 水木이 동행하면 길운을 띠나 金水가 동행하면 흉운을 띤다.

(예17) 년 월 얼 시
　　　　丁 丙 辛 癸
　　　　巳 午 丑 巳

午월은 火기운이 가장 왕성할 때이다. 고로 이 왕성한 火기운을 억제하는 水가 용신이 된다. 만일 이 사주에서 일지의 丑土가 없었다면 일주 辛金은 심약하므로 식상인 水로 용신을 삼을 수가 없다. 약용신(藥用神)을 취하여 쓸 경우에는 일주가 태약하지 않은 신약일 경우에 사용하는 것이다. 이 사주에서 용신은 水이며 희신은 金이다. 木火는 기신이다. 土는 金과 동행하면 길하나 火土가 동행하면 흉하다.

(예18) 년 월 일 시
　　　　丁 丁 辛 戊
　　　　巳 未 亥 子

未土는 火기운이 왕성하므로 金을 생조는 못하나 이 사주의 경우에는 亥子水가 있어 水기운이 未土를 한습하게 만들어 丑이나 辰土처럼 만들어 놓았다. 즉 未土를 그냥은 金을 생조하지 못하나 亥子水의 많은 물속에 일단 한번 담긴 다음에 丑土로 만들어 희신을 사용하는 것이다. 水는 용신이며 金은 희신이다. 木火는 기신이며 土는 土金이 동행할 때는 길신이고 火土가 동행할 때는 흉신이다. 丑土만은 金과 동행하지 않아도 길신이다.

土는 네가지가 있다. 즉 辰戌丑未다. 오행은 같은 土이나 작
용하는 데는 달리 작용한다.

辰土는 나무가 자라기에 가장 좋은 土이다.

戌土는 흙이긴 하나 돌과 같은 흙이므로 나무가 자라질 못하
는 흙이다.

丑土는 흙이긴 하나 못자리할 때의 질벅거리는 흙과 비슷하므
로 金과 水의 기운을 많이 띠는 土이다.

未土는 불에 달구어 놓은 돌과 같은 흙이므로 나무는 뿌리를
태우는 뜨거운 흙이다. 丑土는 나무의 뿌리를 물이 많아 썩게 하
지만 未土는 나무의 뿌리를 열기가 많아 태우게 한다.

(예19) 년 월 일 시
        丁 戊 辛 甲
        卯 申 酉 亥

辛金이 申月에 태어났으므로 신강사주다. 金이 왕성하여 신강
사주가 되었으므로 이 왕성한 金기운을 억제하는 火가 용신이
된다. 木은 희신이다. 土金은 기신이다. 水는 용신과는 상충하
나 金기운을 유출시킨다. 고로 水木이 동행하면 길하나 金水가
동행하면 흉하다.

(예20) 년 월 일 시
        戊 辛 辛 辛
        子 酉 亥 卯

辛金일주가 酉月에 태어났으므로 일주는 강왕하다. 고로 이
왕성한 기운을 유출시키는 水가 용신이 된다. 木은 희신이다.

土金은 흉하다.

(예21)　년　월　일　시
　　　　丁　庚　辛　己
　　　　未　戌　亥　丑

　왕성한 金기운을 억제하고 추워지는 기온을 막기 위해서는 火
가 용신이 된다. 木은 희신이 되며 土金水는 모두 기신이 된다.

(예22)　년　월　일　시
　　　　丙　己　辛　己
　　　　寅　亥　亥　亥

　많은 물의 기운을 막기 위해서는 土가 필요하고 찬기운을 덥
게 하기 위해서는 火가 필요하다. 고로 용신은 土이며 희신은 火
이다. 신약사주이므로 비겁은 길하며 식상인 水는 흉하다.

(예23)　년　월　일　시
　　　　戊　甲　辛　戊
　　　　戌　子　丑　子

　이 사주는 식신이 왕성하여 신약사주이므로 水기운을 막고 일
주를 보호하는 土가 용신이다. 火는 용신을 돕고 찬기운을 따뜻
하게 하므로 길운이나 신약사주라 金과 상충할 때는 해롭다. 水
와 木은 기신이다.

(예24)　년　월　일　시

丁 癸 辛 丁
卯 丑 丑 酉

추위가 왕성한 丑월에 태어 났으므로 무엇보다 사주를 따뜻하게 해 주는 火가 필요하다. 고로 火가 용신이며 木은 희신이다. 土金水는 모두 기신이다.

5. 水일주

(예1) 년 월 일 시
　　　壬 壬 壬 壬
　　　寅 寅 寅 寅

이 사주는 종아격이다. 고로 木은 용신이며 水는 희신이다. 土金은 기신이다. 火는 왕성한 火기운을 유출시키므로 비교적 길운을 띠나 水기운과 상충하므로 해롭다. 木火운에는 길하고 水火운에는 흉하다.

(예2) 년 월 일 시
　　　壬 癸 壬 癸
　　　寅 卯 寅 卯

이 사주도 앞(예1)의 사주와 비슷하다. 종아격이다. 고로 水木은 길하고 土金은 흉하다.

```
壬 甲 壬 甲
申 辰 辰 辰
```

이 사주는 관살 土가 너무 많다. 고로 왕성한 土기운을 유출시
켜 일주를 돕는 申金이 용신이다.

이 사주에는 金이 용신이고 水는 희신이다. 土는 기신이며 火
도 기신이다. 木은 많은 기신을 억제하므로 길한 기운을 띠나 용
신 金과 상충할 때는 흉하다.

(예4) 년 월 일 시
```
      丙  癸  壬  壬
      申  巳  午  寅
```

이 사주는 火기운이 왕성하므로 火를 억제하는 水가 용신이
된다. 水가 용신이며 金은 희신이다. 火는 기신이며 木은 구신
이다. 土는 한신이다.

(예5) 년 월 일 시
```
      壬  丙  壬  丙
      午  午  午  午
```

이 사주는 태왕한 火기운을 약한 壬水일주로는 감당하지 못한
다. 고로 종재격(從財格)이 되었다. 종재격이므로 火가 용신이
며 木은 희신이다. 水는 기신이 되며 金은 구신이다. 土는 왕성
한 火기운을 유출시키므로 길하나 사주에서 식상이 많은 종재격
이면 흉하다.

(예6) 년 월 일 시
戊 己 壬 庚
戌 未 申 子

이 사주는 신왕관왕한 사주이나 水가 용신이고 金은 희신이
다. 사주가 중화가 되었으므로 木火土金이 모두 희신의 역활을
한다. 중화된 사주는 기신이 아주 미약하다.

(예7) 년 월 일 시
己 壬 壬 丙
亥 申 子 午

이 사주는 비겁과 인성은 태왕하고 재성 火가 극히 미약하다.
고로 불길한 사주다. 이 사주에서 만일 木이 하나만 있다면 아주
좋은 사주가 되었을 것이다. 木이 없으므로 흉운을 막을 도리가
없다. 이런 사주는 격국내에는 용신이 없다. 오직 木운을 만나
야 살길이 열린다. 火운은 길운이라도 많은 비겁에 의해 겁탈을
당하므로 군비쟁재(群比爭財)가 된다. 고로 火土金水는 모두 기
신이 된다.

(예8) 년 월 일 시
己 癸 壬 丙
亥 酉 寅 午

이 사주는 앞(예7)의 사주와 대동소이한 듯하나 실제로는 많
은 차이가 난다. 앞(예7)의 사주는 거지의 사주인데 비해 이 사
주는 부자의 사주이다.

인성 金과 비겁 水가 비록 왕성하나 일지에 식신 寅木이 자리하여 왕성한 水기운을 재성으로 돌리므로 부자가 된 것이다. 이처럼 사주에서는 오행 하나 차이로 부자가 되기도 하고 거지가 되기도 하는 것이다. 용신은 火이고 희신은 木이다.

(예9) 년 월 일 시
     戊 壬 壬 丙
     戌 戌 戌 午

이 사주는 종관살격사주다. 고로 土가 용신이 되고 火는 희신이 된다. 金과 水는 기신이다.

(예10) 년 월 일 시
      癸 癸 壬 辛
      亥 亥 子 亥

이 사주는 壬水일주에 지지에 亥子水운으로 가득하고 土가 섞여있지 아니하므로 윤하격(潤下格)의 사주다. 윤하격이므로 水와 金이 길하다. 火土는 흉하다. 木운도 사주에 金기운이 무력하므로 무방하다.

(예11) 년 월 일 시
      辛 庚 壬 辛
      丑 子 申 丑

이 사주도 윤하격이다. 윤하격은 土가 섞여 들지 말아야 하는데 이 사주에서는 丑토가 두개나 있다. 그러나 丑토는 그 작용상

金水의 기운을 강하게 나타내므로 무방하다.

(예12) 년 월 일 시
　　　　丙 辛 壬 丁
　　　　午 丑 申 未

　丑월은 추운 달이다. 고로 용신은 火가 된다. 사주에서는 조후가 반드시 필요하다. 사주에서 亥子丑월에 출생하였다면 대부분이 火가 많이 필요하다. 이 사주도 火가 용신이며 木은 희신이다. 土金水는 기신이다.

(예13) 년 월 일 시
　　　　壬 壬 癸 戊
　　　　子 寅 亥 午

　寅월은 아직 찬 기운이 남아 있으므로 火가 필요하다. 이 사주에서는 水기운이 많으므로 土로써 용신을 삼고 火로써 조후를 해 주어야 길한 사주가 된다. 火土는 길하며 金水는 흉하다. 木은 비교적 양호한 편이다.

(예14) 년 월 일 시
　　　　壬 癸 癸 乙
　　　　寅 卯 卯 卯

　이 사주는 종아격이다. 고로 木은 용신이며 水는 희신이다. 土와 金은 기신이며 火는 왕성한 木기운을 유출시키므로 길하나 사주에 水기운이 많이 남아 있으므로 水火가 만날 때는 흉하다.

(예15) 년 월 일 시
　　　　己 戊 癸 庚
　　　　酉 辰 巳 申

辰월의 癸水는 약해지는 시기이다. 고로 金水가 길하다. 이
사주는 土가 왕성하므로 土기운을 유출시켜 신약한 일주를 돕는
인성金이 용신이다. 木火土는 기신이다.

(예16) 년 월 일 시
　　　　辛 癸 癸 丁
　　　　丑 巳 巳 巳

이 사주는 재다신약 사주다. 사주에 火기운이 왕성하여 신약
이 되었으므로 이 강한 火기운을 억제하는 水가 용신이 된다. 金
은 희신이며 火는 기신이고 木은 구신이다. 土는 土金이 동행하
면 무방하나 火土가 동행하면 해롭다.

(예17) 년 월 일 시
　　　　庚 壬 癸 癸
　　　　子 午 亥 亥

사주에서는 월지(月支)의 기운이 가장 강하다. 이 사주는 월
주를 제외하고는 水기운 일색이다. 고로 용신은 월지의 午火이
다. 사주에 水가 많으므로 水를 억제하는 土는 길신이다. 金과
水는 흉하고 木火土는 길하다.

(예18) 년 월 일 시
　　　　丁 丁 癸 戊
　　　　未 未 巳 午

이 사주는 사주에 火기운이 태강하므로 종재격이다. 火는 용신이며 木은 희신이다. 金水는 기신이다. 종격의 사주는 모두 조후가 잘 되지 않고 있다. 사주에 조후가 잘 안되면 성격상 건강상 결함이 있다. 성격이 너무 과격하거나 신경이 칼날처럼 날카롭거나 또는 신병에 걸리기 쉽다.

(예19) 년 월 일 시
　　　　癸 庚 癸 壬
　　　　亥 申 亥 子

이 사주는 癸水 일주에 지지(地支)에 亥申亥子가 자리하고 상극되는 土가 섞여 있지 않으므로 윤하격(潤下格)이 되었다. 고로 용신은 水이며 희신은 金이다. 木火土는 기신이다.

(예20) 년 월 일 시
　　　　癸 辛 癸 壬
　　　　亥 酉 丑 戌

이 사주는 시지의 戌土 때문에 종강격이 될 수가 없다. 신강사주이며 용신은 戌土가 된다. 일지의 丑土는 용신이 아니다. 火는 희신이며 金水는 기신이다.

(예21) 년 월 일 시

戊 壬 癸 壬
戌 戌 未 戌

이 사주는 종관살격이다. 壬水겁재가 두개나 있지만 지지가
모두 土일색이고 辰土나 丑土가 없으므로 종관살격이 된 것이
다. 고로 土는 용신이고 火는 희신이다. 水木은 기신이다.

(예22) 년 월 일 시
        己 乙 癸 壬
        未 亥 丑 戌

水기운이 왕성하므로 용신은 土가 된다. 火는 희신이며 金과
水는 기신이다.

(예23) 년 월 일 시
        丁 壬 癸 己
        亥 子 酉 未

癸水가 子월에 태어나고 사주에 水기운이 왕성하여 사주가 빙
판처럼 얼어 붙어 있는 형상이다. 왕성한 水기운을 제거하기 위
해서는 조土가 필요하고 한(寒)기운을 몰아 내기 위해서는 火가
필요하다. 고로 이 사주의 용신은 土이고 火는 희신이다. 水는
기신이며 金은 구신이다. 木은 왕성한 水기운을 유출시키므로
용신과 상충할 때는 흉하다.

(예24) 년 월 일 시
        丙 辛 癸 丙
        寅 丑 亥 辰

癸水일주가 丑월의 추운 계절에 탄생하였으므로 火가 용신이다. 丙火는 寅木의 생조를 받아 왕성하다. 귀격(貴格)이다. 용신은 火이고 희신은 木이다. 水는 기신이며 金은 구신이다.

□ 후 기

사람이 사는 모습을 보면 천층만층이다. 어떤 사람은 부모덕이 많아 태어나면서부터 호강을 누리며 행복하게 자라면서 원하는 것을 대부분 다 향유할 수 있는 사람이 있다. 가문의 배경이 좋으므로 부모에게 물려받은 유산도 수십억에 달하여 선녀같은 여인을 아내로 맞이하여 꿈같은 즐거움을 누리며 사는 사람이다.

그러나 이와 반대로 기구한 운명속에 태어나서 죽 한 그릇도 제대로 얻어먹기 어려운 집안의 막내둥이로 태어나서 많은 고생을 하면서 살아가는 사람도 있다. 부모에게 물려받은 것이라고는 가난과 병약한 몸 하나뿐이다.

이처럼 사람의 사는 모습을 보면 엄청난 차이를 내면서 살아가는 것을 볼 때 우주의 주인이신 하늘은 왜 이토록 불공평한가 하고 의문을 품기 시작한 것이 결국 사주학을 만나게 된 동기라 하겠다. 처음에는 필자도 사주팔자란 것은 나약한 자들의 신세 타령하는 소리이거나 미신의 일종이라고 몰아 세우기에 앞장선 사람이다.

그러나 몇번의 사업에 실패를 통하여 정말 운명이란 것이 있는 것인가 하는 의구심이 나타나면서 사주학에 접근해 본 결과 그 오묘한 신비감에 빠져들어가 이제는 빠져 나올래야 빠져 나올 수 없을만큼 깊이 빠지고 말았다. 공부를 하면 할수록 간지를 연구하신 동양성현들의 능지(能智)에 감탄을 하지 않을 수가 없었다. 또한 하늘의 오묘한 섭리에 스스로 무릎을 꿇지 않을 수가 없었다. 또한 저승세계의 새로운 발견에 한편으로는 기쁨의 감격을 금할 길이 없고 또 한편으로는 조상들의 업보 소멸에 대한 책임을 느끼게 될 때 엄청난 의무감에 사로잡히게 되었다.

이제 다시 태어난 마음으로 업보소멸을 위해서 한 걸음 한 걸음 걸어갈 작정을 하게 되었다. 마왕 파순(波旬)이와 최후의 대결을 앞두고 있는 입장에서 한 순간도 마음을 늦출 수가 없는 수도인(修道人)의 자세를 새롭게 가지게 되었다. 아무튼 남은 인생은 오직 저승보따리 챙기는 데 투자해야겠다는 결심을 하게 되었다.

☆　　☆　　☆　　☆　　☆　　☆

많은 세론의 화살을 피하기 위하여 이 책에 열거한 사주명식은 실상 대부분이 오행 한 개씩을 바꾸어 놓았다.

예를 든다면 갑자년의 1월생이라면 월주는 丙寅이 되는데 많은 군중들의 항의를 막기 위한 방편으로 월지를 戊寅으로 바꾸어 놓은 것 등이다. 이것은 고의적으로 한 것이지만 그 이유는 어디까지나 입빠른 자들과 싸우기 싫어서였다. 그러나 그 사주풀이는 정확하게 하였다고 자신한다.

이 점을 많은 독자들은 넓은 도량으로 양해하여 주시길 바란다. 하고 싶은 말들이 많았지만 뒷 책임추궁 때문에 생략한 부분이 너무나 많다.

　아무쪼록 이 책을 무사히 쓸 수 있도록 지켜주신 천지 대부모
이신 하늘 앞에 감사를 드릴 뿐이다.

　　　천지부모래조아(天地父母來助我)
　　　수호신령래조아(守護神靈來助我)
　　　옴~급급여율령(옴~急急如律令)

圖書出版
明文堂印
版權所有

四柱運命學의 精說

初版 發行 ●1994年　7月　5日
再版 發行 ●2003年　4月　1日

著　者 ●金 讚 東
發行者 ●金 東 求
發行處 ●明 文 堂
　　　　서울특별시 종로구 안국동 17~8
　　　　대체　010041-31-001194
　　　　전화　(영) 733-3039, 734-4798
　　　　　　　(편) 733-4748
　　　　FAX 734-9209
　　　　Homepage www.myungmundang.net
　　　　E-mail mmdbook1@myungmundang.net
　　　　등록　1977. 11. 19.　제1~148호

값　15,000원
ISBN 89-7270-387-7　13140

手相術　白雲松著　四·六版　二二○面

手相秘訣　白雲松著　四·六版　二○二面

手相寶鑑　佐藤六龍著·安志永譯　四·六版　三三六面

現代手相術　大和田齊眼著·尹泰榮譯　四·六版　二三二面

手相術入門　淺野八郎著·金炳大譯　四·六版　二六二面

詳解手相大典　曺誠佑著　菊版　三九二面

秘傳四柱精説　白靈觀著　菊版　二八八面

秘傳自解四柱大觀　金于齋著　菊版　三三六面

地理八十八向眞訣　金明濟著　菊版　四三四面

玉衡韓國地理總覽　池昌龍著　菊版　四九六面

風水地理萬山圖　金榮昭著　菊版　三四六面

萬方吉凶 八字要覽　金赫濟·金于齋編纂　菊版　二八六面

自解八字大典　金于齋著　菊版　二二○面

開運大道家相學入門　全泰樹著　四·六版　三三四面

地理明鑑陰宅要訣　金榮昭譯編　菊版　八七二面

懸吐註解麻衣相法(全)　金赫濟校閱　菊版　一七四面

相法精説　金世一編著　四·六版　二七八面

秘傳詳解相法全書　曺誠佑編著　菊版　四三四面

周易希望의 門을 열어라　金雲山著　四·六版　三六二面

原本青烏經　金天熙編著　菊版　六八面

新編百方秘訣　李晃宇編述　菊版　二二○面

眞本皇極策數祖數　邵康節遺編　菊版　五二二面